FESTE E VIAGGI SICILIA

Esperienze Indimenticabili, Eventi Imperdibili, Destinazioni Uniche, Itinerari Autentici e I Migliori Periodi per Viaggiare a Palermo, Taormina e Oltre

Katerina Ferrara

IMMERSION TRAVEL PUBLISHING

ISBN: (Paperback) 979-8-9915871-9-8

ISBN: (eBook) 978-1-966874-01-0

ISBN: (Hard cover) 978-1-966874-00-3

DISCLAIMER

L'autrice non è un'agente di viaggio. Tutte le opinioni, esperienze e considerazioni espresse sono frutto dell'esperienza personale dell'autrice. Le attività commerciali e i siti web consigliati in questo libro possono cambiare gestione, modificare il proprio nome o chiudere. L'autrice non ha ricevuto alcun compenso o sponsorizzazione da parte delle attività menzionate. Le date e gli eventi dei festival sono stabiliti dal comune locale, pertanto si consiglia di verificare i programmi aggiornati prima di prenotare il viaggio.

CONTENTS

ESPLORA DI PIÙ E RIMANI CONNESSO

Grazie per unirti a me in questo viaggio attraverso le meraviglie dell'Italia.Permettimi di essere la tua guida personale, condividendo consigli da insider,esperienze uniche e informazioni essenziali per scoprire i tesori dell'Italiacome mai prima d'ora.

Iscrivitioggi alla mia newsletter e ricevi le guide scaricabili piene di itinerariselezionati, consigli esperti e suggerimenti pratici per rendere le tueavventure in Italia indimenticabili e senza stress! https://katerinaferrara.com/

Con il tuo abbonamento gratuito, potrai godere di: Aggiornamenti mensili con segretida insider sull'Italia, esperienze top, luoghi nascosti e highlight stagionali. Accesso VIP a offerte esclusive su tour dei festival, eventi e promozioni atempo limitato.

Serie di Libri Travel Italy

Disponibili ora

Libro 1: Guida Definitiva ai Festival e ai Viaggi in Sicilia (Inglese, Bilingue, & Italiano)

Libro 2: Guida ai Viaggi per l'Anno del Giubileo 2025 a Roma

Libro 3: Guida Definitiva ai Festival e ai Viaggi a Roma e dintorni

In arrivo nel 2025

Libro 4: Guida Definitiva ai Festival e ai Viaggi in Puglia

Libro 5: Guida Definitiva ai Festival e ai Viaggi in Toscana

In arrivo nel 2026:

Libro 6: Guida Definitiva ai Festival e ai Viaggi a Napoli, Amalfi e dintorni

Libro 7: Guida Definitiva ai Festival e ai Viaggi a Venezia e nel Veneto

Nonperderti contenuti esclusivi e bonus per arricchire il tuo viaggio italiano! Iscrivitioggi e iniziamo ad esplorare!

CAPITOLO UNO

Introduzione al Viaggio delle Feste

S coprire la Sicilia Nascosta

Immagina di trovarti in una piazza medievale mentre l'aria serale si riempie del suono dei tamburi. Gli abitanti del luogo, in splendidi costumi tradizionali, sfilano portando stendardi secolari. L'aroma di specialità gastronomiche si diffonde dai vicini stand, offrendo prelibatezze preparate esclusivamente per questa celebrazione. Questo non è solo turismo, è partecipare ad una tradizione viva, celebrata nello stesso modo da centinaia, persino migliaia di anni. Questo è il **Viaggio delle Feste**, dove non si visita semplicemente una destinazione: si diventa parte della sua storia.

Benvenuti in un lato d'Italia che molti viaggiatori trascurano: quello delle antiche tradizioni e del patrimonio culturale indimenticabile. Come qualcuno che viaggia in Italia da oltre 25 anni immergendosi nella sua cultura vivace, ho scoperto che il cuore dell'Italia batte più forte durante le sue feste.

Che siano piccole o grandi, ogni paese prende vita con celebrazioni che uniscono storia, orgoglio locale e spirito di comunità. Queste feste non sono solo eventi, ma connessioni vive con il passato, profondamente intrecciate con l'identità delle persone che le celebrano.

Alla scoperta della cultura delle feste

Non sono sempre stata a conoscenza di questo incredibile mondo delle feste italiane. Mio marito ed io abbiamo iniziato i nostri viaggi internazionali in luna di miele nel 1997, ed è sempre stata una priorità per noi tornare in Europa ogni anno. Ma, se dipendesse da me, viaggeremmo sempre in Italia. C'è qualcosa che mi richiama indietro, una connessione profonda che va oltre le solite motivazioni di viaggio.

Come molti viaggiatori, i miei primi viaggi in Italia erano incentrati sulla visita dei famosi monumenti, sull'assaggio di deliziosi piatti e sull'esplorazione di luoghi incantevoli. La ricca cultura, l'arte senza tempo e l'incredibile profondità storica mi hanno affascinato. Sono stata colpita dalla cordialità e dalla gentilezza delle persone, dalle loro tradizioni e dall'architettura stupefacente che si trova in ogni angolo del Paese, dalle Alpi settentrionali alle coste meridionali.

Infiorata di Noto

Mentre ogni destinazione ha lasciato il segno, è stato un viaggio verso le estremità meridionali dell'Italia a cambiare tutto. La Sicilia, con la sua miscela unica di culture, incredibili feste (la Festa di Sant'Agata a Catania è una delle più grandi feste d'Europa) e tradizioni preziose, ha veramente conquistato il mio cuore. L'energia vivace delle sue celebrazioni, il calore della sua gente e la bellezza senza tempo dell'isola hanno ispirato questo libro, il primo della mia serie di **Guide a Feste e Viaggi**, che tratterà tutte le 20 regioni italiane. La splendida architettura della Sicilia, la storia radicata e le influenze culturali diversificate la rendono il punto di partenza ideale per esplorare il cuore e l'anima delle feste italiane.

La tua chiave per la Sicilia

Questo libro nasce dalle mie esperienze partecipando a questi straordinari eventi. E' più di una guida di viaggio, è una chiave per svelare il cuore della Sicilia. Oltre a includere tutti gli elementi essenziali che ci si aspetta, questa guida offre qualcosa di più. Ti invita a sentire il battito dell'isola mentre ti trovi tra i suoi abitanti durante le loro celebrazioni più care, per connetterti con la Sicilia a un livello più profondo, scoprendo non solo i suoi luoghi, ma la sua anima.

Il ricco tessuto culturale della Sicilia, intrecciato nei millenni, è evidente in ogni angolo dell'isola. Gli antichi templi greci di Agrigento e Selinunte testimoniano silenziosamente il passato classico dell'isola, mentre l'architettura arabo-normanna di Palermo testimonia la posizione unica della Sicilia al crocevia delle civiltà. A Siracusa, strati di storia si svelano davanti ai tuoi occhi, dagli anfiteatri greci alle piazze barocche.

Ma la Sicilia è qualcosa di più dei suoi monumenti. Le tradizioni vivaci e le feste dell'isola infondono ogni angolo di energia, trasformando le sue strade in palcoscenici per celebrazioni che sono state custodite per secoli.

Capire le feste e le sagre

Cosa distingue una festa da una sagra?

Una festa spesso trae origine da tradizioni cattoliche romane, come la festa di Santa Lucia a Siracusa o quella di Sant'Agata a Catania. Tuttavia, non tutte le feste sono religiose; anche eventi come il Jazz Festival di Palermo o il Festival Taormina

Arte rientrano in questa categoria. Altre celebri feste includono l'Infiorata di Noto, dove le strade sono decorate con intricati disegni floreali, e il Palio dei Normanni a Piazza Armerina, una rievocazione storica che celebra la conquista normanna della Sicilia. Queste diverse celebrazioni mostrano la ricca trama culturale della Sicilia, spaziando da osservanze religiose a manifestazioni artistiche e commemorazioni storiche.

Sebbene molte feste in Sicilia abbiano radici nelle tradizioni cattoliche, queste celebrazioni sono apprezzate da persone di ogni estrazione, indipendentemente dal loro credo religioso. Non è necessario essere cattolici, e nemmeno cristiani, per immergersi nella vivace atmosfera, nelle esperienze culturali e nella gioia comunitaria che questi eventi portano con sé. Le feste in Sicilia sono una celebrazione della storia, della tradizione e dell'esperienza umana condivisa, e tutti sono i benvenuti a unirsi alle festività e a creare ricordi indimenticabili.

Dall'altra parte, una sagra è una tradizione antica che celebra il raccolto. La parola deriva da "sacro". In tempi antichi, questi eventi si svolgevano nel cortile del tempio per ringraziare gli dei romani per il raccolto. Questa tradizione di celebrare il raccolto è sopravvissuta nei piccoli paesi e borghi, portando spesso risorse economiche per scuole o altri bisogni della comunità. Tutti i cittadini partecipano come volontari, rendendolo uno sforzo comunitario genuino.

Mentre una festa può celebrare vari aspetti culturali, una sagra si concentra specificamente sulle tradizioni culinarie di un paese o di una regione. Dalla Sagra delle Fragole a Maletto, dove le fragole prosperano sui fertili terreni del Monte Etna, alle feste dedicate a castagne, salsicce, gnocchi, coniglio selvatico, pesce, vino e altre delizie locali, c'è davvero un evento per ogni palato.

Raccomandazione numero uno: vieni alla sagra affamato. È tutto incentrato sul cibo. Quando arrivi, acquisti un biglietto presso la cassa dell'evento, a pranzo o a cena. Con circa 12-15 euro, ti aspetta un incredibile pasto a chilometro zero, comprensivo di vino locale. Il termine "chilometro zero" in Italia si riferisce a cibi coltivati entro circa 150 chilometri (circa 93 miglia) da dove li consumi, sottolineando freschezza e produzione locale.

Per le feste, consiglio sempre un soggiorno minimo di due o tre notti, poiché gli eventi spesso continuano fino a tarda sera (ho fatto una lista delle mie raccomandazioni per ogni città/festa nella sezione Dove Dormire di ciascun capitolo). Tuttavia, non è strettamente necessario pernottare per le sagre, che si svolgono frequentemente in piccoli borghi. In effetti, alcuni di questi paesini sono così piccoli da non avere neanche un hotel. Molti visitatori scelgono di partecipare alle sagre come gite di un giorno, godendosi i sapori e le festività locali per poi tornare ai loro alloggi in città o paesi vicini.

Che tu stia viaggiando da solo, in famiglia o pianificando un viaggio intergenerazionale, le feste siciliane offrono qualcosa per tutti. I fotografi troveranno infinite opportunità per catturare momenti spettacolari, da colorate processioni a celebrazioni culturali meno affollate.

Le feste di musica e danza mettono in mostra le vivaci arti dello spettacolo della Sicilia, mentre le fiere dell'artigianato mettono in luce gli artigiani locali che creano souvenir unici. Molte feste sono caratterizzate da esperienze interattive dove i visitatori possono provare i mestieri tradizionali o tecniche di cucina in prima persona.

Alle famiglie in particolare piace l'atmosfera adatta ai bambini di molte celebrazioni, dove quest'ultimi possono assistere a spettacoli di burattini, partecipare a laboratori, o assaggiare speciali prelibatezze della festa. Soprattutto molti di questi eventi promuovono pratiche di turismo sostenibile e sostengono direttamente le comunità locali, garantendo che queste preziose tradizioni continuino per generazioni in futuro. Questa guida serve da pianificatore di feste esclusive, aiutandoti a realizzare esperienze memorabili che vanno oltre le tipiche attrazioni turistiche.

Un punto di vista da esperto

A causa del mio amore per l'Italia e del nostro obiettivo di trasferirci lì un giorno, ho iniziato a studiare l'italiano nel 2020, quando nostro figlio Augusto è partito per l'università. Non faccio mai le cose a metà, così quando ho deciso di imparare l'italiano, mi ci sono dedicata completamente e sono diventata fluente in fretta (anche grazie ai lockdown). Quella che era iniziata come una sfida personale si è trasformata presto in una dimensione culturale italiana tutta nuova per me.

Ogni mattina mi sintonizzo su Di Buon Mattino su TV2000, inizialmente solo per immergermi in qualche ora di italiano. Quello che era nato come un esercizio linguistico è rapidamente diventato una passione. Il programma, con sede a Roma, non si limita a riportare le notizie, ma viaggia per l'Italia alla scoperta di feste, tradizioni e specialità locali. Guardando serie TV italiane, parlando con amici italiani, leggendo quotidiani italiani e guardando Di Buon Mattino, ho scoperto feste una più affascinante dell'altra. Ancora oggi, quasi ogni giorno, il programma mi trasporta in una nuova celebrazione da qualche parte in Italia, mostrando la cultura unica di ogni regione. È come essere invitati nel cuore stesso dell'Italia.

Quando ho esplorato più in profondità, ho realizzato che queste feste sono un riflesso genuino della cultura italiana, una vivace celebrazione di comunità, storia, folclore e tradizione. Questo ha suscitato un'idea: perchè non sperimentare queste feste in prima persona? Ho iniziato a pianificare i nostri viaggi intorno ad esse diversi anni fa, e fortunatamente mio marito, mio figlio, i cugini e gli amici erano anche loro emozionati di seguirmi in questa avventura.

Negli Stati Uniti, abbiamo feste culturali, ma non assomigliano, a queste. Le feste italiane sono più che celebrazioni; sono un impegno per la vita, richiamando le persone anno dopo anno, anche da lontano. Le feste sono un momento per riconnettersi con la famiglia e gli amici.

Non sorprende che una parte significativa del fascino di partecipare a questi eventi risieda nel gustare i piatti e i dolci speciali preparati esclusivamente per queste occasioni—sapori che sfuggono dai menu dei ristoranti tradizionali durante il resto dell'anno. Mentre approfondivo la ricerca su queste feste in preparazione per i nostri viaggi, la cucina è affiorata velocemente come parte integrale di questa esperienza intessuta nella tradizione locale e negli incontri in prima persona attesi con entusiasmo.

La Testa del Turcho

Ricordo chiaramente di aver scoperto la Testa del Turco alla festa della Madonna delle Milizie a Scicli. La tensione cresceva mentre giravo per il centro storico, seguendo aromi invitanti fino alla loro origine. Quando ho finalmente dato il mio primo morso, la delicata, croccante sfoglia abbinata armoniosamente con il suo ripieno succulento e cremoso ha offerto un'esperienza sensoriale come nessun'altra incontrata prima. Quel primo assaggio non ha solamente soddisfatto il mio palato; mi ha trasportato più in profondità nella vivace atmosfera della festa, un sapore che riassumeva la stessa essenza della celebrazione e della tradizione, lasciando un segno indelebile nella mia memoria.

Non dimenticherò mai una conversazione che ho avuto con la mia amica Annalisa. Come molti italiani, si è trasferita a Roma per lavoro, ma ogni anno, lei ritorna nella sua città natale per la festa del santo patrono. Quando le ho chiesto se potevo unirmi a lei un anno, lei ha riso e ha detto, "Katerina non saresti in grado di tenere il passo! Io corro tutto intorno alla città solo per vedere la procesione di Sant'Ambrogio in ogni importante punto panoramico!". Come quella di tanti altri locali, la sua passione mi ha mostrato proprio quanto profondamente siano radicate queste feste nelle vite degli italiani.

Perché un viaggio delle feste?

- Vivi le città nel loro momento più vivace

- Partecipi a tradizioni raramente viste dai turisti

- Assaggi cibi preparati solo per queste celebrazioni speciali

- Ti immergi nella storia e nella cultura di ogni celebrazione

- Ti connetti autenticamente con le comunità locali

- Crei opportunità fotografiche uniche

- Ti godi attività per tutte le età

- Supporti le tradizioni e le economie locali

Cosa aspettarsi da questo libro

Nei capitoli che seguono, approfondiremo le feste più affascinanti della Sicilia, esplorando le loro origini, il loro significato e il modo migliore per viverle. Che tu stia pianificando un viaggio o semplicemente viaggiando con l'immaginazione, questo libro sarà la tua guida al cuore della cultura siciliana attraverso le sue vivaci celebrazioni.

Ottimizza la tua esperienza delle feste con FestaFusion

Perché partecipare a una sola festa quando puoi viverne diverse durante lo stesso viaggio? Ho coniato il termine FestaFusion per aiutarti a scoprire la magia di programmare la tua visita in modo da assistere a più celebrazioni. In Sicilia ci sono così tante feste che, con un po' di pianificazione, è possibile visitarne più di una durante il tuo viaggio. Per esempio:

- FestaFusion a Palermo con il Palermo Jazz Festival e la Festa di Santa Rosalia.

- Visita Catania per la Parata dei Giganti e poi spostati la stessa settimana a Piazza Armerina per il Palio (festa medievale)

- Combina l'Infiorata a Noto con la Festa della Madonna delle Milizie a Scicli, a soli 30 minuti a sud.

- Durante la stagione del raccolto, vivi diverse sagre (feste del cibo) lungo le pendici del Monte Etna.

Queste combinazioni di festività non sono solo pratiche, ma anche trasformative. Ogni celebrazione aggiunge nuovi livelli di comprensione della cultura siciliana e il passare tra una festa e l'altra rivela spesso connessioni nascoste nelle tradizioni, nei cibi e nei costumi. Con un po' di pianificazione, questa guida rende facile vivere più eventi in un unico viaggio, esattamente ciò che mio marito ed io programmiamo di fare durante la pensione, una festa ogni settimana!

Se sei preoccupato per la folla, non temere. Mentre gli eventi più importanti come la Festa di Sant'Agata a Catania, Santa Rosalia, la Pasqua e la Settimana Santa, il Carnevale e la Festa di Santa Lucia a Siracusa attirano molte persone, la maggior parte delle feste descritte in questo libro è più tranquilla, frequentata principalmente da locali. Si tratta di celebrazioni informali e tranquille dove puoi immergerti nella cultura senza il trambusto delle folle. Sì, spero di ispirare più viaggiatori a partecipare e diventare "Followers delle Feste", ma stai tranquillo, non ti troverai in mezzo a folle fitte. In realtà, molte di queste feste sono molto meno affollate di una tipica mattina dentro la Basilica di San Pietro a Roma, e offrono un'esperienza molto più autentica e personale. In molti eventi, siamo stati gli unici turisti presenti, il che mi ha fatto sentire come se stessi scoprendo qualcosa di speciale.

Questa guida alle feste della Sicilia è solo l'inizio di un emozionante viaggio attraverso il ricco paesaggio culturale dell'Italia. È il primo libro della serie Viaggi in Italia, che si propone di esplorare le feste e le tradizioni di tutte e 20 le regioni italiane. Ogni libro della serie approfondirà una regione diversa, svelando le sue celebrazioni uniche, le tradizioni locali e i tesori nascosti. Partendo dalla Sicilia, prepariamo il terreno per un grande tour del patrimonio culturale variegato dell'Italia, invitando i lettori a scoprire il cuore di ogni regione attraverso le sue tradizioni più care.

Il Viaggio delle Feste trasforma il turismo ordinario in esperienze straordinarie. Invece di vedere la Sicilia attraverso le pagine di una guida turistica, la vivrai attraverso la gioia delle sue celebrazioni, il calore delle sue comunità e la profondità delle sue tradizioni.

Unisciti a me nel scoprire la vera Sicilia—una festa alla volta. Iniziamo insieme questo viaggio, dove ogni strada acciottolata echeggia di passato, ogni piatto locale racconta una storia, e ogni celebrazione ti invita a diventare parte del patrimonio vivente della Sicilia.

Come usare questo libro

La Sicilia, con il suo ricco intreccio di storia, cultura e bellezze naturali, offre una moltitudine di tesori ai viaggiatori. Consapevole che la maggior parte dei visitatori ha un tempo limitato per le vacanze, questa guida è pensata per aiutarti a sfruttare al meglio la tua avventura siciliana, concentrandosi in particolare sul **Viaggio delle Feste**. Questo libro presenta un modo unico per vivere la Sicilia: attraverso le sue vivaci sagre e feste. Pianificando la tua visita in coincidenza con le celebrazioni locali, avrai un'opportunità unica di scoprire la cultura, le tradizioni e la vita della comunità.

I capitoli di questo libro sono organizzati cronologicamente in base alla data delle festività, offrendo un viaggio annuale attraverso il calendario delle celebrazioni siciliane. Questo sistema ti permette di trovare facilmente le feste che corrispondono alle date del tuo viaggio. È incluso un calendario completo delle festività per aiutarti ulteriormente nella pianificazione, con una panoramica degli eventi di tutto l'anno. **Calendario delle Feste** e l'**Indice Alfabetico delle Località** incluse nel libro.

Per utilizzare questa guida in modo efficace, inizia considerando le date del tuo viaggio. Consulta il calendario delle feste per vedere quali eventi coincidono con la tua visita. Una volta identificate le feste di tuo interesse, puoi consultare i capitoli relativi per informazioni dettagliate su ciascuna celebrazione e sulla sua località. Ogni capitolo fornisce non solo i dettagli della festività, ma anche descrizioni approfondite delle città ospitanti, comprese le attrazioni da non perdere, le tradizioni locali e le esperienze autentiche al di là del circuito turistico.

La guida offre di più che semplici informazioni sulle feste. Fornisce un contesto storico per ogni evento, spiegando la sua origine e il motivo per cui continua ad essere fondamentale per l'identità siciliana odierna. Troverai anche consigli pratici sui trasporti, suggerimenti per il pernottamento durante i periodi di punta delle festività e indicazioni linguistiche per migliorare le tue interazioni durante questi eventi speciali.

Abbraccia la spontaneità del viaggio siciliano, in particolare durante le stagioni festive. Sebbene questa guida offra informazioni ben ricercate, la natura dinamica delle feste implica che gli orari possano evolvere. Per arricchire la tua esperienza, abbiamo incluso una varietà di opzioni e attività per ogni destinazione. In questo modo, sarai sicuro di vivere un'avventura gratificante, con ampio spazio per piacevoli sorprese lungo il cammino.

È importante notare che le feste in Sicilia rientrano in due categorie principali: eventi a data fissa che si svolgono ogni anno nella stessa data, e feste a data variabile legate a weekend specifici, calendari religiosi o altri fattori variabili. Questa guida indica la tempistica di ciascun evento per aiutarti nella pianificazione.

Per chi desidera creare itinerari più completi, visita il sito web dell'autore. Qui troverai itinerari esemplificativi che ti aiuteranno a pianificare un viaggio combinando più festività o bilanciando le esperienze delle feste con la visita delle principali attrazioni della Sicilia.

Anche se questo libro mette in evidenza i viaggi legati alle feste, è anche una risorsa preziosa per un'esplorazione generale della Sicilia. I profili delle città, le informazioni culturali e i consigli pratici sono utili per qualsiasi tipo di visita in questa affascinante isola, che tu decida di concentrare il tuo viaggio su eventi specifici o meno.

Mentre intraprendi la tua avventura siciliana, ricorda che questa guida è la tua porta d'ingresso per vivere l'anima vivace dell'isola. Che tu sia attratto dall'entusiasmo delle feste o desideri semplicemente esplorare le varie offerte della Sicilia, troverai un patrimonio di informazioni per arricchire il tuo viaggio.

Lasciati travolgere dalla calda ospitalità siciliana, gusta i sapori della cucina locale e immergiti nelle tradizioni millenarie dell'isola. Con questo libro come compagno, sarai ben preparato a uscire dai percorsi turistici tradizionali e a creare ricordi duraturi in una delle regioni più affascinanti d'Italia.

I capitoli delle Festività – Cosa è incluso

Ogni capitolo delle festività include i seguenti elementi:

1. **Dove, Quando, Sito Web della festa e Temperature Medie durante la festa**

2. **Panoramica della Città**

3. **Presentazione della Festa**: Origine, Descrizione, Eventi, Piatti Tipici della Festa

4. **Giri a Piedi Autoguidati e Siti da Non Perdere**

5. **Feste Durante l'Anno**: Celebrazioni aggiuntive da non perdere

6. **Opzioni per Escursioni di un Giorno**: Città e siti di interesse nelle vicinanze

7. **Logistica**:

- Trasporti

- Consigli per Mangiare

- Dove Dormire

Capitoli delle Esperienze di Immersione

Anche se i capitoli sulle feste costituiscono il nucleo di questo libro, la Sicilia offre una ricchezza di esperienze che vanno oltre i suoi celebri eventi. Per questo motivo ho incluso dei capitoli speciali dedicati alle Esperienze di Immersione. Questi capitoli sono distinti dalle sezioni sulle festività, ma si trovano vicino alla città dove si svolge la festa.

Esperienza di Immersione - Scala del Turcho

Sono pensati per guidarti verso incontri unici e autentici con la cultura siciliana, i luoghi speciali, la natura e le tradizioni quando non sei impegnato a partecipare ad una festa. Queste Esperienze di Immersione possono essere in città, nei dintorni o come opzioni per escursioni di un giorno.

I capitoli sull'Esperienza di Immersione mostrano attività e avventure che ti permettono di entrare più a fondo nell'essenza della Sicilia. A differenza dei capitoli sulle feste, che sono legati ad eventi specifici, queste esperienze sono disponibili tutto l'anno e distribuite sull'intera isola. Queste esperienze ti offrono l'opportunità di:

1. **Connetterti con le Tradizioni Locali**: Partecipa a esperienze pratiche come corsi di cucina dove imparerai a preparare piatti tradizionali siciliani, oppure visita laboratori artigianali per osservare in azione mestieri secolari come la produzione di ceramiche.

2. **Esplorare le Meraviglie Naturali:** Parti per avventure che ti avvicineranno ai paesaggi mozzafiato della Sicilia. Questo può includere un'escursione in 4x4 sul Monte Etna, un'escursione attraverso le lussureggianti montagne dei Nebrodi, nuotate in acque selvagge o tour in barca lungo la spettacolare costa.

3. **Confrontarti con la Storia e la Cultura:** Immergiti nel ricco passato della Sicilia con esperienze come assistere ad una tragedia classica greca in un antico teatro o visitare siti storici meno conosciuti.

4. **Scoprire le Industrie Locali:** Dai un'occhiata dietro le quinte ai prodotti rinomati della Sicilia. Visita vigneti a conduzione familiare per degustazioni di vini, esplora uliveti e scopri la produzione dell'olio d'oliva, oppure partecipa alla lavorazione dei tradizionali formaggi siciliani.

5. **Vivere come un Locale:** Vivi la vita quotidiana siciliana soggiornando in un agriturismo, percorrendo un cammino storico o partecipando alle attività stagionali delle sagre.

Questi capitoli dell'Esperienza di Immersione arricchiscono la tua visita alle festività oppure presi da soli possono essere straordinarie avventure siciliane. Offrono opportunità per una comprensione culturale più profonda, un'esplorazione attiva, siti storici interessanti e incontri memorabili con la terra e la sua gente. Che tu voglia impegnare il tempo tra una festa e l'altra o creare un viaggio siciliano completamente diverso, queste esperienze ti permettono di connetterti in modo più intimo con il cuore e l'anima dell'isola.

Ogni capitolo sull'Esperienza di Immersione include:

- Descrizione dell'Esperienza: Cosa puoi aspettarti di vedere, fare e imparare

- Informazioni Pratiche: Come prenotare, cosa portare, i periodi migliori per andarci, come arrivarci

- Consigli dell'Esperto: Suggerimenti per sfruttare al meglio la tua esperienza

Includendo questi capitoli sull'Esperienza di Immersione, questo libro si propone di fornire una guida completa alla Sicilia, celebrando le sue feste e al contempo rivelando numerosi altri modi per scoprire il fascino e il carattere unici dell'isola.

Guide Turistiche contro Tour Autoguidati

Anche se ho incluso oltre 25 giri a piedi autoguidati, non c'è nulla che sostituisce le informazioni di una guida locale. Se il tuo budget lo consente, considera di prenotare in anticipo tramite Tours By Locals o With Locals, soprattutto nelle città più piccole. Ad esempio, a Militello in Val di Catania, abbiamo avuto una guida eccezionale di nome Grazia Manuale, che ci ha permesso di accedere a luoghi normalmente chiusi al pubblico. Le sue conoscenze ci hanno permesso di entrare nel museo della diocesi, a Santa Maria della Stella, e le antiche rovine hanno reso la nostra visita indimenticabile.

Organizzare il Tuo Viaggio delle Feste

Quando pianifichi il tuo viaggio in funzione di una festività, il tempismo è fondamentale. Si consiglia di arrivare la sera prima dell'inizio della festa. Questo arrivo anticipato ha molteplici vantaggi: ti permette di esplorare la città con calma, familiarizzare con la sua struttura e trovare un punto privilegiato per gli imminenti festeggiamenti. Approfitta del tempo a disposizione per individuare la piazza principale e la chiesa centrale, che sia una cattedrale, un duomo o una chiesa madre, poiché questi spesso sono i punti focali degli eventi principali.

Per le feste più importanti, soggiorna due o tre notti. Gli hotel al di fuori delle grandi città in Sicilia non sono costosi (abbiamo soggiornato a Piazza Duomo a Ragusa per 100 dollari a notte). Questo ti permette di goderti gli eventi notturni, soprattutto in estate, senza preoccuparti di dover guidare. Inoltre, ti aiuta ad adattarti ai cambiamenti di programma. Per le feste gastronomiche, una notte di soggiorno non è sempre necessaria. Possono essere escursioni giornaliere, spesso in piccoli paesi con pochi hotel.

Sei arrivato presto? Approfitta del tempo per esplorare. Segui il mio giro a piedi per visitare i luoghi intorno alla città. Prova i ristoranti locali per assaporare i piatti regionali. Visita i caffè per chiacchierare con i locali, che spesso condividono utili consigli sulle feste.

Man mano che la festività si avvicina, è consigliabile procurarsi un programma degli eventi, se disponibile (secondo la mia esperienza, vengono affissi sulle porte della cattedrale e in altri luoghi importanti della città). Questo ti aiuterà a pianificare le attività a cui desideri partecipare e a non perdere i momenti salienti. Controlla se è previsto un abbigliamento tradizionale o uno schema di colori per i partecipanti.Prendere parte a queste tradizioni può arricchire la tua esperienza e mostra rispetto per le usanze locali. Non dimenticare di mettere in valigia le cose essenziali come scarpe comode, acqua e qualsiasi oggetto specifico per la festa, come una coperta da picnic per gli eventi all'aperto o protezione solare per le feste diurne.

Durante la festa, immergiti completamente nell'esperienza. Partecipa alle attività, prova i piatti tipici e interagisci con la comunità. Sebbene sia naturale voler catturare i ricordi con la fotografia, fai attenzione alle usanze locali e alle eventuali restrizioni sulla possibilità di scattare foto durante determinati eventi. Ricorda di rimanere flessibile: alcune delle esperienze migliori nelle feste possono essere spontanee e non pianificate. È importante ricordare che ogni festività e ogni città in Italia sono unici. Sebbene questa guida fornisca un quadro generale per pianificare il tuo viaggio, sii sempre pronto ad adattarti al carattere specifico e alle tradizioni della destinazione scelta. Abbracciare la cultura locale e lasciarsi andare sono la chiave per godere appieno della ricca varietà delle feste italiane.

Non solo feste: una guida completa alle migliori città ed esperienze della Sicilia

Anche se le feste sono una parte vivace della cultura siciliana, questa guida offre molto più di un semplice calendario di eventi. Essa si propone come una panoramica completa delle principali città ed esperienze in Sicilia, dalle isole più occidentali fino a Siracusa, sulla costa orientale. Che tu sia attratto dall'incanto delle celebrazioni locali o desideri semplicemente esplorare questa affascinante isola al tuo ritmo, troverai preziosi consigli per arricchire il tuo viaggio.

Cosa offre questa guida:

- **Attrazioni delle città:** Scopri il carattere unico delle principali città e dei paesi della Sicilia, dalla frenetica Palermo all'affascinante Taormina.

- **Giri a piedi autoguidati:** Tour organizzati in un ordine che ottimizza il tempo e minimizza le frustrazioni.

- **Approfondimenti culturali:** Immergiti nella ricca storia della Sicilia, influenzata dalle culture greca, romana, araba e normanna, e scopri come questa si riflette nella vita siciliana moderna.

- **Meraviglie naturali:** Esplora i paesaggi diversificati della Sicilia, dal maestoso Monte Etna alle spiagge incontaminate e alle riserve naturali lussureggianti.

- **Esperienze locali:** Scopri esperienze autentiche siciliane, dai mercati vivaci ai luoghi tranquilli fuori dai sentieri battuti.

- **Informazioni su trasporti e alloggi:** Per ogni città ed evento, vengono suggeriti alloggi e informazioni sui trasporti.

- **Raccomandazioni per i ristoranti:** Grazie ai nostri viaggi e ai nostri amici in Sicilia, abbiamo selezionato ristoranti che si dedicano alle specialità siciliane e offrono il miglior rapporto qualità-prezzo.

- **Attenzione sulle feste:** Pur non essendo esclusivamente incentrata sulle feste, questa guida mette in evidenza alcune delle principali celebrazioni di tutta l'isola, aiutandoti a pianificare la tua visita in modo che possa coincidere con questi eventi culturali, se lo desideri.

Cathedral of Monreale

CAPITOLO DUE

Arriva ed Esplora: Spostamenti e Soggiorni

Le rotte aeree per la Sicilia: Arrivare sull'Isola

Immagina questo: ti trovi in Sicilia, circondato da paesaggi mozzafiato e affascinanti borghi, pronto per l'avventura. Ma come ci si muove in questa incantevole isola? Non preoccuparti, ho pensato a tutto! Anche se esplorare la Sicilia può a volte sembrare un piacevole puzzle da risolvere, non è necessario noleggiare un'auto per completarlo.

Il Quadro Generale

- **Aeroporti:** La Sicilia ha tre aeroporti internazionali a Catania, Palermo e Trapani, oltre a tre altri aeroporti.

- **Treni:** Collegano le principali città e le località costiere.

- **Autobus:** Raggiungono i piccoli borghi e le aree rurali.

- **Barche e Traghetti:** Essenziali per il giro delle isole e i collegamenti con la terraferma.

- **Taxi e Autisti Privati:** Ideali per percorsi specifici o gite giornaliere.

- **Noleggio Auto:** Offre flessibilità, ma comporta anche delle sfide.

Durante i miei viaggi, ho scoperto che una combinazione di treni, autobus e autisti privati funziona meglio. Elimina lo stress del parcheggio e della guida per quelle strette e tortuose strade. Detto ciò, i noleggi auto sono ampiamente disponibili per chi cerca un'avventura su quattro ruote.

Dove Soggiornare: Le Varie Opzioni di Pernottamento in Sicilia

Per il pernottamento, ho sviluppato una strategia che bilancia comfort ed esplorazione:

- Soggiorna nello stesso luogo per 4-5 notti prima di spostarti. Questo permette un insieme di giornate "di riposo" (esplorazione locale) e giornate "di movimento" (Esperienze di Immersione e gite giornaliere).

- Alterna tra hotel e Airbnb con lavatrici. Questo offre il comfort degli hotel e la praticità di fare il bucato, viaggiando leggeri.

- Cerca una sistemazione entro il raggio di un chilometro da Piazza Duomo, il cuore della maggior parte delle città. Se riesci a vedere la cattedrale dal tuo balcone, hai trovato un vero tesoro! Propongo idee per il pernottamento in ogni capitolo dedicato alle feste.

La Sicilia offre una vasta gamma di opzioni di pernottamento per soddisfare le esigenze e il budget di ogni viaggiatore.

- Hotel: Classificati da una stella (essenziale) a cinque stelle (lusso con servizi completi), gli hotel sono un'ottima opzione per i viaggiatori.

- Camere private e B&B: Queste offrono un tocco più personale e spesso approfondimenti sulla vita locale. Variano da stanze in case di famiglia a pensioni gestite professionalmente.

- Appartamenti per Vacanze: Gli appartamenti indipendenti sono magnifici per soggiorni più lunghi o per chi preferisce maggiore autonomia. Offrono spesso un miglior rapporto qualità-prezzo per famiglie o gruppi.

Alloggi Rurali

- **Agriturismi:** Questi sono fattorie in attività che offrono alloggio. Forniscono un'opportunità unica di vivere la vita rurale siciliana e spesso servono pasti fatti in casa con ingredienti freschi della fattoria.

- **Cantine Vinicole:** Alcune cantine siciliane offrono alloggi in loco, permettendoti di immergerti nella cultura vinicola della Sicilia.

- **Ostelli:** Gli ostelli offrono pernottamenti economici, spesso con camere condivise e servizi comuni. Sono ideali per i viaggiatori solitari che vogliono socializzare.

- **Camping:** La Sicilia ha molti campeggi per gli appassionati dell'outdoor, che vanno da siti essenziali a quelli ben attrezzati con servizi come piscine e ristoranti.

I mosaici romani della Villa Romana del Casale

Prenotare una Sistemazione per le Festività

Ricorda, la disponibilità degli alloggi può variare notevolmente in Sicilia a seconda della stagione, soprattutto durante i periodi delle feste. Per vivere al meglio l'esperienza, tieni a mente questi consigli:

- **Prenota in anticipo:** Se hai intenzione di partecipare ad una festa, cerca di prenotare il tuo alloggio con almeno 6 mesi di anticipo, se possibile. Questo è cruciale per assicurarti le migliori posizioni e tariffe.

- **Posizioni centrali:** Trovare un posto nel centro della città è fondamentale per immergersi pienamente nell'atmosfera della festa. Queste location privilegiate si esauriscono rapidamente, quindi la prenotazione anticipata è essenziale.

- **Prenotazioni flessibili:** Cerca opzioni con politiche di cancellazione che ti permettano di modificare i tuoi piani, se necessario. Molti alloggi offrono cancellazioni gratuite fino a una certa data.

- **Periodi delle feste:** Pianifica di rimanere più di una notte. Sii particolarmente proattivo nella prenotazione per le feste estive ed altri eventi popolari. Questi periodi vedono un significativo afflusso di visitatori.

- **Consigli locali:** Alcuni alloggi possono offrire pacchetti speciali o informazioni per chi partecipa alle feste. Non esitare a contattarli direttamente per chiedere eventuali vantaggi o informazioni, legati alle feste, che potrebbero proporre.

Pianificando e prenotando la tua sistemazione con anticipo, sarai in una posizione ideale per goderti appieno la vivace cultura delle feste siciliane senza lo stress delle prenotazioni all'ultimo minuto.

Andiamo! Basta con le introduzioni—è ora di immergerci nel cuore della Sicilia e parlare delle sue vivaci tradizioni. Esploriamo le feste, le sagre e gli eventi indimenticabili che animano quest'isola durante tutto l'anno. Pronti? Andiamo!

Le bellissime colline verdi ondulate della Val di Noto.

CAPITOLO TRE

Mappa delle feste e delle Attrazioni Imperdibili della Sicilia

Ogni città evidenziata in questa mappa è approfonditain un capitolo dedicato, pensato per fornirti tutto ciò di cui hai bisogno peruna visita indimenticabile. Ogni capitolo esplora il ricco intreccio dellefestività locali, offrendo informazioni dettagliate sulla loro storia, letradizioni e il loro fascino unico. Troverai anche un giro a piedi dettagliatodei luoghi principali della città, che ti aiuterà ad orientarti tra i monumentiimperdibili e i tesori nascosti. Oltre alle grandi festività, ogni capitolomette in evidenza altri eventi e celebrazioni degni di nota nella zona, cosìpotrai sfruttare al massimo il tuo viaggio in qualsiasi periodo dell'anno. Perarricchire la tua esperienza, ho incluso raccomandazioni attentamenteselezionate per ristoranti e alloggi, garantendo che il tuo soggiorno siapiacevole quanto il viaggio stesso. Inoltre, scoprirai idee per gitegiornaliere nei dintorni e informazioni logistiche essenziali, dai consigli suitrasporti alle indicazioni sul parcheggio, rendendo la pianificazione del tuoviaggio impeccabile.

Per un indice alfabetico completo delle città e dellefeste, consulta il Capitolo Alfabetico Completo per una consultazione rapida e facile. Se la mappa risulta difficile da leggere a causa delle dimensioni 6x9, visita lapagina del libro sul mio sito web all'indirizzo katerinaferrara.com. Lìtroverai la stessa mappa a colori e con la funzionalità dello zoom perun'osservazione più dettagliata delle destinazioni che hai scelto. Grazie perla comprensione! https://katerinaferrara.com/ultimate-festival-and-travel-guide-sicily/

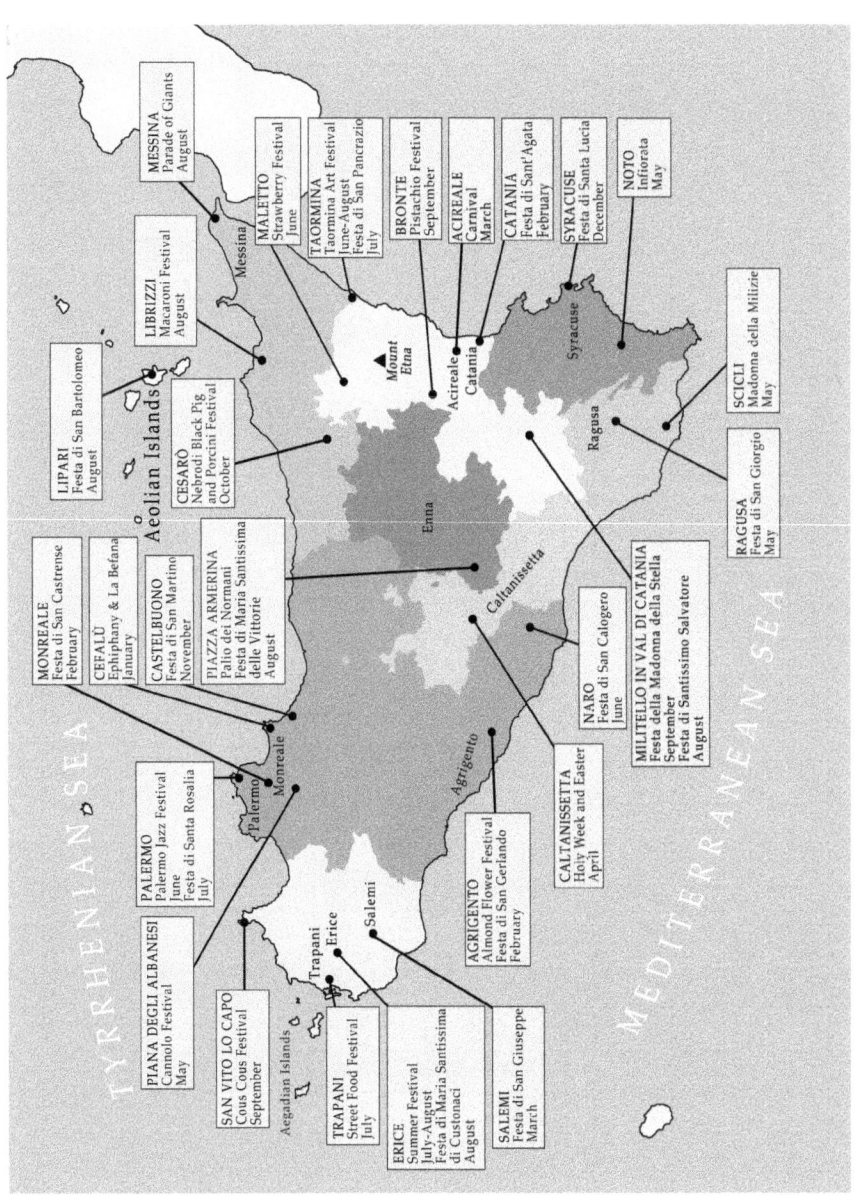

DA MAGGIO A LUGLIO

Celebrazioni Estive

CAPITOLO QUATTRO

La Mania del Cannolo di Piana Degli Albanesi

Sagra del Cannolo

Dove: Piana degli Albanesi

Quando: Secondo fine settimana di maggio, sabato, e domenica.

Temperature medie durante la festa: Massima: 21°C (70°F). Minima: 13°C (55°F).

Scoprire Piana degli Albanesi

Immersa tra le verdi montagne a soli 24 chilometri (14 miglia) a sud-ovest di Palermo, Piana degli Albanesi è una città dove storia, cultura e tradizioni culinarie si fondono in modo armonioso, proprio come la ricotta nei suoi famosi cannoli. Questo pittoresco comune, con una popolazione di circa 6.000 abitanti, è un borgo collinare che offre ai visitatori uno sguardo unico su un aspetto meno noto del ricco intreccio multiculturale della Sicilia.

La storia di Piana degli Albanesi inizia nel 1488, durante l'epoca turbolenta dell'espansione ottomana nei Balcani. Con l'avanzata dell'Impero Ottomano, un gruppo di profughi albanesi fuggì dalla loro patria cercando rifugio oltre il Mar Adriatico. Trovarono un porto sicuro in Sicilia, dove le autorità locali concessero loro il permesso di stabilirsi in questa zona montuosa, allora nota come Piana dei Greci.

Questi emigrati albanesi, conosciuti come Arbëreshë, portarono con sé la loro lingua, le loro usanze e la loro fede cristiana ortodossa orientale. Nei secoli hanno mantenuto la loro identità distinta, abbracciando al contempo la cultura siciliana, creando una fusione affascinante che persiste ancora oggi.

Situata ad un'altitudine di 740 metri sul livello del mare, Piana degli Albanesi gode di una vista spettacolare sulla campagna circostante. Ai piedi del paese si trova la distesa azzurra del Lago di Piana, un bacino artificiale che non solo aggiunge bellezza paesaggistica all'area, ma svolge anche un ruolo cruciale nell'economia locale.

La Sagra del Cannolo

Sebbene l'eredità albanese della città sia evidente in molti aspetti della vita quotidiana, è nel campo della cucina che Piana degli Albanesi ha davvero lasciato il segno nella cultura siciliana. La città è rinomata in tutta la Sicilia e oltre per i suoi cannoli: croccanti tubi dorati di pasta fritta ripieni di ricotta cremosa di latte di pecora.

Si dice che le monache del Monastero delle Suore Basiliane della città siano state le prime a perfezionare la ricetta del ripieno del cannolo, utilizzando la ricotta fresca delle pecore locali. Nel tempo, questo dolce è diventato sinonimo di Piana degli Albanesi, attirando amanti del cibo da ogni dove per assaggiare quello che molti considerano il miglior cannolo della Sicilia.

Immagina questo: è il secondo fine settimana di maggio e ti trovi nella vivace Piazza Vittorio Emanuele a Piana degli Albanesi. L'aria è piena di entusiasmo e ovunque tu guardi, le persone si deliziano con uno dei tesori culinari più amati della Sicilia: il cannolo. Durante questo fine settimana, la città diventa l'epicentro di questo celebre dolce siciliano, con quasi 50.000 cannoli venduti in soli due giorni.

Questa festa, che è nata nel 1998, celebra non solo la maestria del cannolo, ma anche il patrimonio culturale unico della città. Fondata da pasticceri locali e dall'amministrazione comunale, la festa mette in mostra i suoi eccezionali cannoli e attira visitatori in questo pittoresco borgo montano. Piana degli Albanesi è nota per le sue sfoglie di cannolo particolarmente croccanti e il ripieno di ricotta fresca e cremosa, spesso guarnito con frutta candita, gocce di cioccolato o pistacchi.

La Realizzazione del Cannolo Perfetto

I cannoli sono apprezzati in tutto il mondo, ma per capire davvero la loro importanza, prendiamoci un momento per analizzare la creazione di questo capolavoro siciliano:

L'esterno: L'involucro

La magia inizia con l'involucro. Realizzato con un impasto di farina, zucchero e a volte un tocco di vino o aceto per renderla più croccante, l'involucro viene arrotolato in cerchi sottili e avvolto intorno a tubi metallici o di legno per ottenere la caratteristica forma cilindrica. Poi viene fritto fino a diventare dorato, ottenendo una consistenza croccante e leggermente rigonfia, perfetta per contrastare il morbido e cremoso ripieno all'interno.

Il ripieno: La Ricotta Zuccherata

Ah, il ripieno—il vero cuore del cannolo. Tradizionalmente, questa delizia cremosa è fatta con ricotta di latte di pecora, zuccherata e spesso aromatizzata con un tocco di vaniglia, cannella o scorza di agrumi. In alcune versioni si trovano gocce di cioccolato o frutta candita, che aggiungono esplosioni di sapore. L'equilibrio tra dolcezza e ricchezza rende ogni morso indimenticabile.

Decorazioni e guarnizioni

Come se l'involucro croccante e il ripieno cremoso non bastassero, i cannoli sono spesso guarniti con pistacchi tritati, gocce di cioccolato o frutta candita. Prima di servirli, una leggera spolverata di zucchero a velo dà il tocco finale.

L'Esperienza della Sagra

La Sagra del Cannolo è un'esperienza coinvolgente che va oltre il dolce. Passeggiando per la festa, si percepisce l'orgoglio di Piana degli Albanesi, una città che custodisce con cura la propria eredità. Qui i cannoli non sono solo un dessert, ma un simbolo di identità locale e maestria artigianale.

I visitatori possono osservare pasticceri esperti mentre mostrano l'arte della preparazione del cannolo, partecipare a concorsi di chi mangia più cannoli e godersi spettacoli che celebrano le radici albanesi della città. I panettieri locali competono per creare il cannolo più grande o più particolare. Nel frattempo, le famiglie condividono dolci in piazza, con musicisti che suonano melodie siciliane.

I cannoli non sono solo un dessert a Piana degli Albanesi. La gente li gusta spesso con il caffè del mattino o come spuntino pomeridiano. I locali dicono che non c'è mai un momento sbagliato per un cannolo fresco, specialmente durante la sagra.

Durante la Sagra del Cannolo, diversi siti culturali possono essere visitati gratuitamente, compresi tour guidati a piedi.

Questa celebrazione annuale non solo onora l'esperienza culinaria della città, ma rappresenta anche un testamento per la ricca storia multiculturale della Sicilia e per le tradizioni durature delle sue diverse comunità. L'evento è diventato da festa locale ad attrazione significativa, attirando appassionati di cucina e turisti culturali da tutta Italia e oltre.

Giro a piedi di Piana degli Albanesi

Il nostro viaggio inizierà nel centro culturale della città, con la cattedrale come punto di partenza.

#1. Cattedrale di Piana degli Albanesi

La cattedrale ospita l'iconostasi in legno più grande della Sicilia, creata dal monaco cretese Manusaki. Questa struttura decorata è adornata da elaborati dipinti religiosi ed icone, fungendo da rappresentazione visiva del regno divino.

L'iconostasi non solo separa lo spazio sacro dell'altare dal corpo principale della chiesa, ma agisce anche come ponte spirituale tra la sfera terrena e quella celeste.

La sua presenza in questa cattedrale testimonia le forti influenze bizantine nelle tradizioni religiose di Piana degli Albanesi.

L'iconostasi aggiunge bellezza all'interno della cattedrale, creando un contrasto sorprendente con la semplice facciata esterna. Quando i visitatori entrano, rimangono spesso sorpresi dall'interno luminoso e colorato, dominato da questa imponente struttura in legno coperta di immagini religiose vivide.

#2. Chiesa Parrocchiale di San Giorgio Megalomartire (Famullia e Shën Gjergjit Dëshmor i Math)

A tre minuti a piedi dalla cattedrale si trova la chiesa parrocchiale. Risalente al 1493, è la struttura più antica del centro della città. Una scalinata, che la collega direttamente dalla chiesa madre originale, che è antecedente rispetto al convento adiacente costruito nel 1716, fornisce l'accesso alla piazza principale.

Un affresco che mostra San Giorgio in gloria domina l'unica navata con volta a botte. Un'abside con un affresco neo-bizantino di Cristo Pantocratore, dipinto da Josif Droboniku, completa il lato occidentale.

Feste e Sagre a Piana degli Albanesi Durante l'Anno

Sagra della Ricotta

Solitamente un weekend tra la fine di marzo e l'inizio di aprile (le date esatte variano ogni anno).

Questa sagra celebra uno degli ingredienti più amati della Sicilia: la ricotta. Artigiani e agricoltori locali partecipano, mettendo in mostra l'importanza della produzione casearia per l'economia locale. I visitatori possono gustare la ricotta fresca in varie forme, dai cannoli tradizionali a piatti innovativi. L'evento include spesso dimostrazioni di produzione del formaggio, concorsi di cucina e spettacoli culturali che evidenziano l'eredità Arbëreshë del paese. I pastori locali portano le loro greggi nella piazza della città, arricchendo l'atmosfera festosa.

Festa di San Giorgio Megalomartire

23 aprile (o la domenica più vicina se cade in un giorno feriale).

Questa festa celebra San Giorgio, venerato sia nelle tradizioni cristiane occidentali che orientali. A Piana degli Albanesi, la celebrazione fonde usanze albanesi e siciliane. La giornata inizia solitamente con una liturgia solenne secondo il rito bizantino nella Chiesa di San Giorgio. Segue una processione per il paese, con partecipanti spesso vestiti in costumi tradizionali Arbëreshë. La festa include cibi speciali, musica e talvolta rievocazioni della leggendaria battaglia di San Giorgio con il drago.

Festa della Madonna Odigitria

2 settembre

Questa festa è di grande importanza per gli abitanti di Piana degli Albanesi e attira pellegrini e visitatori da tutta la Sicilia. Maria Odigitria, il cui nome significa "Colei che indica la via", è uno dei titoli più antichi della Vergine Maria, particolarmente nella tradizione bizantina. La celebrazione include una solenne Messa nella Cattedrale di San Demetrio Megalomartire, seguita da una processione che porta l'icona di Maria Odigitria attraverso il paese. La giornata è spesso caratterizzata da canti religiosi in albanese, danze tradizionali e una festa della comunità.

Festa di San Demetrio Megalomartire

26 ottobre

San Demetrio, noto come potente protettore e santo militare, è celebrato con grande devozione a Piana degli Albanesi. La giornata inizia con una Divina Liturgia nella Cattedrale di San Demetrio Megalomartire. Segue una processione che porta l'icona del santo per le strade. La celebrazione spesso include canti bizantini, esibizioni di musica e danza tradizionale Arbëreshë e un pasto collettivo con specialità locali. Questa festa segna anche l'inizio della stagione autunnale nel calendario culturale della città.

Opzioni per Gite di un Giorno: Siti, Città e Paesi Vicini

Queste località offrono una diversa varietà di esperienze, dalla storia e cultura alle attività all'aperto, tutte a breve distanza da Piana degli Albanesi.

Corleone. 40 chilometri (25 miglia) a sud. Corleone, tristemente famosa per i suoi legami con la Mafia, offre una miscela complessa di storia e cultura popolare. Il paese ha ottenuto un riconoscimento mondiale grazie ai film di Francis Ford Coppola, Il Padrino, dove è stato ritratto come la città natale della fittizia famiglia Corleone. Sebbene in realtà i film non siano stati girati qui, la storia mafiosa reale della città l'ha resa un simbolo della Cosa Nostra.

- CIDMA (Centro Internazionale di Documentazione sulla Mafia e il Movimento Antimafia), che offre spunti sugli sforzi della città per combattere la criminalità organizzata

- Castello Soprano, un castello medievale con viste panoramiche sulla campagna circostante.

- Chiesa di San Martino, famosa per i suoi bellissimi affreschi e l'architettura barocca.

Guarda il mio post sul blog "Discovering the Godfather Filming Locations" per maggiori informazioni: https://katerinaferrara.com/blog/

San Giuseppe Jato. 16 chilometri (10 miglia) a sud-ovest. Questa piccola città è principalmente conosciuta per la sua vicinanza al Monte Jato, un importante sito archeologico. I resti di un'antica città risalgono al VI secolo a.C. Il sito include: un teatro greco ben conservato, rovine di un mercato (agorà), resti di aree residenziali e fortificazioni.

Santa Cristina Gela. 5 chilometri (3 miglia) a sud-est. Come Piana degli Albanesi, Santa Cristina Gela è una comunità Arbëreshë, fondata da rifugiati albanesi nel XV secolo. I visitatori possono ammirare la Chiesa di Santa Cristina, che segue il rito bizantino, e gustare la cucina tradizionale Arbëreshë nei ristoranti locali.

Foresta di Ficuzza. 20 chilometri (12 miglia) a sud. Questa vasta riserva naturale offre una rinfrescante fuga nella natura.

Il Palazzo Reale di Ficuzza, costruito tra il 1799 e il 1807, è una residenza di caccia commissionata da Ferdinando I delle Due Sicilie. Ferdinando, conosciuto anche come Ferdinando III di Sicilia e Ferdinando IV di Napoli, unificò questi due regni nel Regno delle Due Sicilie nel 1816. Scelse Ficuzza come rifugio dalle turbolenze politiche di Napoli e Palermo. Ci sono numerosi sentieri per escursioni a piedi e in bicicletta attraverso la foresta.

Logistica

Treno: Palermo Centrale è la stazione ferroviaria più vicina. E' a 24 chilometri (14 miglia) da Piana degli Albanesi.

Autobus: Ci sono regolari servizi di autobus da Palermo a Piana degli Albanesi operati da AST (Azienda Siciliana Trasporti). Il viaggio dura circa un'ora e gli autobus partono più volte al giorno.

Auto: 24 chilometri (15 miglia) da Palermo tramite SS624 (Stada Stratale 624) in direzione sud.

Parcheggio: Piana degli Albanesi non ha una ZTL (zona a traffico limitato) nel centro. Il parcheggio è disponibile lungo le strade del centro o in parcheggi pubblici vicino a Piazza Vittorio Emanuele o alla Cattedrale.

Consigli per Mangiare

Antica Trattoria San Giovanni. Indirizzo: Via G. Matteotti, 34

Una trattoria di lunga tradizione che offre un'atmosfera accogliente e tipica siciliana. Conosciuto per la sua ricca storia, questo ristorante a conduzione familiare serve da decenni piatti autentici siciliani a locali e visitatori. Le specialità includono pasta fatta in casa e la prelibatezza locale, i cannoli, per cui Piana degli Albanesi è famosa.

Osteria Le Volte. Indirizzo: Via Giorgio Kastriota, 49

Un ristorante molto apprezzato, conosciuto per la sua atmosfera accogliente e il servizio eccellente. Gli ospiti possono godere di un'esperienza culinaria elegante ma intima, con un menù di piatti siciliani accuratamente selezionati e preparati con ingredienti locali. Popolare sia per le ricette tradizionali che per le rivisitazioni moderne della cucina siciliana classica, l'Osteria Le Volte è una delle preferite tra gli amanti del cibo.

Trattoria Sant'Isidoro. Indirizzo: Via XX Settembre, 8

Un locale affascinante che offre cucina siciliana sostanziosa in un ambiente semplice. Pasta siciliana tradizionale e arancini serviti in un'ambiente accogliente e familiare. La sua atmosfera rilassata e ospitale lo rende il posto ideale per un pasto tranquillo dopo aver esplorato i siti storici della città.

Dove Dormire

Agriturismo Sant'Agata. Indirizzo: Solo 16 minuti da Piana degli Albanesi.

Un hotel a 4 stelle tranquillo e a conduzione familiare, che offre camere spaziose, una piscina e piatti a km zero. È perfetto per chi cerca tranquillità e un'esperienza autentica nella campagna siciliana.

B&B Rampante. Indirizzo: Via Francesco Crispi, 101, nel cuore di Piana degli Albanesi.

Un accogliente hotel a 3 stelle/bed-and-breakfast, ideale per i viaggiatori che cercano comfort a prezzi accessibili. I proprietari sono noti per la loro ospitalità ed efficienza.

Turismo Rurale Valle Himara (Agriturismo). Indirizzo: SP5, 113. Vicino al centro di Piana degli Albanesi.

Un affascinante agriturismo in una zona tranquilla, che offre una piscina, un ambiente incantevole e cucina siciliana autentica.

CAPITOLO CINQUE

Le Strade Fiorite: L'Arte dell'Infiorata di Noto

L 'Infiorata di Noto

Dove: Noto, nella Val di Noto, lungo Via Corrado Nicolaci

Quando: Celebrata il terzo fine settimana di maggio. Aperta al pubblico la domenica e il lunedì.

Sito Web del Festa: https://www.infioratadinoto.it/#google_vignette

Temperature medie durante la festa: Massima: 24°C (75°F). Minima: 18°C (64°F).

Scoprire Noto: Il Gioiello Barocco della Sicilia

Situata su un altopiano che domina la valle dell'Asinaro nel sud-est della Sicilia, Noto è un capolavoro di architettura barocca e un simbolo di resilienza umana.

Questo "giardino di pietra," come viene spesso chiamata, ospita circa 24.000 residenti ed è uno dei migliori esempi di urbanistica barocca siciliana, tanto da essere riconosciuta come Patrimonio dell'Umanità dall'UNESCO.

Noto si trova a 32 chilometri a sud-ovest di Siracusa e a 50 chilometri a nord della punta meridionale dell'Italia. Con una superficie di 551 chilometri quadrati, è uno dei comuni più grandi d'Italia. Nonostante le sue dimensioni, la densità di popolazione a Noto è bassa. La maggior parte dei residenti vive nel centro storico e nelle aree circostanti.

La storia moderna di Noto inizia con un disastro. L'11 gennaio 1693, un terremoto devastò la Sicilia orientale, distruggendo Noto Antica. Tuttavia, questa tragedia aprì la strada a un nuovo inizio. La città fu ricostruita circa 10 chilometri più a valle, accanto al fiume Asinaro. La ricostruzione fu guidata dal Duca di Camastra, il principale consigliere del Viceré spagnolo.

La ricostruzione di Noto divenne un grande progetto urbano, attirando i migliori architetti, artisti e artigiani dell'epoca. Essi immaginarono e crearono una città che rappresenta una fusione armoniosa di pianificazione urbana e bellezza architettonica, rispettando lo stile barocco tardo allora in voga.

La Festa dell'Infiorata

L'Infiorata è una festa artistica caratterizzata da un tappeto di opere d'arte "dipinte" con petali di fiori. Ogni anno, gli organizzatori dell'evento allestiscono l'Infiorata lungo Via Corrado Nicolaci, che è una stretta strada in salita dal centro della città. Essi rimangono in esposizione per poco tempo, poiché le scene fatte con i petali di fiori sono vulnerabili al vento e alla pioggia.

Arte, religione, mitologia o cultura italiana ispirano il tema della festa, che cambia ogni anno. Temi passati hanno incluso "L'Inferno di Dante," "Il Cinema Italiano," "Il Principe di Noto" e l'ultimo viaggio che abbiamo fatto prevedeva un tributo alla Sicilia che ha incluso immagini di *White Lotus* e *Montalbano*, dalla popolare serie TV e di libri.

L'idea dell'Infiorata fu organizzata per la prima volta a Roma nel 1625 da Benedetto Drei, il fiorista capo del Vaticano, e da suo figlio Pietro. Iniziarono a utilizzare petali di fiori per creare mosaici sui pavimenti delle chiese durante le festività religiose, in particolare per la festa del Corpus Domini. Quest'idea si diffuse successivamente in altre parti d'Italia.

A Noto, la festa artistica fu introdotta nei primi anni '80 come modo per unire le tradizioni artistiche barocche della città con le celebrazioni religiose. Rinomata per la sua architettura barocca, Noto ha visto nell'Infiorata un modo naturale per mostrare il suo ricco patrimonio artistico e culturale.

I locali raccolgono e conservano i petali di fiori per mesi, organizzandoli per colore in centinaia di botti utilizzate per i disegni e le creazioni. Raccolgono anche altri tipi di piante, come rami di rosmarino, foglie di basilico, oltre a semi, mucchi di sabbia ed erba.

L'Infiorata

Nei giorni che precedono l'Infiorata, gli abitanti dedicano due giornate intere a disegnare intricati bozzetti e riempirli con petali di fiori. Questa preziosa tradizione ha reso Noto famosa in tutto il mondo. Il risultato è un'opera d'arte straordinaria che copre 700 metri quadrati di strada, realizzata con 400.000 petali di fiori raccolti nella campagna locale.

Per accedere all'Infiorata su Via Corrado Nicolaci è necessario un biglietto. Consiglio di acquistare i biglietti in anticipo, poiché l'ingresso è a orari programmati, e quando acquistai i nostri, gli unici orari disponibili erano al mattino presto.

L'esposizione inizia ai piedi della salita. L'uscita è in cima alla strada. Inoltre, in cima alla strada c'è anche la Chiesa di Montevergine. Entrammo nella chiesa, pagammo una piccola quota e salimmo la scala a chiocciola fino alla sommità del campanile. Questo punto offre una vista mozzafiato sull'Infiorata lungo la strada e sul centro storico. Secondo noi la vista dall'alto delle immagini è altrettanto vivida e interessante quanto camminare accanto alle opere floreali lungo la strada.

Ma aspetta, questa festa ha altro da offrire! Tutti nella comunità sono coinvolti. C'è una parata barocca con residenti in abiti d'epoca, bande locali e i tamburi, i miei preferiti, che riempiono le strade con il battito del cuore della Sicilia. Altri eventi di domenica includono un mercato, sbandieratori lungo le strade, bande e altre celebrazioni. Per tale evento io consiglio 3 giorni a Noto, così da avere un pò di tempo per visitare le città vicine.

Vista della Strada dell'Infiorata

Arrivare a Noto

La prima piazza che troverai entrando da Porta Reale (costruita nel 1838 in occasione dell'arrivo di Re Ferdinando II di Borbone) è Piazza dell'Immacolata, con la Chiesa di San Francesco costruita tra il 1704 e il 1745. Proseguendo dritto, troverai Piazza del Duomo. Questa è la piazza centrale e più importante della città, con la Cattedrale, costruita tra il 1700 e il 1776, e Palazzo Ducezio, sede del municipio. Palazzo Landolina funge sia da palazzo vescovile che da Museo della Cattedrale.

Durante la festa, qui si svolgono le rievocazioni storiche. È anche il luogo dove le bande musicali e i gruppi di tamburi inizieranno la loro parata. È probabile che venga allestito un palco e delle tribune per il pubblico. I locali si aggireranno in abiti d'epoca, aspettando il loro momento per risplendere durante la rievocazione. Da qui, se guardi la Cattedrale di Noto, potrai vedere una terrazza accanto alla facciata. Un posto incantevole per osservare la gente e gli eventi che si svolgono a Palazzo Ducezio, dove le parate si radunano e cominciano.

Giro a piedi di Noto – Giorno 1

#1. Basilica Cattedrale di San Nicolò

La Basilica Cattedrale di San Nicolò è uno dei monumenti più suggestivi di Noto, una splendida cittadina barocca nel sud-est della Sicilia.

Basilica Cattedrale di San Nicolo

Costruita all'inizio del XVIII secolo, la cattedrale è un esempio emblematico dell'architettura barocca siciliana. La cattedrale si trova in posizione dominante sulla sommità di una larga e imponente scalinata su Corso Vittorio Emanuele, la via principale di Noto. Questa posizione elevata accentua la sua presenza maestosa e crea un effetto visivo spettacolare mentre ci si avvicina.

Caratteristiche Esterne:

- **Facciata:** La facciata è realizzata in pietra calcarea gialla locale, che dona all'edificio una tonalità calda e dorata, soprattutto al tramonto o quando illuminata di notte. Questo colore è caratteristico di molti edifici a Noto, che si è guadagnata il soprannome di "città dorata".

- **Torri:** La cattedrale presenta due torri simmetriche e basse che fiancheggiano la facciata centrale. La torre di sinistra ospita le campane della chiesa, mentre quella di destra contiene l'orologio cittadino. Questa struttura equilibrata è tipica dell'architettura barocca siciliana.

- **Scalinata:** La vasta e ampia scalinata che conduce alla cattedrale ne esalta la sua grandiosità e funge da punto di ritrovo per i locali e i turisti.

La cattedrale attuale fu costruita dopo il devastante terremoto del 1693, che distrusse gran parte del sud-est della Sicilia. Faceva parte del massiccio sforzo di ricostruzione che diede vita al distintivo stile barocco siciliano, visibile in tutta la regione della Val di Noto.

La cattedrale incarna lo stile barocco siciliano, caratterizzato da decorazioni sontuose, facciate curve e uno scenografico uso della luce e delle ombre. Questo stile spesso incorporava figure scolpite, lavorazioni in pietra elaborate e scalinate imponenti, tutti elementi presenti nella Basilica Cattedrale di San Nicolò.

Essendo la chiesa madre della Diocesi di Noto, la cattedrale svolge un ruolo centrale nella vita religiosa e culturale della città. Essa ospita importanti cerimonie e festività durante l'anno, tra cui la festa di San Corrado a febbraio.

Nel corso dei secoli, la cattedrale ha subito numerosi restauri. Un importante intervento di restauro ebbe luogo dopo il crollo della cupola nel 1996, portando ad una meticolosa ricostruzione che fu completata nel 2007.

Caratteristiche interne:

- Navata centrale e navate laterali: L'interno rispetta una pianta a croce latina con una navata centrale e due navate laterali separate da colonne.

- Cupola: Una gigantesca cupola si trova sopra il transetto, permettendo alla luce naturale di inondare l'interno.

- Opere d'arte: La cattedrale contiene numerosi dipinti, affreschi e sculture, tra cui opere di artisti siciliani di rilievo.

- Reliquiario: Una delle caratteristiche più significative è l'urna d'argento che contiene le reliquie di San Corrado Confalonieri (1290-1351), santo patrono di Noto. Questo reliquiario è un importante punto di devozione per i fedeli locali.

La Basilica Cattedrale di San Nicolò non è solo un edificio religioso, ma anche una testimonianza della ricca storia di Noto, del suo patrimonio artistico e della resilienza dei suoi abitanti di fronte ai disastri naturali. La sua architettura mozzafiato e la sua posizione prominente la rendono un'attrazione imperdibile per i visitatori di questa splendida città siciliana.

#2. Seminario Vescovile

Il Seminario Vescovile è un importante edificio religioso situato nella stessa piazza della Cattedrale di Noto. Questa disposizione è comune in molte città italiane, dove le strutture religiose di rilevanza sono spesso raggruppate nel centro della città. In quanto seminario, esso funge da istituzione educativa per la formazione di sacerdoti e altri capi religiosi della Chiesa cattolica.

La posizione del Seminario Vescovile nella piazza principale di Noto lo colloca nel cuore del centro storico della città, accanto alla famosa cattedrale. Questa collocazione riflette la sua importanza nella vita religiosa e culturale di Noto. Considerato che Noto è rinomata per la sua architettura barocca, ricostruita in questo stile dopo il devastante terremoto del 1693, è naturale che anche il Seminario Vescovile mostri elementi architettonici barocchi, in sintonia con l'estetica complessiva della città.

La presenza del seminario in una posizione così prominente sottolinea la sua rilevanza storica. Come parte del complesso religioso nel centro della città, ha probabilmente giocato un ruolo cruciale nel plasmare il panorama spirituale ed educativo di Noto per generazioni. La sua vicinanza alla cattedrale suggerisce anche una stretta relazione tra queste due importanti istituzioni religiose.

#3. Chiesa di Santa Chiara

La Chiesa di Santa Chiara è un magnifico esempio di architettura barocca siciliana a Noto. Situata poco più in basso della cattedrale, sulla sinistra lungo Corso Vittorio Emanuele. La costruzione della chiesa iniziò nel 1730 e fu completata intorno al 1758, sorgendo dalle rovine del devastante terremoto del 1693 che ridisegnò gran parte del sud-est della Sicilia.

L'esterno della chiesa è una testimonianza della grandiosità dello stile barocco, con una elaborata facciata adornata da colonne corinzie e complesse lavorazioni in pietra. Entrando, i visitatori sono accolti da un interno altrettanto impressionante, riccamente decorato con stucchi, affreschi e marmo. La chiesa ospita numerose opere d'arte dei secoli XVIII e XIX, tra cui una notevole pala d'altare dipinta da Vito D'Anna che raffigura la "Gloria di Santa Chiara."

Vito D'Anna nacque a Palermo nel 1718 e vi morì nel 1769. Fu uno dei pittori più importanti del periodo barocco siciliano. Sebbene Palermo, nella parte nord-occidentale della Sicilia, fosse la sua principale base operativa, le opere di D'Anna si trovano in diverse chiese e palazzi dell'isola.

Durante la sua carriera, D'Anna ricevette commissioni per lavori in numerose città siciliane, tra cui Noto, che stava venendo ricostruita in stile barocco dopo il terremoto del 1693. La sua presenza a Noto e in altre zone del sud-est della Sicilia dimostra l'interconnessione della comunità artistica siciliana durante questo periodo di ampie ricostruzioni e fioritura artistica.

#4. Chiesa di San Francesco d'Assisi all'Immacolata

Questa magnifica chiesa, costruita tra il 1704 e il 1745, è un ottimo esempio di architettura barocca siciliana. Si erge come uno degli edifici religiosi più significativi di Noto, una città rinomata per la sua pianificazione urbana e architettura barocca. La facciata della chiesa presenta curve eleganti e decorazioni elaborate tipiche del periodo.

Anche l'interno è altrettanto impressionante, riccamente decorato con opere d'arte, tra cui dipinti, affreschi e sculture. Di particolare rilevanza sono i monumenti funebri delle famiglie nobili di Noto, che offrono uno spunto sulla storia sociale della città e sul suo mecenatismo artistico.

I visitatori possono ammirare la fusione armoniosa tra architettura e arti decorative, dagli altari elaborati alle lavorazioni minuziose in stucco. La chiesa ospita anche una preziosa biblioteca contenente testi storici e documenti.

#5. Chiesa di San Domenico

La Chiesa di San Domenico si erge come una delle espressioni più complete dello stile barocco di Noto. Progettata dal rinomato architetto del barocco siciliano Rosario Gagliardi, questo capolavoro è un esempio di ricche decorazioni , facciate teatrali e balconi elaborati caratteristici del periodo. La costruzione iniziò nel 1727 e fu completata nel 1743. La chiesa presenta una particolare facciata concava e un interno ellittico, evidenziando le qualità scenografiche e dinamiche dell'architettura barocca.

#6. Chiesa della Santissima Annunziata

La Chiesa della Santissima Annunziata è un'altra importante struttura barocca di Noto. Questa chiesa, dedicata all'Annunciazione della Beata Vergine Maria, gioca anch'essa un ruolo significativo nel ricco panorama architettonico di Noto. Sebbene forse non sia altrettanto conosciuta come la Chiesa di San Domenico, la Santissima Annunziata rimane un elemento fondamentale del patrimonio architettonico di Noto, dimostrando ulteriormente l'impegno della città per lo stile barocco durante la sua rinascita post-terremoto.

#7. Palazzo Ducezio

L'ultimo edificio imperdibile nel centro è Palazzo Ducezio. Gli architetti progettarono questo edificio municipale nel 1746, lo completarono nel 1830 e aggiunsero il secondo piano nella prima metà del secolo scorso.

Il secondo, e fondamentale compito, è salire una scalinata interna e accedere al balcone del secondo piano. Il balcone si affaccia sulla Cattedrale di Noto. È un'ottima opportunità per ammirare la città da questa prospettiva. È un luogo magnifico per scattare foto. Abbiamo notato che era tranquillo stare sulla terrazza, osservando i gruppi che si preparavano in piazza per la parata della festa.

Giro a piedi di Noto – Giorno 2

#1. Palazzo Nicolaci di Villadorata

Situato in Via Corrado Nicolaci, dove ogni anno si tiene l'Infiorata. Sulla facciata, si possono ammirare sei balconi sorretti da eleganti mensole scolpite, raffiguranti leoni, bambini e creature mitologiche. All'interno, si esplorano novanta stanze, tra cui il sontuoso "Salone delle feste" con soffitti dipinti e pavimenti in maiolica siciliana. È una tappa imperdibile per uno scorcio sulla vita aristocratica.

#2. Palazzo Castellucci

Un esempio splendido di palazzo nobiliare del XVIII secolo, che affascina con la sua facciata in calda pietra dorata, soffitti dipinti e arredi d'epoca. Gli interni sono adornati con pavimenti in maiolica siciliana e decorazioni finemente realizzate. Si consiglia di prenotare per tour guidati e non, per apprezzare appieno la sua bellezza.

#3. Chiesa di Santa Maria dell'Arco

Nascosta dietro Palazzo Ducezio in Via Viceré Speciale, questa chiesa fu costruita tra il 1730 e il 1749. Al suo interno si trovano le reliquie del beato Nicolò Morengia. La sua posizione offre una pausa tranquilla per esplorare la sua architettura barocca e la storia religiosa.

#4. Teatro Comunale Tina Di Lorenzo

Conosciuto come una versione in miniatura del Teatro alla Scala di Milano, presenta una splendida facciata neoclassica costruita nel XIX secolo. Si può entrare con un biglietto combinato o acquistandolo separatamente e godere dello stile elegante che continua ad ospitare spettacoli.

#5. Belvedere Guastella

Un punto panoramico che si trova a soli cinque minuti a piedi in salita dalla Cattedrale di Noto. Offre viste panoramiche mozzafiato sulla città e sulla campagna circostante. È il luogo perfetto per fare una pausa e ammirare la bellezza della zona.

#6. Chiesa di Santa Maria del Carmelo

Con la sua splendida facciata concava, la chiesa crea uno sfondo scenografico in Via Ducezio. All'interno, troverai una preziosa statua della Madonna del Carmelo, attribuita allo scultore Antonio da Monachello, rendendola una tappa imperdibile per gli amanti dell'arte.

#7. Scalinata dipinta in Via Dante Alighieri

Un'opera d'arte moderna che aggiunge un sorprendente tocco di colore e creatività al centro storico. Vicina all'Infiorata, è una tappa divertente e inaspettata durante la passeggiata nelle vivaci strade di Noto.

#8. Noto Antica

Noto Antica consiste nelle rovine della vecchia città situata a 9 chilometri (5 miglia) a nord dell'attuale centro città, su una montagna rocciosa a forma di cuore, il Monte Alveria. Il terribile terremoto del 1693 rase al suolo la vecchia Noto, ma è ancora possibile visitarla. Se il tempo lo permette, considera una visita per esplorare queste rovine storiche.

Feste e Sagre a Noto Durante l'Anno

Festa di San Corrado Confalonieri (Festa di San Corrado di Piacenza)

19 febbraio

Nella Valle dei Pizzoni vicino a Noto, San Corrado, un eremita del XIV secolo, morì nel 1351 nella grotta che aveva chiamato casa per molti anni. Oggi, la "Chiesa dell'Eremo fuori le mura" sorge qui, incorporando la grotta del santo. Il 19 febbraio, anniversario della sua morte, Noto celebra il suo santo patrono con grande devozione.

La giornata inizia con una Messa solenne nella Cattedrale di Noto, seguita da una grande processione per le vie della città. L'urna d'argento contenente le reliquie del santo viene portata sulle spalle dei fedeli, accompagnata da musica tradizionale e preghiere. Arrivando alla Chiesa dell'Eremo, la processione permette ai pellegrini di visitare la grotta di San Corrado.

La celebrazione include anche bancarelle di cibo che offrono specialità locali, mercatini di artigianato e spesso concerti o spettacoli teatrali che ritraggono la vita di San Corrado. Questo giorno di festa non solo onora il santo patrono, ma serve anche a ricordare le profonde radici religiose di Noto e il legame duraturo tra la città e il paesaggio circostante.

Fiera del Crocifisso (Fiera di Pentecoste)

50 giorni dopo Pasqua (la data varia ogni anno)

La storica Fiera di Pentecoste, che ha avuto inizio a Noto nel 1427, si tiene nella parte alta della città. Questa tradizione di lunga data celebra i prodotti locali, l'antiquariato e l'artigianato, offrendo una vivace vetrina del patrimonio culturale ed economico di Noto.

La fiera presenta:

- Bancarelle che vendono prodotti alimentari tipici siciliani, tra cui formaggi locali, olio d'oliva, vino e dolci.

- Artigiani che espongono e vendono le loro creazioni, dalla ceramica alla lavorazione del pizzo.

- Commercianti di antiquariato che offrono una varietà di oggetti da collezione e articoli storici.

- Eventi culturali come spettacoli di musica popolare ed esibizioni di danza tradizionale.

- Mostre agricole che celebrano le tradizioni contadine della regione.

La Fiera di Pentecoste non solo offre un mercato vivace, ma funge anche da museo vivente delle tradizioni di Noto, permettendo ai visitatori di sperimentare il ricco tessuto culturale della città.

Festa della Madonna del Carmine (Festa di Nostra Signora del Monte Carmelo)

16 luglio

Ogni anno, Noto celebra la Festa di Nostra Signora del Monte Carmelo con una solenne processione. L'immagine venerata della Beata Vergine del Monte Carmelo viene portata dalla sua chiesa attraverso le strade della città, accompagnata dai fedeli, dal clero e spesso da una banda musicale.Le strade lungo il percorso della processione vengono decorate con luci e fiori, e molti residenti pongono candele alle finestre come segno di devozione. Questo giorno di festa non è solo una celebrazione religiosa, ma anche un evento comunitario che unisce residenti e visitatori in una comune espressione di fede e tradizione.

Festa dell'Immacolata (Festa dell'Immacolata Concezione)

8 dicembre

Noto celebra la Festa dell'Immacolata Concezione con una processione che porta l'immagine della Vergine Immacolata per la città. Il percorso alterna ogni anno tra le zone basse e alte della città, garantendo che tutti i quartieri partecipino a questa importante celebrazione.

Questa festa, che segna l'inizio della stagione natalizia in molte parti d'Italia, assume un significato speciale a Noto. L'architettura barocca della città fornisce uno sfondo straordinario per la processione religiosa, creando una fusione armoniosa di devozione spirituale e bellezza artistica.

Ognuna di queste feste rappresenta un aspetto diverso del ricco patrimonio culturale e religioso di Noto, offrendo ai visitatori l'opportunità di vivere le tradizioni della città durante tutto l'anno.

Opzioni per Gite di Un Giorno: Siti, Città e Paesi Vicini

Modica. 35 chilometri (21 miglia) a sud-ovest. Famosa per la sua architettura barocca e il cioccolato artigianale, Modica è un sito patrimonio dell'umanità UNESCO come parte della Val di Noto. La città è divisa in Modica Alta e Modica Bassa, entrambe offrono panorami mozzafiato, strade tortuose e strutture storiche magnificamente conservate. I punti salienti includono:

- Cattedrale di San Giorgio: Un capolavoro dell'architettura barocca siciliana, questa maestosa cattedrale domina il profilo di Modica con la sua facciata imponente e la scalinata scenografica.

- Cattedrale di San Pietro: Situata a Modica Bassa, questa bellissima chiesa è altrettanto notevole per il suo stile barocco e le statue degli apostoli.

- Antica Dolceria Bonajuto: Una delle più antiche cioccolaterie di Sicilia, che offre ai visitatori l'opportunità di assaporare il famoso cioccolato modicano, preparato utilizzando antiche tecniche azteche.

- Centro storico della città: Passeggia per le strade tortuose della città, fiancheggiate da negozi locali, botteghe artigiane ed affascinanti bar.

Riserva Naturale di Vendicari. 15 chilometri (9 miglia) a sud-est. Una splendida riserva naturale nota per le sue spiagge sabbiose incontaminate, le paludi e la ricca fauna, in particolare gli uccelli migratori. Vendicari è un rifugio tranquillo per gli amanti della natura e un luogo ideale per attività all'aperto. I punti salienti includono:

Tonnara di Vendicari: Le rovine di un'antica tonnara che si trovano sul bordo della spiaggia, offrendo uno scorcio sulla tradizione della pesca in Sicilia.

- Osservazione degli uccelli: La riserva è dimora per una grande varietà di uccelli, tra cui fenicotteri, cicogne e aironi, grazie alle sue paludi, rendendola un punto d'incontro popolare per gli appassionati di birdwatching.

- Sentieri escursionistici: La riserva offre diversi sentieri che ti porteranno attraverso ecosistemi unici, dalle dune costiere alle foreste, perfetti per gli escursionisti di tutti i livelli.

- Spiagge: La riserva è anche conosciuta per le sue bellissime spiagge, tra cui Calamosche, una delle più incontaminate e tranquille di Sicilia.

Ispica. 20 chilometri (12 miglia) a sud di Noto. Una città che offre una fusione di patrimonio barocco e antico, Ispica è conosciuta per le sue chiese romaniche e la vicinanza al sito archeologico di Cava d'Ispica. I punti salienti includono:

- Cava d'Ispica: Una gola panoramica situata a 22 chilometri (17,5 miglia) da Noto, con antiche abitazioni scavate nella roccia e tombe rupestri, che risalgono a migliaia di anni fa. Il sito comprende resti dell'epoca preistorica e bizantina, offrendo una ricca fusione di storia e natura.

- Basilica di Santa Maria Maggiore: Un'imponente chiesa barocca conosciuta per la sua grandiosa colonnata e i suoi splendidi affreschi.

- Parco Forza: Un parco archeologico ben conservato all'interno della Cava d'Ispica, che espone rovine di antiche fortificazioni, una necropoli e spettacolari formazioni rocciose.

Logistica

Treno: Situata appena fuori dal centro città, la stazione ferroviaria di Noto offre servizi ferroviari regionali operati da Trenitalia. I treni collegano Noto con altre grandi città della Sicilia, tra cui Siracusa, Ragusa e Modica.

Autobus: AST (Azienda Siciliana Trasporti) gestisce i servizi di autobus locali che collegano Noto con città e paesi vicini, inclusi Siracusa e Ragusa.

Autobus Interurbani: Diverse compagnie di autobus offrono servizi verso le città e i paesi più grandi della Sicilia. La stazione degli autobus di Noto è situata in posizione centrale, rendendola comoda per i viaggiatori.

Auto: Per arrivare a Noto in auto, si prende normalmente l'autostrada A18 se si proviene dalla città più vicina, che è Siracusa (a circa 32 chilometri di distanza o 20 miglia).

Parcheggio: Noto offre diverse opzioni di parcheggio, ma è meglio parcheggiare vicino al centro storico in aree designate, come il Parcheggio Via Napoli o il Parcheggio Porta Reale. Questi parcheggi consentono un facile accesso alle principali attrazioni e si trovano a breve distanza a piedi dal centro città. Si noti che alcune strade nel centro storico potrebbero essere limitate all'accesso pedonale, quindi parcheggiare nelle vicinanze è l'ideale.

Consigli per Mangiare

Caffè Sicilia. Indirizzo: Corso Vittorio Emanuele, 125

Una pasticceria di fama mondiale, conosciuta per la sua incredibile granita, i cannoli e altri dolci. È una tappa imperdibile per chi ama i dolci e perfetta per uno spuntino leggero mentre si passeggia nel centro storico. Il Caffè Sicilia offre i migliori gelati, granita alle mandorle e brioche al mondo. Il Caffè Sicilia a Noto è stato protagonista dello spettacolo del 2018 Chef's Table su Netflix. L'episodio ha messo in evidenza il lavoro di Corrado Assenza, il rinomato pasticcere dietro al bancone. La sua maestria con i dolci siciliani tradizionali e il gelato, in particolare la famosa granita, ha portato il Caffè Sicilia ad una notorietà internazionale grazie alla serie e questo è il motivo per cui ne abbiamo sentito parlare.

La granita è una bevanda ghiacciata tipica della Sicilia, preparata con ingredienti freschi e locali e un po' di zucchero. Le granite sono disponibili in molti gusti fruttati come fragola, limone, pesca (quando è stagione), caffè, mandorla e altro ancora. Si mangia insieme a una fresca e soffice brioche dolce, immergendola nella granita. I siciliani la consumano per colazione, ma è deliziosa in qualsiasi momento della giornata. Vale la pena farci un salto a qualsiasi ora. In realtà, potremmo aver visitato il Caffè Sicilia due volte in un solo giorno mentre eravamo a Noto per la festa. Nessun giudizio!

Caffè Costanzo. Indirizzo: Via Silvio Spaventa, 7/9

Un affascinante caffè locale nel cuore di Noto. Conosciuto per: il caffè siciliano tradizionale, i dolci e un'atmosfera accogliente. Cerchi un cannolo? Vai al Caffè Costanzo, che si trova ad un isolato dietro il Caffè Sicilia. Il cannolo è un pasticcino siciliano composto da un involucro di pasta fritta a forma di tubo, ripieno di ricotta fresca e cremosa. Nella zona, spesso si utilizza la ricotta di latte di pecora locale per farcirlo. Il Caffè Costanzo è un locale semplice che, secondo mio marito, ha i migliori cannoli della Sicilia. In ogni caso, Noto vince il premio per il miglior caffè e la miglior colazione fresca siciliana.

Dammuso Noto - Ristorante, Baglieri. Indirizzo: Via Rocco Pirri, 10

Offre un'atmosfera intima e deliziosi piatti tradizionali siciliani come la pasta alla Norma e frutti di mare locali. Questo ristorante accogliente ha una perfetta fusione di eleganza e sapore locale.

Dove Dormire

Se vieni a Noto per l'Infiorata, consiglio tre notti in città, per avere il tempo di esplorare i luoghi e partecipare agli eventi.

*Hotel Q92. Indirizzo: V3R9+JR Noto

Hotel a 4 stelle che offre comfort moderni. Gode di splendide viste sulla Cattedrale di Noto ed è membro della prestigiosa catena internazionale Small

Luxury Hotels of the World. Elegante, privato e unico, è un hotel di lusso che mette in risalto la miglior combinazione di design italiano e siciliano in tutte le sue 9 sale, camere e suite.

*San Carlo Suites. Indirizzo: Corso Vittorio Emanuele, 127

Hotel a 5 stelle che offre sistemazioni di lusso.

Il San Corrado di Noto. Indirizzo: Contrada Belludia SP51

Questo resort a 5 stelle dispone di una varietà di servizi, tra cui una piscina all'aperto stagionale, una palestra, un centro benessere e un ristorante che offre cucina gourmet.

Le camere sono elegantemente arredate con comfort moderni come aria condizionata, TV a schermo piatto e bagni privati. Alcune camere offrono anche la vista sulla piscina e terrazze.

Gagliardi Boutique Hotel. Indirizzo: Via Silvio Spaventa, 41

Il Gagliardi Boutique Hotel è un affascinante ed elegante hotel situato nel cuore di Noto, in Sicilia. Ubicato in Via Silvio Spaventa, 45, questo boutique hotel è ospitato in un edificio storico della fine del XIX secolo, ed offre una perfetta fusione di eleganza classica e comfort moderni.

L'hotel dispone di camere non fumatori, un giardino, Wi-Fi gratuito e una terrazza con vista sul centro storico. Gli ospiti possono godersi le bevande nel giardino segreto, rilassarsi sulla terrazza o esplorare le vivaci strade di Noto. Ogni camera è dotata di bagno privato, set di cortesia gratuiti e asciugacapelli. L'hotel offre anche servizi di concierge, servizio in camera e un servizio navetta per l'aeroporto a pagamento.

*Per l'Infiorata, questi hotel saranno i più vicini a Via Nicolaci (strada dell'Infiorata) e Piazza Duomo (punto di partenza della processione).

CAPITOLO SEI

Nuotate Selvagge e Tranquille Evasioni

Esperienza di Immersione: Laghetti d'Avola.

Laghetti d'Avola

Nascosta tra Avola, Noto e Siracusa, nel sud-est della Sicilia, l'area comunemente conosciuta come "Laghetti d'Avola" è un gioiello naturale situato all'interno della straordinaria Riserva Naturale di Cavagrande del Cassibile.

Questa riserva mozzafiato, che si estende per 2.700 ettari, è famosa per i suoi paesaggi spettacolari e la bellezza incontaminata.

Al centro si trova il fiume Cassibile, che scorre per dieci chilometri, scavando un profondo canyon con pareti che raggiungono i 300 metri di altezza. Nel corso dei millenni, l'erosione delicata ma costante del fiume ha creato una serie di piscine d'acqua dolce e cascate, formando un'oasi pittoresca ideale per nuotare ed esplorare.

Raggiungere i Laghetti d'Avola richiede un'escursione di 90 minuti attraverso un terreno accidentato ma appagante, dove sarai accolto da viste mozzafiato del canyon. Il percorso ti immerge nello splendore naturale della Sicilia, con una vegetazione rigogliosa e una fauna variegata che ti accompagna lungo il cammino.

La riserva ospita un'impressionante varietà di flora e fauna, tra cui orchidee selvatiche, 34 specie, molte delle quali endemiche della Sicilia, insieme a platani, edere, salici, oleandri e felci rigogliose.

È anche un paradiso per le farfalle, mentre occasionalmente appaiono volpi, aggiungendo un tocco selvaggio a questo luogo tranquillo.

Laghetti d'Avola

Uno degli elementi più affascinanti della riserva è la Grotta dei Briganti, un insieme di grotte storicamente utilizzate come nascondigli dai briganti alla fine del XIX secolo. Le grotte sono una testimonianza della ricca storia della zona, e aggiungono una sensazione di mistero alla tua visita.

Nelle vicinanze, ti aspettano due laghetti di un azzurro intenso, acque cristalline che scintillano invitanti sotto il sole siciliano, offrendo una rinfrescante ricompensa dopo la tua escursione. Circondati da una vegetazione rigogliosa, i laghetti creano un'oasi perfetta per rilassarsi e immergersi nella natura. Il suono dell'acqua che scorre tra le rocce aggiunge un tocco di serenità a questo angolo incontaminato.

Che tu sia un avventuriero alla ricerca di luoghi selvaggi dove nuotare, un amante della natura desideroso di esplorare la biodiversità della Sicilia o semplicemente qualcuno che cerca di godersi la tranquillità di paesaggi incontaminati, i Laghetti d'Avola offrono un'esperienza davvero indimenticabile.

Porta scarpe robuste, acqua e un senso di meraviglia, e preparati per un viaggio in uno dei tesori naturali più affascinanti della Sicilia.

CAPITOLO SETTE

Onorare il Cacciatore del Drago a Ragusa

Festa di San Giorgio

Dove: Ragusa

Quando: Eventi durante la terza settimana di maggio con la festa principale la terza domenica.

Sito del Comune: https://www.comune.ragusa.it/it/eventi/639848

Temperature Medie durante la Festa: Massima: 87°F (26°C). Minima: 53°F (12°C).

Scoprire Ragusa: Un Racconto di Due Città

Arroccata sui Monti Iblei, nel sud-est della Sicilia, Ragusa è una città di contrasti sorprendenti e di bellezza mozzafiato. Nota per la sua doppia personalità, Ragusa è di fatto due città in una: l'antica Ragusa Ibla e la più moderna Ragusa Superiore. Insieme, formano un Sito Patrimonio dell'Umanità UNESCO che incanta i visitatori con il suo misto di fascino medievale e splendore barocco.

Ragusa si estende per una superficie di circa 442 chilometri quadrati, rendendola uno dei comuni più grandi della Sicilia. La città è situata in maniera scenografica su due colline separate da una profonda valle, la Valle dei Ponti, che aggiunge ulteriore fascino alla sua bellezza paesaggistica.

Secondo i dati più recenti, Ragusa ha una popolazione totale di circa 73.000 abitanti. La popolazione è distribuita tra i due principali centri urbani:

1. Ragusa Superiore: La "Città Alta" ospita circa 50.000 residenti. Questa parte più moderna della città, sviluppatasi dopo il terremoto del 1693, si estende sulla collina più alta e funge da centro amministrativo e commerciale.

2. Ragusa Ibla: La "Città Bassa" ha una popolazione di circa 3.000 abitanti. Questo antico nucleo di Ragusa, con il suo dedalo di stradine e la straordinaria architettura barocca, ospita la maggior parte dei siti storici della città.

La popolazione restante si distribuisce nelle aree rurali circostanti e nelle frazioni all'interno del comune.

Storia di Ragusa

La storia di Ragusa risale al II millennio a.C., con testimonianze di antichi insediamenti siciliani. La città prosperò sotto vari dominatori, tra cui Greci, Romani, Bizantini, Arabi e Normanni, ognuno dei quali lasciò un segno sulla cultura e sull'architettura locali.

Il momento più significativo nella storia di Ragusa avvenne l'11 gennaio 1693, quando un devastante terremoto colpì il sud-est della Sicilia. Questo disastro naturale cambiò non solo il paesaggio fisico della città, ma anche il suo sviluppo urbano e il tessuto sociale.

Dopo il terremoto, un importante dibattito sorse fra i cittadini su come ricostruire la città. L'aristocrazia e i cittadini più ricchi costruirono una nuova città sull'altopiano superiore, che divenne Ragusa Superiore. Questa zona fu progettata con ampie strade rettilinee ed eleganti edifici barocchi, rappresentando gli ideali urbanistici del XVIII secolo.

Al contrario, molte persone comuni ricostruirono Ragusa Ibla sulle rovine della vecchia città. Abbracciarono lo stile barocco per case e chiese, ma mantennero la configurazione medievale. Questa fusione di periodi architettonici è stata avvincente. Questa divisione creò la duplice natura unica di Ragusa che persiste fino ad oggi.

Per quasi 300 anni, Ragusa Superiore e Ragusa Ibla si svilupparono come due città separate, ciascuna con una propria amministrazione. Solo nel 1926 furono ufficialmente unite in un unico comune.

Oggi, Ragusa rappresenta un simbolo di resilienza e brillantezza artistica. Ragusa Superiore, con le sue strade a griglia e i suoi servizi moderni, contrasta magnificamente con i vicoli tortuosi e i tesori barocchi di Ragusa Ibla. Le due parti della città sono collegate da tre ponti e una serie di scalinate pittoresche, offrendo viste mozzafiato sui Monti Iblei e sulla campagna circostante.

La Festa di San Giorgio

Le feste religiose in Italia e in Sicilia, come la Festa di San Giorgio, sono profondamente intrecciate con il folklore locale, rendendole molto più che eventi religiosi solenni, sono vivaci espressioni dello spirito comunitario che uniscono persone di ogni estrazione sociale.

Queste feste fondono fede, cultura e tradizione, diventando celebrazioni condivise dell'identità locale.

La Storia di San Giorgio

Nel 1063, i Normanni sconfissero gli Arabi in Sicilia in una battaglia cruciale, durante la quale, secondo la tradizione, San Giorgio apparve a cavallo per aiutare i soldati normanni. Riconoscendo questo segno divino, il comandante normanno dichiarò San Giorgio protettore di Ragusa, e la città lo adottò come santo patrono. In suo onore, gli abitanti costruirono una grande chiesa gotico-catalana nella parte bassa della città. Sebbene il terremoto del 1693 causò gravi danni, il notevole portale laterale della chiesa, che raffigura la vittoria di San Giorgio sul drago, rimane come testimonianza della sua leggenda.

La leggenda di San Giorgio e il drago è una storia amata che ha catturato l'immaginazione per secoli. Secondo il racconto, un feroce drago terrorizzava una città in Libia, esigendo sacrifici umani per placare la sua fame. Quando la figlia del re fu scelta come vittima successiva, San Giorgio, un soldato romano, si imbatté nella scena. Mosso dalla sofferenza della principessa e della città, promise di sconfiggere il drago.

Armato della sua lancia e protetto dalla sua fede, San Giorgio ingaggiò una feroce battaglia contro la mostruosa creatura. Nonostante le dimensioni e la forza terrificanti del drago, il coraggio e l'assistenza divina di San Giorgio prevalsero. Colpì il drago con la sua lancia, sottomettendo la bestia. Usando la cintura della principessa, condusse l'ormai docile drago in città, dove lo uccise davanti ai cittadini attoniti.

Questo atto di eroismo non solo salvò la principessa, ma portò anche alla conversione dell'intera città al cristianesimo. Il popolo, testimone di questo miracolo, abbandonò le proprie credenze pagane e abbracciò la fede che aveva dato a San Giorgio tanta forza e coraggio.

La storia di San Giorgio e il drago divenne un potente simbolo del trionfo del bene sul male, della fede che vince la paura e della protezione offerta ai fedeli. Lo stesso San Giorgio fu colui che salvò la Sicilia. È proprio questa leggenda che viene commemorata nel portale laterale della chiesa di Ragusa, servendo come costante ricordo del santo patrono della città e del suo intervento miracoloso nella sua storia.

I Giorni Precedenti la Festa

Qualche giorno prima dell'inizio ufficiale delle festività, gli organizzatori espongono l'Arca Santa all'interno del Duomo di Ragusa. Questo segna l'inizio dei preparativi per la festa, e la città si riempie di entusiasmo. L'Arca Santa, che simboleggia il trionfo di San Giorgio sul drago, rimane esposta per la venerazione dei fedeli e l'ammirazione dei visitatori.

Il Giorno Prima della Festa

Il giorno precedente l'evento principale, una grande parata inaugura le celebrazioni. La parata include gli stendardi delle confraternite iblee, con partecipanti vestiti in tradizionali costumi medievali. Sfilano per le strade accompagnati da luci, musica, bande e fuochi d'artificio, creando un'atmosfera vivace nella città. Questa parata festosa segna l'inizio dei tre giorni di celebrazioni, mentre le persone si radunano per onorare San Giorgio.

Le Confraternite Iblee

Le confraternite iblee sono organizzazioni religiose laiche che svolgono un ruolo cruciale nella preservazione e celebrazione delle tradizioni locali a Ragusa e nella regione circostante degli Iblei. Queste confraternite hanno radici storiche profonde, spesso risalenti a secoli fa, e prendono il nome da vari santi o concetti religiosi.

Nel contesto della Festa di San Giorgio, diverse confraternite partecipano alle celebrazioni, ognuna rappresentando diversi aspetti del patrimonio religioso e culturale di Ragusa. Alcune delle principali confraternite coinvolte nella festa sono:

1. **La Confraternita di San Giorgio**: Dedicata proprio a San Giorgio, questa confraternita svolge spesso un ruolo guida nella festa.

2. **La Confraternita del Santissimo Sacramento**: Una delle confraternite più antiche e rispettate in molte città italiane.

3. **La Confraternita di Maria SS. Addolorata**: Devota alla Vergine Maria nella sua veste di Madre Addolorata.

4. **La Confraternita di San Giovanni Battista**: In onore di San Giovanni Battista.

Queste confraternite svolgono molteplici funzioni nella comunità:

Devozione religiosa: Organizzano preghiere, processioni e altre attività religiose durante tutto l'anno.

Opere di carità: Molte confraternite si dedicano ad attività caritatevoli, aiutando i poveri ed i bisognosi nelle loro comunità.

Conservazione culturale: Svolgono un ruolo cruciale nel mantenere tradizioni locali, costumi e rituali.

Comunità: Le confraternite offrono un senso di appartenenza e comunità ai loro membri.

Durante la Festa di San Giorgio, ogni confraternita sfila con il proprio stendardo distintivo, spesso secolare e decorato in modo intricato. I membri indossano abiti tradizionali o costumi che li distinguono dagli altri gruppi. La loro partecipazione alla parata non solo arricchisce lo spettacolo, ma evidenzia anche la natura profondamente comunitaria della festa, collegando le celebrazioni odierne a secoli di tradizione. La presenza di queste confraternite nella parata simboleggia l'unità della comunità nell'onorare San Giorgio e sottolinea l'importanza duratura delle tradizioni religiose e culturali nel tessuto sociale di Ragusa.

Un Dolce Speciale della Festa che celebra San Giorgio: Le Scacce

Un'eccellenza gastronomica regionale protagonista durante la Festa di San Giorgio sono le *scacce*, una sorta di focaccia ripiena. Questi amati piatti vengono preparati appositamente per le celebrazioni del giorno della festa di San Giorgio. Il nome "scacce" deriva dal termine siciliano *scacciata*, che significa "schiacciata", descrivendo il metodo di preparazione.

La preparazione delle *scacce* utilizza un impasto simile a quello della pizza. I panettieri stendono l'impasto in una sfoglia sottile e lo farciscono con ingredienti saporiti. I ripieni più comuni includono salsa di pomodoro, formaggio (spesso caciocavallo o pecorino) e talvolta verdure. La preparazione inizia stendendo l'impasto in un foglio sottile. Poi il panettiere distribuisce il ripieno su metà della sfoglia, che viene ripiegata e sigillata ai bordi. Infine, le *scacce* vengono cotte al forno fino a ottenere una doratura perfetta e servite calde.

Mentre la versione classica prevede pomodoro, formaggio e ripieni di verdure, esistono diverse varianti di questo piatto. Alcune versioni includono ripieni come salsiccia o ricotta. Per chi ha un debole per il dolce, ci sono anche versioni ripiene di cioccolato o miele, offrendo un contrasto delizioso con le opzioni salate.

Durante la Festa di San Giorgio, il profumo delle *scacce* appena sfornate pervade l'aria, mentre panifici e bancarelle locali offrono questa delizia tradizionale ai partecipanti. Le *scacce* rappresentano non solo uno spuntino gustoso, ma anche un collegamento tangibile con il patrimonio culinario di Ragusa, rendendole una parte integrante dell'esperienza gastronomica della festa.

Il Giorno della Festa

La festa ufficiale di San Giorgio si celebra il 23 aprile, ma le principali festività a Ragusa hanno luogo l'ultima domenica di maggio, mescolando la devozione religiosa e la calda atmosfera della tarda primavera.

Preparativi del mattino: Mentre l'alba sorge su Ragusa, la città si risveglia in un clima di attesa. L'aria è pervasa dal profumo dell'incenso e dei fiori appena tagliati, mentre i devoti si radunano vicino a Piazza San Giorgio. La statua di San Giorgio, un capolavoro di artigianato locale, viene adornata con elaborati addobbi floreali e ornamenti scintillanti. I partecipanti, incluso il clero nelle sue vesti elaborate, i dignitari locali in tenuta formale e i musicisti che accordano i loro strumenti, si preparano per la solenne processione.

La Processione inizia: Il profondo e risonante suono delle campane della chiesa segna l'inizio della processione. Mentre le preghiere echeggiano per le strade, la processione inizia il suo cammino attraverso i sentieri tortuosi di Ragusa. I membri del clero portano antichi simboli religiosi e stendardi magnificamente ricamati, mentre i musicisti suonano inni devozionali suggestivi tramandati di generazione in generazione. Il fulcro della processione è la statua di San Giorgio e l'Arca Sacra, sollevata su una base decorata. Mentre essi si snodano attraverso le strade e i luoghi più significativi, l'aria si carica di emozione. I passanti, con i volti segnati dalla devozione, offrono preghiere e benedizioni a bassa voce mentre la statua passa, molti allungando la mano per toccare la base in un gesto di fede.

Festeggiamenti serali: Quando il sole tramonta, dipingendo le facciate barocche di Ragusa di tonalità dorate, la festa raggiunge il suo culmine. La statua di San Giorgio viene portata in Piazza Duomo, dove la folla in attesa si è radunata, la sua emozione è palpabile. L'aria vibra di attesa mentre i portatori si preparano per il momento più drammatico della celebrazione.

All'improvviso, al fragoroso grido di "Tutti Truonu!" (Tutto Tuono!), i portatori fanno "ballare" la statua. Non si tratta di un semplice movimento, ma di una manifestazione simbolica ed elettrizzante di fede e tradizione. La statua sembra prendere vita, oscillando e girando in uno spettacolo ipnotico che lascia la folla senza fiato. È un momento di pura magia, dove la linea tra il mondo fisico e quello spirituale sembra sfumare.

Quando la notte cala completamente, la festa culmina in un'impressionante spettacolo di fuochi d'artificio. Il cielo sopra Ragusa esplode in una sinfonia di luce e colore, perfettamente sincronizzata con una musica che spazia dalle melodie siciliane tradizionali a composizioni classiche.

Il suggestivo spettacolo illumina lo splendore barocco della città, diffondendo una luce eterea sulle folle radunate. Quando gli ultimi fuochi si spengono e la musica svanisce, c'è un momento di silenziosa reverenza – un riconoscimento collettivo della bellezza e del significato di questa tradizione secolare.

Giro a Piedi di Ragusa Ibla

#1. Duomo di San Giorgio

Il nostro tour inizia dal Duomo nel cuore di Ibla. I cancelli che conducono alla scalinata principale della cattedrale sono solitamente chiusi, tranne in occasioni speciali come feste, matrimoni o funerali. La scalinata è piuttosto imponente, e sono grata che non sia compito mio trasportare l'arca giù per essa durante la festa. Segui i cartelli e prendi la scala a sinistra per entrare nell'edificio.

La cupola blu del Duomo.

La costruzione del Duomo di San Giorgio, iniziata nel 1738, segnò un punto di svolta per l'architettura barocca siciliana. La sua imponente facciata monumentale, completata nel 1775, è un intricato gioco di luce e ombra, adornata con sontuosi dettagli barocchi, sculture, colonne e statue. In Sicilia, invece di avere una torre campanaria alta, le campane sono incorporate nella facciata delle chiese. Questa fu una lezione appresa dopo il terremoto. Le facciate convesse non crollarono, ma le torri sì.

Un elemento distintivo è la cupola neoclassica, progettata dal ragusano Carmelo Cultraro. Ispirata al Pantheon di Parigi, la sua piena bellezza si svela solo salendo le scale, con due file di colonne e finestre di un distintivo colore blu. Illuminato di notte, il Duomo diventa uno spettacolo mozzafiato.

L'Interno del Duomo

All'interno, troverai splendide statue realizzate dalla rinomata famiglia Gagini, una dinastia di scultori e architetti che furono estremamente influenti in Sicilia durante i periodi del Rinascimento e del Barocco. Originaria del nord Italia, la famiglia Gagini, in particolare Antonello Gagini e i suoi figli, divenne famosa per le sue delicate sculture in marmo e opere architettoniche in tutta la Sicilia dalla fine del XV secolo fino agli inizi del XVII secolo.

La chiesa vanta anche un impressionante organo costruito dalla compagnia Serassi tra il 1881 e il 1882. Con 3.368 canne, è considerato il loro capolavoro e una testimonianza dell'artigianato del XIX secolo.

Esposizioni Durante la Festa

Durante la festa di San Giorgio, due oggetti sacri vengono portati in processione: una statua di San Giorgio a cavallo, scolpita dal palermitano Bagnasco, e un grande arca reliquiario realizzata nel 1818 da Domenico La Villa. L'arca, decorata con otto quadrati in bassorilievo raffiguranti il martirio di San Giorgio, è solitamente esposta sopra le porte della chiesa.

Duomo di Ragusa

#2. Museo del Duomo

Accanto alla cattedrale, il museo ospita una ricchezza di preziosi reperti, tra cui i resti dell'antica Chiesa di San Giorgio e un magnifico altare del XVI secolo della famiglia Gagini nella sacrestia. Il museo, il più grande di arte sacra della provincia, offre una prospettiva storica e devozionale sull'ultimo millennio di Ragusa. Presenta reperti recuperati dopo il terremoto del 1693, un tesoro di lavori di oreficeria argenteria, dipinti di epoche precedenti e successive al 1693, e una Sala dei Paliotti d'Altare decorati in oro e argento.

Le esposizioni, che comprendono oggetti sia degli abitanti più ricchi che di quelli più poveri, offrono uno spunto sulla devozione della comunità al loro santo e sui sacrifici fatti per creare questi oggetti preziosi.

#3. Palazzo Arezzo Di Trifiletti

Il Palazzo Arezzo Di Trifiletti, un capolavoro barocco del XVIII secolo, si erge con orgoglio attraverso la piazza, offrendo una vista mozzafiato sul duomo di Ragusa dal suo balcone al piano superiore. Questo gioiello architettonico è una testimonianza dell'eleganza aristocratica siciliana ed è una parte fondamentale del patrimonio culturale di Ragusa.

Il palazzo apre le sue porte per visite private a piccoli gruppi, guidate dal proprietario, dalle 11:00 alle 17:00, solo su appuntamento. Durante il tour di 90 minuti, condotto in italiano e in inglese, il carismatico proprietario intreccia affascinanti racconti che abbracciano un millennio, coprendo la storia della famiglia, le leggende locali e l'evoluzione del palazzo. I visitatori possono ammirare affreschi decorativi, mobili d'epoca e una curata collezione d'arte che rende la storia viva.

L'atmosfera romantica del palazzo lo rende un luogo popolare per le fotografie di nozze. I visitatori fortunati potrebbero scorgere sposi che posano sullo sfondo della splendida architettura barocca.Prenota in anticipo per assicurarti la disponibilità e immergerti nel ricco arazzo del passato aristocratico di Ragusa.

#4. Chiesa di San Giuseppe

La Chiesa Benedettina di San Giuseppe si trova accanto al suo monastero nella stessa piccola piazza di Palazzo Arezzo a Ragusa Ibla. Questa chiesa, insieme al vicino Monastero di San Benedetto, vanta una ricca storia che risale al 1590 circa.

Fu in quel periodo che il Barone Don Carlo Giavanti, su richiesta della sua sposa Violante Castilletti, trasformò il suo palazzo in un convento. Sebbene il devastante terremoto del 1693 abbia causato gravi danni, la chiesa fu meticolosamente ricostruita tra il 1756 e il 1760, emergendo come una bellissima fusione di stili architettonici Rococò e Barocco.

Chiesa di San Giuseppe

L'Interno

L'interno della Chiesa di San Giuseppe è una testimonianza di squisita maestria artigianale. La sua struttura ovale è coronata da una volta finemente decorata, mentre cinque altari in pietra, che sembrano essere scolpiti nel marmo, si allineano lungo le pareti. Il pavimento della chiesa è straordinario, caratterizzato da una combinazione unica di pietra calcarea locale, basalto nero e piastrelle ceramiche che conferiscono un tocco distintivo all'estetica complessiva.

Oggi, la Chiesa di San Giuseppe rimane un luogo attivo di culto e riflessione. Le Monache Benedettine di Adorazione Perpetua continuano a risiedere nel convento adiacente, mantenendo l'eredità spirituale del sito. I visitatori della chiesa potrebbero, come hai riscontrato, incontrare le sorelle che recitano il rosario, aggiungendo un'atmosfera pacifica e contemplativa a questo storico punto di riferimento di Ragusa.

#5. Portale di San Giorgio

Questo straordinario reperto architettonico è una delle poche strutture sopravvissute al devastante terremoto del 1693 che rimodellò gran parte del sud-est della Sicilia. Il portale un tempo serviva come grande ingresso alla Chiesa di San Giorgio originale, che fu in gran parte distrutta dall'evento sismico.

Oggi, questo antico arco di pietra si erge come testimonianza del passato resiliente di Ragusa. La sua caratteristica più notevole è un rilievo romanico finemente scolpito che rappresenta la leggendaria battaglia di San Giorgio contro il drago. Questa scultura magistrale non solo mette in evidenza l'abilità degli artigiani medievali, ma funge anche da potente simbolo del trionfo del bene sul male. La presenza duratura del portale offre ai visitatori un collegamento tangibile con la storia pre-terremoto di Ragusa e il ricco patrimonio culturale della città.

#6. Giardino Ibleo

Offrendo straordinarie vedute panoramiche della campagna circostante, questi giardini sono un rifugio tranquillo. Il Giardino Ibleo, noto anche come Iblean Gardens, è un bellissimo parco pubblico situato a Ragusa Ibla, la storica città bassa di Ragusa. Creato intorno al 1858, questo giardino ottocentesco serve da rifugio pacifico sia per i locali che per i turisti, coprendo un'area di circa 15.000 metri quadrati (circa 3,7 acri).

Una delle caratteristiche più impressionanti del Giardino Ibleo sono le sue vedute panoramiche. I visitatori possono godere di viste mozzafiato sulla Valle dell'Irminio e sull'architettura barocca circostante di Ragusa Ibla, rendendolo un luogo perfetto per la fotografia o per la contemplazione silenziosa. I giardini ospitano una varietà di piante e alberi mediterranei, tra cui palme particolari, che contribuiscono a creare un'atmosfera serena.

Il giardino ospita tre chiese: San Vincenzo Ferreri, San Giacomo e San Domenico. Ci sono fontane e statue che ne arricchiscono il valore storico e culturale. I sentieri si snodano attraverso il giardino, con panchine per riposarsi.

Il Giardino Ibleo è aperto al pubblico ed è gratuito, rendendolo un'attrazione accessibile a chiunque visiti Ragusa. Il suo ambiente sereno offre un netto contrasto con le strade affollate della città, rendendolo un rifugio di tranquillità. Durante i mesi estivi, i giardini spesso diventano sede di eventi culturali e concerti, accrescendo ulteriormente il loro ruolo nella comunità.

Giro a Piedi di Ragusa Superiore

Se hai un secondo giorno a disposizione, puoi visitare Ragusa Superiore. Dovrai arrampicarti, ma la vista ne varrà assolutamente la pena.

#1. Palazzo Cosentini

Questo palazzo è un ottimo esempio di architettura barocca siciliana, noto per i suoi balconi elaborati e la facciata ornata. Situato su Corso XXV Aprile, questo luogo mette in mostra lo stile di vita sfarzoso dell'aristocrazia di Ragusa Ibla.

#2. Santa Maria delle Scale

Questo luogo di culto è notevole per la sua posizione spettacolare su una ripida collina e per la sua miscela unica di stili architettonici barocco e gotico. In onore delle scale, la chiesa del XVIII secolo ha sostituito una struttura gotica tardiva del XV secolo, mantenendo la torre campanaria. La piazza davanti alla chiesa offre magnifiche vedute di Ibla, guardando in basso lungo le scale. Affreschi spettacolari e decorazioni adornano l'interno.

#3. Ponte dei Cappuccini

Continuando a camminare verso la parte più nuova di Ragusa, attraversa questo ponte moderno, che offre viste spettacolari della profonda valle sottostante. Il contrasto tra Ragusa Superiore e Ibla può essere apprezzato da questo punto panoramico, rendendolo un luogo perfetto per foto panoramiche.

#4. Palazzo Bertini

Conosciuto per i suoi singolari "mascheroni" che decorano i suoi balconi, questo palazzo barocco aggiunge un tocco di umorismo artistico e simbolismo al tuo percorso. Le maschere grottesche, rappresentanti personaggi come mendicanti e nobiltà, evidenziano l'estro barocco per il contrasto e la caricatura.

#5. Cattedrale di San Giovanni Battista

Prima del terremoto del 1693, la chiesa si trovava vicino al castello medievale nella parte occidentale della città vecchia. Dopo il disastro, fu trasferita nel quartiere "Patro" nella nuova città di Ragusa. Incredibilmente, il santuario fu completato in soli quattro mesi, aprendo al culto il 16 agosto 1694. L'ampliamento iniziò nel 1718 e la chiesa fu consacrata il 30 maggio 1778. La cupola, aggiunta nel 1783, fu successivamente coperta con rame nel XX secolo, e il pavimento fu rinnovato nel 1848 con lastre di basalto e intarsi in pietra calcarea.

#6. Chiesa del Santissimo Trovato

Questa chiesa barocca più piccola è una tappa più tranquilla, ma vanta un interno riccamente decorato con lavori di stucco elaborati. Offre uno spazio pacifico e intimo per la riflessione e l'ammirazione dell'arte religiosa.

Feste e Sagre a Ragusa Durante l'Anno

Festa di San Giovanni Battista

24 giugno

La Festa di San Giovanni Battista è una celebrazione religiosa e culturale di grande importanza che si svolge ogni anno a Ragusa Superiore. Questa festa si tiene il 24 giugno, giorno dedicato a San Giovanni Battista nel calendario cattolico. La celebrazione è in onore di San Giovanni Battista, che è il santo patrono di Ragusa Superiore.

Le celebrazioni includono una solenne processione per le strade di Ragusa Superiore, durante la quale una statua di San Giovanni Battista viene portata dai fedeli. Questa processione è spesso accompagnata da musica, preghiere e dalla partecipazione del clero locale e della comunità.

Oltre agli aspetti religiosi, la festa comprende eventi culturali come spettacoli di musica e danza tradizionale siciliana, stand gastronomici con specialità locali e fuochi d'artificio serali.

Sagra del Cinghiale

Ottobre/Novembre

Questa sagra si tiene tipicamente in autunno, solitamente tra ottobre e novembre, in vari comuni della provincia di Ragusa. Le date e i luoghi precisi possono variare di anno in anno.

Caratteristiche principali della Sagra del Cinghiale sono:

- **Focus culinario:** Come suggerisce il nome, il cinghiale è il protagonista della sagra. Vengono preparati vari piatti con la carne di cinghiale e offerti ai visitatori.

- **Ricette tradizionali:** Puoi aspettarti di trovare piatti classici siciliani con il cinghiale, come il ragù di cinghiale, lo spezzatino e le salsicce di cinghiale.

- **Prodotti locali:** Anche se il cinghiale è la principale attrazione, la sagra spesso include altri prodotti locali come formaggi, vini e verdure di stagione.

- **Eventi culturali:** Molte di queste sagre includono anche eventi culturali come spettacoli di musica popolare, danze tradizionali e rievocazioni storiche.

- **Ritrovo comunitario:** Questi eventi rappresentano un'importante occasione sociale per le comunità locali, radunando i residenti e attirando anche visitatori dai dintorni.

- **Tradizione venatoria:** La sagra celebra spesso le tradizioni di caccia della regione, poichè la caccia al cinghiale è stata parte della cultura siciliana per secoli.

Alcune città della provincia di Ragusa che hanno ospitato questa sagra comprendono Giarratana e Chiaramonte Gulfi, anche se i luoghi specifici possono cambiare.

La Festa degli Artisti di Strada a Ibla

Ottobre

Una festa internazionale di artisti di strada che trasforma le vie e le piazze di Ragusa Ibla in palcoscenici a cielo aperto. Troverai giocolieri, acrobati, musicisti e artisti provenienti da tutto il mondo. La festa crea un'atmosfera magica, rendendo questo evento uno dei più popolari della città.

Scale del Gusto

Ottobre

Le Scale del Gusto è una festa gastronomica annuale. Si svolge a metà ottobre durante un weekend; questo evento trasforma la famosa Santa Maria delle Scale, la scalinata che collega Ragusa Superiore a Ragusa Ibla, in un percorso vivace di degustazione enogastronomica. I visitatori possono salire i 242 gradini, fermandosi in vari punti per assaporare una vasta gamma di prelibatezze siciliane locali, dal cibo di strada tradizionale alle creazioni gourmet, il tutto abbinato a eccellenti vini regionali.

La festa mette in mostra il ricco patrimonio culinario della zona della Val di Noto, con prodotti come il formaggio Ragusano DOP, il vino Cerasuolo di Vittoria e gli oli d'oliva locali. Oltre alle offerte gastronomiche, l'evento include dimostrazioni di cucina, tour culturali e performance musicali, il tutto ambientato nel magnifico scenario dell'architettura barocca di Ragusa, patrimonio UNESCO. Le Scale del Gusto non solo stuzzicano il palato, ma offrono anche un modo unico per esplorare la storia e la cultura della città, rendendolo un evento imperdibile per gli appassionati di gastronomia e per chi cerca esperienze culturali.

Sagra della Scaccia

Dicembre

La sagra celebra la scaccia, una specialità tradizionale ragusana che è profondamente radicata nella cultura culinaria locale e descritta in precedenza.

Gli aspetti principali della sagra includono degustazioni, dimostrazioni di cucina e un'esposizione della scaccia in una varietà di gusti.

Opzioni per Gite di Un Giorno: Siti, Città e Paesi Vicini

Vittoria. 25 chilometri (16 miglia) a ovest di Ragusa. Conosciuta per la sua produzione vinicola e il patrimonio agricolo. I punti salienti includono: Piazza del Popolo, la piazza principale, circondata da edifici notevoli tra cui la Basilica di San Giovanni Battista. La Strada del Vino di Vittoria, dove visitare le cantine locali per degustare il Cerasuolo di Vittoria, l'unico vino DOCG della Sicilia. E il Museo Civico, un museo che espone reperti archeologici e di storia locale.

Marzamemi . 70 chilometri (43 miglia) a est di Ragusa.Un incantevole villaggio di pescatori famoso per la sua atmosfera pittoresca e per il suo pesce. I punti salienti includono:

- **Piazza Regina Margherita:** La piazza principale, circondata da edifici affascinanti e dalla famosa Chiesa di San Francesco di Paola.

- **Tonnara:** Visita l'antico stabilimento di lavorazione del tonno, oggi parzialmente convertito in negozi e ristoranti.

- **Porto**: Passeggia lungo il pittoresco porto, osservando le colorate barche da pesca e godendoti la vista sul mare.

- **Ristoranti di pesce:** Assaggia il pescato fresco locale in uno dei tanti ristoranti, particolarmente noti per i piatti a base di tonno.

Marzamemi può essere piuttosto tranquilla durante la bassa stagione. Il momento migliore per visitarla con un'atmosfera vivace è solitamente durante i mesi estivi, in particolare a luglio e agosto. Tuttavia, se preferisci un'esperienza più tranquilla, la bassa stagione può offrire un rifugio pacifico con meno turisti.

Marina di Ragusa. 25 chilometri (15,5 miglia) da Ragusa. Marina di Ragusa è la spiaggia più vicina e affascinante alle città della Val di Noto e Ragusa. È perfetta per una giornata in spiaggia, con servizi sia gratuiti che a pagamento disponibili. I punti salienti includono: sabbia dorata: Marina di Ragusa vanta un lungo tratto di spiaggia di sabbia fine e dorata.

Sebbene Marina di Ragusa sia la più vicina, ci sono altre bellissime spiagge nella zona se sei disposto a viaggiare un po' più lontano, come Punta Secca (famosa come l'immaginaria Marinella nella serie TV "Il Commissario Montalbano") o Sampieri, entrambe a 35-40 chilometri da Ragusa.

Logistica

Treno: La stazione ferroviaria, conosciuta come Ragusa Centrale, collega la città ad altre principali città siciliane, come Catania, Siracusa e Gela. Trenitalia gestisce i treni e offre un modo conveniente per viaggiare su lunghe distanze. Ragusa ha una stazione ferroviaria, ma quella di Ibla è chiusa. Dalla stazione al Duomo ci vuole una camminata di 30 minuti, con le scale incluse. Consiglio di prendere un taxi o l'autobus gratuito per Ibla se arrivi in treno. La fermata dell'autobus è proprio di fronte alla stazione.

Autobus: Ragusa dispone di una rete di autobus locali gestiti da AST (Azienda Siciliana Trasporti) che collegano i vari quartieri della città e forniscono collegamenti con città e paesi vicini. La stazione degli autobus si trova vicino alla stazione ferroviaria (Ragusa Centrale).

Auto: Per raggiungere Ragusa in auto da Siracusa, prendi la strada statale SS115, che collega le due città. Il viaggio dura circa 1 ora e 30 minuti ed è relativamente semplice, attraversando la campagna panoramica e piccoli paesi lungo il percorso.

Parcheggio: L'accesso a Ragusa Ibla è limitato, quindi è consigliabile verificare le opzioni di parcheggio prima di avvicinarsi alla città. Gli hotel potrebbero offrire parcheggio. Le opzioni includono: Parcheggio Piazza della Repubblica, Parcheggio Via Avv. Ottaviano (area San Paolo) o Parcheggio Giardino Ibleo.

Consigli per Mangiare

Osteria Imperfetta. Indirizzo: Via Torrenuova, 27

Un ristorante siciliano molto apprezzato che offre una vasta selezione di piatti locali preparati con ingredienti freschi e stagionali. L'Osteria Imperfetta è famosa per la sua atmosfera accogliente e rustica, e per il servizio cordiale, diventando un punto di riferimento per sia per i locali che per i visitatori. Il menu presenta piatti siciliani tradizionali con un tocco moderno, e il ristorante è accessibile in sedia a rotelle, con opzioni per mangiare in loco e da asporto.

La Terrazza dell'Orologio. Indirizzo: Chiasso Arestia, 12/13

Questo ristorante siciliano popolare vanta una terrazza mozzafiato con vista panoramica su Ragusa Ibla, rendendolo il posto ideale per gustare un pasto mentre si ammira la bellezza pittoresca della città storica. La Terrazza dell'Orologio è specializzata nella cucina siciliana con un tocco contemporaneo, offrendo piatti preparati con ingredienti locali. Il ristorante offre sia il servizio in loco che la consegna a domicilio, permettendo agli ospiti di gustare i sapori della Sicilia dal comfort della terrazza o della propria casa.

Duomo Ristorante. Indirizzo: Ibla, Via Capitano Bocchieri, 31

Un raffinato ristorante premiato, Duomo Ristorante offre un'esperienza gastronomica lussuosa nel cuore di Ragusa Ibla. Conosciuto per il suo chef stellato Michelin, Ciccio Sultano, il ristorante serve cucina siciliana sofisticata che celebra la ricca eredità culinaria dell'isola, incorporando tecniche innovative. L'ambiente elegante e il servizio attento fanno di Duomo una scelta d'eccellenza per chi cerca una delle migliori esperienze gastronomiche di Sicilia. Si consiglia di prenotare, in quanto il ristorante è molto richiesto.

La Piazzetta Ristorante. Indirizzo: Piazza Duomo

Un ristorante locale molto amato, dove ogni visita diventa memorabile grazie alla cortesia e all'attenzione del personale, situato nella pittoresca Piazza Duomo di Ragusa Ibla, La Piazzetta Ristorante è conosciuto per la sua attenzione agli ingredienti freschi e locali. Il menu offre piatti tradizionali siciliani, tra cui pasta fatta a mano, pesce fresco e carni provenienti da produttori locali, tutti preparati e presentati con maestria. La reputazione del personale per il servizio eccellente assicura che ogni visita sia un'esperienza speciale. Il ristorante offre anche prenotazioni tramite Google Maps, assicurando agli ospiti un tavolo in questo ristorante molto popolare.

Mercato Alimentare: Antico Mercato. Indirizzo: Via del Mercato, 134

Per chi è curioso di scoprire la cucina tradizionale, l'Antico Mercato è una tappa imperdibile. Esplora questo vivace mercato per una vasta selezione di prodotti freschi, prelibatezze siciliane e altro ancora. È un luogo eccellente per immergersi nella cultura gastronomica locale e nei suoi ingredienti.

Dove Dormire

Se arrivate per la Festa di San Giorgio, consiglio un soggiorno di 3 notti in città. C'è molto da vedere a Ragusa e nei dintorni.

Il Duomo Relais. Indirizzo: Via Dottor Solarino, 61

Il Duomo Relais si trova nel cuore di Ragusa Ibla, a pochi passi dal Duomo di San Giorgio e dall'ex Piazza d'Armi del Distretto Militare, in uno dei punti più fotografati di Ragusa Ibla. Dalle sue finestre è possibile "toccare" quasi la cupola di San Giorgio.

San Giorgio Palace Hotel. Indirizzo: Salita Mons. Salvatore Pennisi, 18

Nel cuore di Ragusa Ibla. .Situato nel cuore di Ragusa Ibla, questo boutique hotel è ospitato in un edificio storico con splendide viste sulla Valle di Santa Domenica. Gli ospiti possono godere di servizi moderni come Wi-Fi gratuito, aria condizionata e TV LCD, mentre sono immersi nell'affascinante architettura barocca. Il giardino e la terrazza panoramica dell'hotel offrono un rifugio tranquillo, rendendolo un luogo ideale per un soggiorno rilassante.

Giardino Sul Duomo. Indirizzo: Via del Duomo, 66

Con vista sulla Cattedrale di San Giorgio, Ragusa Ibla. Giardino Sul Duomo: Con vista sulla Cattedrale di San Giorgio, questo incantevole bed-and-breakfast si trova in una posizione pittoresca all'interno di Ragusa Ibla. La struttura offre camere spaziose e luminose con pavimenti in ceramica e soffitti con travi in legno, alcune delle quali offrono vista sulla cattedrale o sul giardino. Gli ospiti possono rilassarsi nella veranda con vista giardino, gustare torte fatte in casa e marmellate di frutta durante la colazione, ed esplorare i luoghi storici nelle vicinanze.

De Stefano Palace Luxury Hotel. Indirizzo: Via Fontana, 7

Vicino al centro storico di Ragusa. Vicino al centro storico di Ragusa, questo hotel di lusso offre camere eleganti con comfort moderni, come TV LCD e scelta dei cuscini. L'hotel dispone di un centro benessere con piscina coperta, hammam e area relax, offrendo un rifugio perfetto dopo una giornata di esplorazione della città. Con la sua posizione strategica e l'architettura splendida, il De Stefano Palace è una scelta eccellente per un soggiorno indimenticabile a Ragusa.

*Le migliori opzioni di hotel per la Festa di San Giorgio, perché sono sul percorso della processione o offrono viste sul duomo.

CAPITOLO OTTO

Dal Latte al Capolavoro

Esperienza di Immersione: Ragusa

Esperienza in un Caseificio in una fattoria vicino a Ragusa, Azienda Bussello. Abbiamo completamente amato immergerci nella vita contadina locale. Mentre lavoravamo e osservavamo l'interno del caseificio, il campo era pieno di mucche al pascolo.

Il tour inizia con una breve introduzione alla struttura, alla sua storia e ai tipi di formaggi prodotti. Questo include una presentazione che illustra il processo di produzione del formaggio e il patrimonio aziendale.

L'esperienza dura due ore e include:

Raccolta e Preparazione del Latte

Durante la prima parte della visita, la guida mostra l'area dove viene raccolto e conservato il latte fresco. Il proprietario spiega l'importanza della qualità e del tipo di latte utilizzato, sia esso di mucca, capra o pecora. Spiega i processi come la pastorizzazione, l'omogeneizzazione e altre fasi a cui il latte viene sottoposto prima della lavorazione.

Processo di Produzione del Formaggio

- **Cagliatura e Taglio:** Entrando nel cuore del caseificio, si possono osservare grandi vasche di latte riscaldato dove inizia la magia. Qui, la guida illustra come vengono aggiunti coagulanti come il caglio per trasformare il latte in cagliata. Questo processo richiede precisione: tempismo e temperatura sono fondamentali per ottenere la consistenza desiderata. Ascolterete come queste tecniche siano state tramandate di generazione in generazione, combinando tradizioni artigianali con attrezzature moderne.

- **Scolare e Pressare:** Si passa poi alla fase successiva, dove la cagliata viene tagliata, mescolata e scolata per rimuovere il siero. Vedrete come queste cagliate vengono pressate in stampi per dare forma al formaggio, ognuno destinato ad una consistenza ed un sapore unici. Il proprietario spiegherà che fattori come il tempo di pressatura e il peso utilizzato durante questa fase influenzino la creazione di formaggi morbidi e cremosi o compatti e densi. Potreste anche avere l'opportunità di maneggiare alcuni strumenti utilizzati in questa fase aggiungendo un velo tattile all'esperienza e, forse, assaggiare della fresca ricotta calda a questo punto (noi lo abbiamo fatto!).

Stagionatura e Cura

Durante il tour, la guida conduce nelle stanze di stagionatura dove i formaggi maturano. Questo ambiente è spesso fresco e umido, con scaffali alineati con forme o blocchi di formaggio. La guida spiega il processo di stagionatura, inclusi i controlli ambientali e quanto fattori come tempo, umidità e temperatura influenzino sapore e consistenza.

Confezionamento e Controllo Qualità

Il tour include anche un'occhiata all'area dedicata al confezionamento e all'etichettatura. Qui si osserva come i formaggi vengono avvolti, sigillati e preparati per la spedizione. La guida spiega l'importanza delle misure di controllo qualità per garantire che il formaggio soddisfi specifici standard prima della vendita.

Degustazione di Formaggi

Il momento clou del tour è indubbiamente la degustazione. Avvicinati mentre la guida e la sua famiglia presentano un vassoio magnificamente preparato con formaggi prodotti in loco. Si assapora tutto, dalla ricotta fresca e cremosa al caciocavallo stagionato e dal gusto deciso, il tutto accompagnato da vino rosso della casa, frutta dolce e frutta secca croccante.

La guida fornisce note di degustazione, aiutandovi a identificare impercettibili sapori e consistenze. Si scoprono anche abbinamenti tradizionali siciliani, come il miele versato sul pecorino o le scacce ripiene di ingredienti di stagione. Oltre ai formaggi, si gustano pane appena sfornato, salsiccia locale e, forse, anche dolci e caffè per concludere l'esperienza.

Per molti, la degustazione è una rivelazione, collegando i sapori del formaggio ai processi e alla cura osservati durante il tour. È un'esperienza che approfondisce l'apprezzamento per l'arte della produzione casearia.

Prenotare in anticipo è essenziale per garantire una visita senza problemi a questo gioiello nascosto, spesso trascurato dai turisti. Lo staff del caseificio (cioè la famiglia) pianifica con cura il vostro arrivo, che può includere su richiesta una guida che parli inglese per chi non conosca l'italiano.

I tour sono privati e personali, offrendo un'opportunità unica di esplorare il mondo della produzione artigianale dei formaggi.

Visitate il loro sito web per pianificare il vostro viaggio e prenotare il vostro posto. Che siate appassionati di formaggi o semplicemente curiosi, questo tour offre un insieme indimenticabile di educazione, tradizione e sapore, rendendolo un'esperienza imperdibile in Sicilia.

Altri Caseifici che Offrono Tour e Degustazioni in Sicilia

- **Caseificio Dei Nebrodi:** Situato a Nicosia, questo caseificio offre tour che mostrano la produzione di formaggi tradizionali siciliani, incluso il famoso Piacentinu Ennese. https://www.caseificiodeinebrodi.com/

- **Caseificio Neve Dell'Etna:** Situato a Fondachello, questo caseificio offre tour che coprono l'intero processo di produzione del formaggio, dalla cagliatura al prodotto finale. https://www.caseificionevedelletna.com/

- **Casa Mia Tours:** Propone tour sia a Ragusa che a Piazza Armerina. https://casamiatours.com/tours/ragusa-modica-sicily/cheese-farm-experience/

CAPITOLO NOVE

Celebrare la Madonna Guerriera a Scicli

Festa della Madonna delle Milizie

Dove: Scicli

Quando: Ultimo sabato di maggio.

Sito web della festa: Il comune aggiorna le informazioni nei giorni precedenti la festa qui https://www.comune.scicli.rg.it/home .

Temperatura media a maggio: Massima: 24°C (75°F). Minima: 18°C (65°F).

Scoprire Scicli: Gemma Barocca della Val di Noto

Annidata nell'angolo sud-orientale della Sicilia, Scicli è una pittoresca cittadina che incarna lo splendore barocco della Val di Noto. Situata a circa 25 chilometri (16 miglia) da Ragusa e solo 8 chilometri (5 miglia) dalla costa mediterranea, Scicli sorge alla confluenza di tre scenografiche valli: il San Bartolomeo, il Modica e la Santa Maria La Nova.

Con una popolazione di circa 27.000 abitanti, Scicli conserva un'atmosfera accogliente da piccolo borgo, offrendo però ai visitatori una ricchezza di attrazioni storiche e culturali. La geografia unica della città, con case e chiese che si arrampicano suggestivamente sulle pendici di colline rocciose, crea un impatto visivo mozzafiato che ha valso a Scicli un posto nella lista del Patrimonio Mondiale dell'UNESCO come parte delle Città Tardo Barocche della Val di Noto.

Scicli

La storia di Scicli include insediamenti siculi, greci e romani. La città fiorì dopo il terremoto del 1693, che la condusse verso la sua architettura barocca. Recentemente, Scicli è diventata famosa come location per le riprese de *Il Commissario Montalbano*. Il municipio della città rappresenta nella finzione la stazione di polizia di Vigàta (vedi sezione Cultura Pop).

Tradizionalmente, l'economia di Scicli si basava sull'agricoltura, con particolare attenzione a carrube, mandorle e olive. Oggi, il turismo è in crescita, attratto dall'architettura della città, dalla sua cultura e dalle vicine spiagge come Sampieri e Donnalucata.

La Festa della Madonna delle Milizie

La festa della Madonna delle Milizie a Scicli è profondamente radicata nell'identità storica e religiosa della città. Il miracolo del 1091, che costituisce la base della celebrazione, simboleggia l'intervento divino e la resilienza della fede cristiana durante un periodo di grande tumulto nella storia della Sicilia. Questo evento non solo segnò una svolta nella resistenza della città contro le minacce esterne, ma consolidò anche il ruolo della Vergine Maria come figura protettrice della comunità.

La celebrazione include una scenografica rievocazione del miracolo, con attori che interpretano la Vergine a cavallo, gli invasori saraceni e i difensori cristiani. Questo spettacolo si svolge nella piazza principale della città, coinvolgendo visitatori e residenti nella narrazione. L'evento è accompagnato da processioni, musica tradizionale e funzioni religiose, creando un insieme vivace di fede e festa. Per i residenti di Scicli, la festa non è solo un omaggio alla loro patrona, ma anche una riaffermazione del loro patrimonio culturale e della connessione duratura con il passato.

I Giorni Precedenti la Festa

La festa inizia con una processione, durante la quale la statua della Madonna delle Milizie viene trasportata dalla Chiesa di San Bartolomeo alla Chiesa di Santa Maria.

San Bartolomeo

Nei giorni precedenti l'evento, la statua viene esposta nella Chiesa di San Guglielmo. Cantanti, musicisti e fedeli accompagnano la processione con canti e preghiere.

Venerdì pomeriggio

16:00

Gli eventi iniziano al Palazzo Comunale, dove scoprirai anche un vivace mercato siciliano. Questi mercati sono un pilastro della vita e del commercio locale, offrendo una vasta gamma di beni che trasformano la zona in un paradiso dello shopping all'aperto. Mentre passeggi tra le bancarelle, troverai abbigliamento, pelletteria, gioielli, articoli per la casa, artigianato locale, prodotti e specialità regionali come formaggi, salumi e articoli gourmet.

L'atmosfera è vivace, con i venditori che propongono i loro prodotti e i compratori che contrattano sui prezzi. È simile a un centro commerciale mobile che viene installato nel cuore della città, offrendo sia ai locali che ai visitatori l'opportunità di curiosare, fare acquisti e vivere una parte vitale della cultura siciliana. Che tu stia cercando un souvenir unico, un'aggiunta elegante al tuo guardaroba o semplicemente voglia immergerti nell'atmosfera frenetica, il mercato presso Palazzo Comunale è da non perdere.

17:00

Un incontro significativo si svolge a Palazzo Spadaro, dove i funzionari locali, gli organizzatori e i protagonisti della rievocazione della battaglia si riuniscono per ultimare i preparativi. Questo incontro è un importante passo preliminare verso una delle tradizioni centrali della festa, conosciuta come la Testa del Turco. Ecco cosa accade generalmente:

I funzionari locali, gli organizzatori e i partecipanti si riuniscono per discutere i dettagli della rievocazione imminente. L'evento simboleggia la leggendaria battaglia tra i difensori cristiani di Scicli e gli invasori saraceni, con l'intervento miracoloso della Madonna delle Milizie. Durante l'incontro, i partecipanti vengono informati sui loro ruoli, viene ribadita l'importanza storica dell'evento e vengono fatti gli ultimi preparativi. È anche un'occasione per la comunità di unirsi, creando entusiasmo e attesa per gli eventi della festa che stanno per svolgersi.

La rievocazione della Testa del Turco prevede generalmente la partecipazione di persone in costumi medievali, tra cui cavalieri cristiani a cavallo, che mettono in scena la leggendaria battaglia. Il culmine della rievocazione comporta spesso la decapitazione simbolica di una figura saracena, rappresentando la vittoria dei cristiani, con abilità e precisione nella scena.

Man mano che il pomeriggio volge al termine, l'atmosfera a Scicli diventa sempre più festosa. I locali e i visitatori riempiono le strade, discutendo con entusiasmo degli eventi imminenti della Festa della Madonna delle Milizie. Si nota un'attività frenetica in tutta la città, mentre i preparativi per la festa vengono ultimati, con le decorazioni che vengono appese e la comunità che si unisce per celebrare questa importante tradizione storica e religiosa.

18:00 – 22:00. Eventi in Piazza Italia

Cerimonia di Inaugurazione: L'apertura ufficiale degli eventi serali, che spesso include discorsi da parte di funzionari locali o organizzatori della festa. Questo è un momento per celebrare la ricca storia e le tradizioni della festa, segnando l'inizio delle principali festività del fine settimana. La cerimonia può includere la presentazione di decorazioni speciali, opere d'arte o striscioni dedicati alla Madonna delle Milizie.

Spettacolo di Cucina: Una vivace dimostrazione culinaria che mette in mostra la cucina tradizionale siciliana, in particolare i piatti legati alla festa o alla tradizione gastronomica locale. Gli chef preparano piatti iconici della regione, permettendo ai visitatori di scoprire i sapori di Scicli. Questi includono specialità locali come le scacce ragusane (una specie di focaccia ripiena) o dolci come la Testa del Turco (un pasticcino che simboleggia la testa del saraceno). L'evento offre un'esperienza interattiva per locali e visitatori, con la possibilità di assaporare i piatti dopo la dimostrazione.

Durante questo periodo, l'atmosfera in Piazza Italia sarà vivace, con musica, luci e la presenza di venditori che offrono artigianato locale, cibo e articoli legati alla festa. Le famiglie e i visitatori si divertiranno a passeggiare per la piazza, partecipando a vari eventi e preparandosi per la rievocazione e le celebrazioni religiose che seguiranno nei giorni successivi.

La serata è un insieme di esperienze culturali e culinarie, che consentono alle persone di godersi lo spirito festivo in attesa degli eventi religiosi e storici centrali del fine settimana.

22:00. Concerto e danze.

Il concerto di solito si svolge in Piazza Italia, offrendo un'atmosfera vivace e celebrativa per concludere la giornata.

Questi concerti spesso vedono la partecipazione di musicisti locali o regionali, con performance che spaziano dalla musica popolare tradizionale siciliana a stili più contemporanei, garantendo che ci sia qualcosa per tutti i gusti. La musica funge da preludio agli eventi più solenni e storici che si svolgeranno nel resto della festa.

La combinazione del precedente spettacolo di cucina, dell'inaugurazione e del concerto festivo aiuta a creare entusiasmo per gli eventi principali che seguiranno, tra cui la leggendaria rievocazione dell'intervento miracoloso della Madonna durante la battaglia. La statua della Madonna a cavallo sarà esposta nella chiesa durante i giorni della festa. Di solito viene custodita in un'area speciale dietro di lei quando non fa parte della processione.

Il Giorno della Festa

8:00. Alborata

Il festival inizia con l'Alborata, una celebrazione simbolica che segna l'inizio degli eventi della giornata. Questo momento è caratterizzato dal suono delle campane che risuonano dalle chiese del paese e dai fuochi d'artificio che illuminano il cielo del mattino, creando un'atmosfera di entusiasmo e reverenza per il giorno a venire.

9:00. La Messa

La giornata prosegue con una solenne Santa Messa nella Chiesa di Santa Maria la Nova. La celebrazione rappresenta un momento di profonda spiritualità per la comunità, durante il quale vengono rivolte preghiere alla Madonna delle Milizie, invocando la sua protezione e le sue benedizioni. La chiesa si riempie di fedeli e visitatori, molti dei quali indossano abiti tradizionali, creando un'atmosfera suggestiva e carica di devozione.

10:00. La Processione con la statua della Madonna delle Milizie

La processione inizia dopo la Messa solenne, con la statua della Madonna delle Milizie portata con attenzione per le strade. Questa statua ha un significato enorme, poiché raffigura la Madonna come una guerriera, a cavallo e con una spada in mano, commemorando il suo leggendario intervento nel salvare Scicli da un'invasione saracena durante il periodo normanno.

Punti Salienti della Processione

I locali indossano costumi medievali elaborati, rappresentando diverse figure come cavalieri normanni, nobili, soldati e cittadini. I costumi sono realizzati meticolosamente, rispecchiando l'abbigliamento dell'XI secolo, periodo dell'intervento miracoloso della Madonna.

Le bande musicali suonano musica tradizionale, intervallata dal ritmo drammatico dei tamburini, creando una colonna sonora esaltante per la processione.

I falconieri accompagnano la processione, mostrando l'arte medievale della falconeria. La vista di questi maestosi uccelli, spesso associati alla nobiltà, aggiunge un tocco unico e storico all'evento.

Le strade di Scicli sono decorate con bandiere e fiori, mentre i locali e i visitatori si affacciano sui marciapiedi o si radunano sui balconi per assistere al passaggio della processione. Molti si uniscono alla camminata, creando un'atmosfera vivace e inclusiva.

La statua della Madonna viene portata con grande cura e devozione per le strade, facendo delle soste in luoghi chiave dove vengono offerte benedizioni e preghiere. Il percorso include il ritorno alla Chiesa di San Bartolomeo, la destinazione finale della processione.

Questo evento mattutino non è solo un rituale religioso, ma anche una potente espressione dell'orgoglio storico, dello spirito di comunità e del patrimonio culturale di Scicli.

La processione dura diverse ore, immergendo tutti nella vivace storia e fede della città.

16:00. Il Parco Giochi Medievale

Nel pomeriggio, si apre il Parco Medievale, che riporta in vita l'epoca dell'intervento leggendario della Madonna.Quest'area vivace offre:

- Cavalieri in armatura mostrano le loro abilità in emozionanti esibizioni di combattimenti medievali.

- Attività per tutte le età, come tiro con l'arco e giochi che si facevano durante l'epoca normanna.

- Dimostrazioni Artigianali: Fabbri, ceramisti e altri artigiani illustrano tecniche medievali, offrendo ai visitatori un'opportunità di interagire con la storia.

17:00. La Parata Medievale e gli Stand della Testa del Turco

La Testa del Turco, un dolce ripieno di ricotta, è una delle prelibatezze culinarie più caratteristiche della festa. I banchi che vendono questa specialità aprono nel pomeriggio, invitando i partecipanti a gustare un pezzo di storia.

Nel frattempo, inizia la sfilata medievale, che vede cavalieri, nobili e la corte medievale percorrere le strade di Scicli. Questa parata evoca la grandiosità di una sfilata medievale, completa di stendardi, bandiere e fanfare.

I banchi della Testa del Turco aprono e la corte medievale, i cavalieri e i membri dell'esercito attraversano le strade di Scicli in una sfilata.

Testa del Turco

Un Dolce Speciale della Festa
Testa del Turco - Un Dolce Gusto di Vittoria

Nessuna visita alla Festa della Madonna delle Milizie è completa senza indulgere nel suo dolce simbolo: la famosa Testa del Turco. Questo dolce delizioso non è solo una pasta, ma un vero e proprio pezzo di storia, che commemora il leggendario trionfo della Madonna contro gli invasori saraceni.

Immagina di mordere una croccante crosta di pasta, per essere sorpreso da un'esplosione di sapori al suo interno. Sarà una crema pasticcera vellutata o una ricca ricotta di pecora a stuzzicare le tue papille gustative? Il divertimento sta proprio nella scoperta! Questi dolci deliziosi sono disponibili in varie dimensioni, dalle piccole bignè perfette per uno spuntino veloce, alle creazioni imponenti che potrebbero competere con le torte nuziali per la loro grandezza.

Nel giorno della festa, Scicli si trasforma in un campo di battaglia per i pasticceri, con i locali che si sfidano per creare la Testa del Turco più impressionante. Mentre passeggi per le strade festose, vedrai una varietà di queste paste, ognuna una testimonianza dell'abilità e della creatività del suo creatore. Dalle decorazioni intricate ai ripieni innovativi, la varietà è sorprendente.

Anche se ci possono essere vincitori ufficiali in questa dolce competizione, non sorprenderti se non riuscirai a scegliere un preferito. Ogni Testa del Turco è un capolavoro a sé, offrendo una combinazione unica di consistenza e sapori che ti farà venire voglia di provarla di nuovo.

Quindi, che tu decida di assaporare questo dolce una sola volta o di fare della ricerca della variazione perfetta una missione, la Testa del Turco non è solo un dessert, ma una parte essenziale dell'esperienza della Festa della Madonna delle Milizie.

È un modo delizioso per connettersi con la storia, la cultura e la maestria culinaria della città nello stesso momento. Vai avanti, prendi un morso di storia!

21:30. Il gran finale.

Con l'arrivo della notte, la città si illumina per la processione serale della Madonna delle Milizie. Questa processione riflette la solennità di quella mattutina, ma è esaltata dalla bellezza della statua, che brilla grazie alle torce e alle candele.

La corte medievale accompagna la statua della Madonna, creando uno spettacolo visivo mozzafiato mentre la processione si snoda per le strade buie.

I fuochi d'artificio illuminano il cielo al raggiungimento del culmine della processione, segnando il punto massimo emotivo e spirituale della festa.

Giro a Piedi di Scicli – Giorno 1

#1. Chiesa di San Guglielmo

La Chiesa Madre di San Guglielmo (un tempo conosciuta come la Chiesa di Sant'Ignazio di Loyola) risale ai primi del XVIII secolo. Era collegata al collegio dei Gesuiti, che fu distrutto a metà del XX secolo. Al suo posto, fu eretto un edificio terribile, impossibile da non notare appena si entra nella piazza (l'edificio sulla sinistra. So che ti chiederai cosa sia. Si tratta di una costruzione sfortunata di un moderno edificio accanto alla chiesa barocca, che sembra completamente fuori posto. Apparentemente risalente all'era di Mussolini, ma in realtà è ancora più moderna).

Quando siamo arrivati nel cuore della città, abbiamo scoperto che la chiesa era chiusa e non c'erano orari ufficiali disponibili. Al nostro ritorno, un po' più tardi, l'abbiamo trovata aperta e siamo stati fortunati a incontrare la Madonna della festa. Tra le immagini mariane, questa particolare Madonna è comunemente ritenuta essere l'unica rappresentata come una guerriera a cavallo e con una spada.

Il diacono locale in chiesa ci ripeteva più volte in italiano: "Chiedetemi se avete domande." Avevo l'impressione che ci avrebbe fatto da guida, e la mia intuizione era corretta! Ci ha accompagnato in giro per la chiesa e ci ha spiegato che eravamo lì in un giorno speciale, poiché Maria era esposta solo per prepararsi alla processione serale. Secondo la nostra guida, le donne siciliane locali avevano generosamente donato i loro capelli per creare i capelli neri della statua, conferendole un aspetto affascinante. Capelli umani genuini usati per la Madonna non bionda. Un tesoro davvero prezioso!

#2. Chiesa di San Giovanni Evangelista

Partendo dalla chiesa principale e girando a destra, bastano appena tre minuti a piedi per attraversare questo pittoresco centro e raggiungere San Giovanni Evangelista. Ciò che vedrai è una chiesa barocca del XVIII secolo. Ad adornare la facciata della chiesa sono colonne e pilastri sapientemente scolpiti, con la campana che si erge sopra il timpano. Quando il sole la colpisce, la pietra locale si trasforma in una tonalità incredibilmente affascinante di colore sabbia. È davvero ipnotizzante.

#3. Palazzo Spadaro

Pochi passi più avanti lungo la strada, arriviamo a Palazzo Spadaro, una vera perla. Se ti interessa, qui puoi acquistare un biglietto combinato che dà accesso a diversi siti.

Il Commissario Montalbano è una popolare serie TV italiana basata sui celebri romanzi gialli di Andrea Camilleri. Sebbene ambientata nella cittadina immaginaria di Vigàta, ispirata al paese natale di Camilleri, gran parte delle riprese è stata realizzata a Scicli. La stazione di polizia della serie è conservata proprio qui, così come appariva sullo schermo. Essendo una fan della serie, non ho resistito a inviare delle foto ai miei amici italiani, dicendo per scherzo: "Dove mi trovo?" Loro hanno risposto: "Perché sei nell'ufficio di Montalbano?"

A Scicli puoi visitare questi set. La scrivania del commissario, completa di documenti, telefoni e arredamento, è ancora intatta. Dopo aver visto due volte le 15 stagioni e i 37 episodi mentre imparavo l'italiano, ho trovato questo tour un'esperienza divertente e nostalgica.

Palazzo Spadaro, un palazzo del XVIII secolo, è impressionante anche dall'esterno, con la sua bellissima facciata e le intricate ringhiere dei balconi. All'interno, puoi immaginare grandi balli nel salone, che ospita un magnifico affresco ottocentesco di Apollo e le nove Muse.

La camera da letto del barone, l'unica stanza conservata nel suo stato originale, è anch'essa visitabile. I balconi del secondo piano offrono un ottimo punto per osservare la gente e regalano uno scorcio unico della città.

#4. Palazzo del Seminario

A breve distanza si trova l'ufficio del sindaco, che appare nella serie di Montalbano. Una struttura imponente del XVIII secolo, questo edificio in passato ha ospitato un seminario per sacerdoti. All'interno del palazzo, scoprirai una stanza di notevoli dimensioni, che è l'effettivo ufficio del sindaco e viene utilizzata per riunioni e conferenze del comune. La stanza è una perfetta rappresentazione dell'architettura barocca siciliana, offrendo uno scorcio affascinante della storia di Scicli.

#5. La Rocca

Sali la collina, conosciuta come Rocca, fino a San Matteo, che offre una vista panoramica spettacolare sulla città. Non troverai una prospettiva della città migliore di questa. Niente sentieri fangosi, solo alcune scale irregolari.

Le salite alla torre, alla cupola e le viste dai terrazzi sono esperienze che non mi faccio mai scappare. Lungo il percorso verso San Matteo, si attraversano affascinanti vicoletti, scalinate e palazzi. Scopri qualcosa di incredibile in ogni angolo di questa splendida città.

Durante il cammino sulle scale, vedrai case-grotta scolpite nella roccia in ogni direzione. Un tempo, le persone vivevano in queste case-grotta, e alcune lo fanno ancora oggi. Il tipo di roccia usato per costruire le case è identico a quello trovato nelle cave di pietra della piazza. Puoi entrare in alcune di queste grotte mentre sali.

#6. Chiesa di San Bartolomeo

L'architetto Rosario Gagliardi completò la costruzione della chiesa nel 1752. Ad adornare l'esterno della chiesa sono colonne e pilastri, con la statua di San Bartolomeo che decora il timpano. L'interno della chiesa presenta una splendida decorazione rococò, con un transetto centrale disposto secondo un piano a croce latina.

All'interno, abbiamo trovato un presepe napoletano anche se il termine "presepe" non rende giustizia, poiché si tratta di un intero paesino ricco di attività che ruotano attorno alla nascita di Gesù. Questo presepe risale al 1776. Non esitare: basta pagare un euro e accendere la luce.

#7. Chiesa di San Matteo

Di seguito, sali le scale verso San Matteo. Prenditi un momento per fermarti e apprezzare il panorama. La vista sulle colline e sulle case è davvero mozzafiato. Le soste per le foto saranno utili, poiché offrono una pausa dalla salita.

Prima del terremoto, la Chiesa di San Matteo era la chiesa principale di Scicli e fungeva anche da rifugio protettivo per i cittadini. Nel 1874, i cittadini abbandonarono la chiesa quando la nuova chiesa madre di San Guglielmo fu inaugurata più in basso (la prima fermata del tour). Secondo i locali, molti cittadini si opposero all'abbandono di questa chiesa, anche dopo che i suoi decori e tesori furono trasferiti nella nuova chiesa.

Alla fine, il tetto fu rimosso dalle autorità ecclesiastiche, bloccando di fatto la celebrazione di ulteriori messe. Alcuni suggeriscono che San Matteo sia stata costruita nel periodo normanno. Dai reperti trovati, sembra che nel Medioevo ci fosse una basilica a tre navate con un campanile. La vera storia rimane un mistero.

Chiesa di San Matteo sulla collina

Al nostro arrivo e dopo aver ammirato la vista, scoprimmo che potevamo entrare grazie ai lavori di ristrutturazione in corso, compresa l'installazione di un nuovo tetto. Che gioia! La chiesa, pur essendo in rovina, rimane incredibilmente affascinante grazie agli elementi architettonici ancora visibili.

Inoltre, poiché la chiesa era aperta, era possibile salire sulla terrazza superiore per una vista ancora più spettacolare. Pochissime persone fanno entrambe le salite, rendendola un luogo tranquillo.

Giro a Piedi di Scicli – Giorno 2

#1. Antica Farmacia Cartia. Indirizzo: Via Mormina Penna

Aperta nel 1902, questa antica farmacia splendidamente conservata è un viaggio indietro nel tempo. L'interno è arricchito da arredi del primo Novecento, strumenti medici e vasi usati un tempo per i rimedi. È un'affascinante finestra sulla storia medica di Scicli e sull'arte della farmacia di un'epoca passata.

#2. Palazzo Bonelli-Patané

Questo elegante palazzo neoclassico è arredato con mobili d'epoca e ricche decorazioni, offrendo un perfetto esempio della vita aristocratica a Scicli. I visitatori possono esplorare gli interni e immergersi nella sua grandiosità, che è rimasta intatta per decenni.

#3. Palazzo Beneventano

Un capolavoro barocco, Palazzo Beneventano è uno dei gioielli architettonici di Scicli. Le sue maschere grottesche e i balconi decorati lo rendono uno degli edifici più impressionanti della città. Gli intricati intagli sulla facciata in pietra sono imperdibili per gli amanti dell'architettura barocca.

#4. Chiesa di San Giuseppe

La Chiesa di San Giuseppe, costruita in stile barocco, è un altro significativo sito religioso di Scicli. La facciata è elaborata, mentre all'interno si trovano un altare imponente e opere d'arte religiosa. Un luogo sereno che aggiunge profondità alla storia spirituale della città.

#5. Chiesa di Santa Teresa d'Avila

Questa chiesa barocca del XVII secolo, dedicata a Santa Teresa d'Avila, è un luogo tranquillo per riflettere. La facciata elegante e l'interno semplice ma grazioso ne fanno una tappa affascinante. Si trova a breve distanza a piedi da Piazza Italia.

#6. Chiesa di San Michele Arcangelo

Un'altra magnifica chiesa barocca, dedicata a San Michele Arcangelo. Nota per i suoi splendidi interni con affreschi e i dettagli raffinati, è un luogo tranquillo per ammirare l'arte religiosa di Scicli.

#7. Convento dei Cappuccini

Questo convento è situato in una zona più appartata di Scicli, offrendo un'atmosfera tranquilla. Include una piccola chiesa e chiostri tranquilli dove un tempo vivevano i monaci.

#8. Convento dei Francescani

Vicino al Convento dei Cappuccini, questo sito è più sobrio ma rappresenta un pezzo importante della storia monastica della città. Con la sua architettura semplice, incarna i valori francescani di umiltà e fede.

#9. Rovine del Castello sopra la Chiesa di San Matteo

Arroccate sopra la città, le rovine del castello medievale di Scicli offrono viste mozzafiato della città e del paesaggio circostante. C'è un po' da camminare ma vale la pena affrontare lo sforzo per la prospettiva panoramica. Le rovine si trovano vicino alla Chiesa di San Matteo, aggiungendo fascino storico alla zona.

Concludi il tuo tour a piedi con questa salita panoramica, che ti offrirà una vista mozzafiato di Scicli dall'alto.

Feste e Sagre a Scicli Durante l'Anno

La Cavalcata di San Giuseppe

Il sabato più vicino al 19 marzo

Questa vivace festa religiosa celebra la festa di San Giuseppe e la fuga della Sacra Famiglia in Egitto. Il momento clou è una spettacolare processione di cavalli e cavalieri, che parte dalla Chiesa di San Giuseppe. I cavalli riccamente decorati, ornati con fiori, seguono attori che interpretano la Sacra Famiglia attraverso le strade della città in una processione illuminata da candele. L'evento combina devozione religiosa e tradizione locale, creando uno spettacolo affascinante che attira residenti e visitatori.

Il Gioia

Domenica di Pasqua

Il Gioia è la gioiosa celebrazione pasquale di Scicli, che segna la resurrezione di Cristo. Il fulcro della festa è una solenne ma gioiosa processione in cui una statua del Cristo risorto viene portata per le strade della città. Questo evento è una profonda espressione di fede e gioia comunitaria, spesso accompagnata da musica e seguita da raduni festivi. La processione solitamente si snoda per il centro storico, permettendo a tutta la comunità di partecipare alla celebrazione.

Sagra del Pomodoro e Festa del Grappolino

1 maggio

Questa doppia festa celebra il primo raccolto locale di pomodori e uva, insieme alla produzione di formaggi e altri prodotti tipici. È uno spettacolo gastronomico che mette in risalto il patrimonio agricolo di Scicli. I visitatori possono assaporare una varietà di piatti a base di pomodoro, uva fresca, vini locali e formaggi artigianali. L'evento spesso include dimostrazioni di cucina, degustazioni di vino ed esposizioni educative sulle tecniche agricole locali. È un'ottima opportunità per scoprire i sapori della cucina siciliana e conoscere le tradizioni agricole della regione.

Basole di Luce

Tutto agosto

Basole di Luce è una festa culturale che dura un mese e trasforma il centro storico di Scicli in un vivace punto di espressione artistica. Durante il mese di agosto, la città ospita una vasta gamma di eventi, tra cui performance musicali, produzioni teatrali, mostre d'arte e letture di libri. Il nome della festa, che si traduce in "Basole di Luce," fa riferimento al modo in cui questi eventi illuminano la splendida architettura barocca della città e le sue strade lastricate. È una celebrazione sia della cultura contemporanea che del ricco patrimonio di Scicli, attirando artisti e pubblico da tutta la Sicilia e non solo.

Taranta Sicily Fest (Festival musicale)

Agosto (le date possono variare ogni anno)

Il Taranta Sicily Fest è un evento musicale dinamico che porta i ritmi della musica popolare tradizionale del Sud Italia a Scicli. Incentrato sullo stile energetico ed ipnotico della musica della Taranta, originaria della regione del Salento in Puglia, questo festival è diventato un evento culturale significativo in Sicilia. I visitatori possono assistere a performance dal vivo di musicisti locali e internazionali, partecipare a laboratori di danza e vivere la coinvolgente fusione di tradizioni musicali antiche e moderne. Il festival spesso include eventi culturali correlati, come degustazioni di cibi e mercati artigianali, celebrando il contesto culturale più ampio della musica.

Opzioni per Gite di Un Giorno: Siti, Città e Paesi Vicini

Spiagge di Sampieri e Cava d'Aliga. 10 chilometri (6 miglia).

- **Sampieri**: Conosciuta per la sua lunga spiaggia di sabbia, fiancheggiata da dune e vegetazione, Sampieri è una destinazione tranquilla perfetta per il relax. Un sito da non perdere è la Fornace Penna, un'ex fabbrica di mattoni del XX secolo abbandonata, diventata una rovina iconica, localmente chiamata la "Mannara". Questo luogo suggestivo è stato utilizzato nella serie TV Il Commissario Montalbano, aggiungendo un tocco di fascino cinematografico. Il paese stesso offre vicoli affascinanti e viste sul mare che catturano l'essenza della Sicilia costiera.

- **Cava d'Aliga**: Questo più tranquillo paese di mare offre calette rocciose e acque cristalline, ideali per lo snorkeling e l'esplorazione della vita marina. La costa frastagliata fornisce uno sfondo panoramico, e i tramonti qui sono particolarmente suggestivi. È un luogo ideale per chi cerca pace e bellezza naturale.

Punta Secca. 30 chilometri (19 miglia). Punta Secca è un affascinante villaggio di mare conosciuto soprattutto come location delle riprese della popolare serie TV Il Commissario Montalbano, attirando fan e viaggiatori.

- **Faro di Punta Secca**: Il famoso faro del paese è un punto di riferimento da non perdere. Il suo scenario pittoresco offre fantastiche opportunità fotografiche e ampie vedute sul mare.

- **Casa di Montalbano**: Gli appassionati della serie apprezzeranno vedere la famosa casa sulla spiaggia utilizzata come residenza del detective immaginario. Sebbene sia di proprietà privata, è un luogo molto visitato per scattare foto.

- **Spiagge di sabbia dorata**: Le spiagge qui sono perfette per una giornata tranquilla al mare, con sabbia morbida e onde leggere, ideali per nuotare o prendere il sole.

- **Piazzetta del Porto**: Questa piccola piazza vicino al porto è costellata di caffè e ristoranti caratteristici, che offrono piatti di pesce deliziosi e un'opportunità per rilassarsi mentre si assapora l'atmosfera marina.

Pozzallo. 25 chilometri (15,5 miglia). Pozzallo è una vivace città costiera riconosciuta per le sue spiagge Bandiera Blu e i suoi monumenti storici, rendendola una tappa ideale per chi ama il mare e per gli appassionati di storia.

- **Torre Cabrera**: Questa torre di avvistamento del XV secolo un tempo proteggeva la costa dagli attacchi dei pirati e oggi è un simbolo del paese. I visitatori possono esplorare la sua storia e godere di una vista panoramica sull'area circostante.

- **Piazza delle Rimembranze**: La piazza principale della città è un vivace punto di incontro con caffè, negozi ed eventi culturali. È un ottimo posto per vivere la vita locale e gustare un gelato o un caffè.

- **Spiagge Bandiera Blu**: Le spiagge di Pozzallo, come Pietre Nere e Raganzino, sono rinomate per la loro pulizia e bellezza. Entrambe le spiagge offrono sabbia dorata, acque cristalline e servizi per un'esperienza rilassante al mare.

- **Area del Porto**: Una passeggiata nel porto offre vedute dei traghetti diretti verso Malta e l'attività frenetica di questo vitale snodo di trasporto.

Nota su Pozzallo / Malta: Per chi desidera ampliare il proprio viaggio, Pozzallo è la principale porta d'accesso a Malta, un paese distinto che offre una ricca varietà di esperienze storiche e culturali. Il viaggio in traghetto dura circa 3 ore e arriva a La Valletta, la splendida capitale di Malta. Tra le principali attrazioni di Malta ci sono l'antica città di Mdina, le scogliere mozzafiato di Dingli e la vivace vita notturna di St. Julian's. Durante una delle nostre visite, abbiamo preso il traghetto per Malta e trascorso qualche giorno esplorando la sua cultura unica, prima del nostro volo di ritorno negli Stati Uniti da La Valletta. Questa estensione è altamente consigliata per i viaggiatori che vogliono combinare il meglio della Sicilia con il fascino distintivo di Malta.

Logistica

Treno: La stazione ferroviaria di Scicli, situata a circa 2 km dal centro città, è sulla linea Siracusa-Gela-Canicattì con un servizio limitato (5-6 treni al giorno) che collega città come Siracusa, Ragusa e Modica. Per raggiungere il centro dalla stazione, prendi un autobus locale o un taxi.

Autobus: Interbus e AST (Azienda Siciliana Trasporti) offrono servizi di autobus che collegano Scicli con le città vicine come Ragusa, Modica e Noto. La fermata principale si trova nel centro città, vicino a Piazza Italia, con autobus locali che collegano la stazione e altre zone.

Auto: Guidare è un modo comodo per esplorare Scicli, facilmente raggiungibile tramite la strada statale SS115. Tempi di percorrenza approssimativi: dall'Aeroporto di Catania (2 ore), Aeroporto di Comiso (45 minuti) e Ragusa (30 minuti). Le auto a noleggio sono disponibili negli aeroporti e nelle principali città.

Parcheggio: Il centro storico ha zone a traffico limitato (ZTL), quindi è meglio parcheggiare all'esterno ed esplorare a piedi. Le opzioni includono parcheggio gratuito a Parcheggio Via Dolomiti e parcheggio a pagamento a Parcheggio Via Ospedale. Parcheggio su strada è disponibile anche fuori dalle aree ZTL, ma gli spazi possono essere limitati. Controlla sempre la segnaletica per evitare multe.

Consigli per Mangiare

Osteria Donna Luisa. Indirizzo: Via Francesco Mormino Penna, 72

Questa affascinante osteria offre una deliziosa esperienza gastronomica sotto gli alberi, dove si può godere della vista dei magnifici palazzi barocchi. Il menu propone piatti della tradizione siciliana preparati con ingredienti stagionali, e l'atmosfera è perfetta per un pranzo tranquillo, anche nei giorni di pioggia.

Ristorante Baqqalà. Indirizzo: Via San Bartolomeo, 4

Conosciuto per la sua attenzione ai piatti a base di pesce, il Ristorante Baqqalà offre una rivisitazione moderna dei piatti siciliani tradizionali. Il menu creativo del ristorante, che utilizza ingredienti a km 0, è arricchito da un'atmosfera accogliente e rustica, nel cuore del centro storico.

Osteria Tre Colli. Indirizzo: Via Guadagna, 2

Situata vicino alle colline panoramiche di Scicli, questa osteria propone un menu ricco di sapori autentici siciliani. Con un'atmosfera rilassata e accogliente, è il posto ideale per una cena in famiglia o un pasto informale, con piatti tradizionali come la pasta alla norma e la caponata siciliana.

Dove Dormire

Per la festa, consiglio tre notti in città. Ci sono abbastanza luoghi da visitare ed eventi per tenervi occupati.

Scicli Albergo Diffuso. Indirizzo: Via Francesco Mormino Penna, 15

Un hotel innovativo a 3 stelle che offre sistemazioni distribuite nel centro storico di Scicli, combinando comfort moderni con ambientazioni tradizionali. L'hotel include servizi come Wi-Fi gratuito, aria condizionata e colazione. Un *albergo diffuso* in Italia è un tipo unico di sistemazione che si traduce in "hotel sparso".

Hotel Novecento. Indirizzo: Via Dupré, 11

Un boutique hotel a 4 stelle ospitato in un edificio aristocratico restaurato, che offre camere eleganti, colazione gratuita e servizi moderni nel cuore del centro storico di Scicli.

Hotel Palazzo Conti - Camere & Suites. Indirizzo: Via Mormino Penna, 82

Un hotel a 3 stelle che offre suite magnificamente restaurate in un palazzo storico, con parcheggio gratuito, Wi-Fi e colazione, nel pittoresco quartiere barocco di Scicli.

Palazzo Montalbano. Indirizzo: Via Francesco Mormino Penna, 97

Un hotel a 3 stelle situato in un affascinante palazzo barocco, che offre sistemazioni lussuose che combinano storia e comfort moderni, ideale per un soggiorno nel centro storico di Scicli.

CAPITOLO DIECI

FestaFusion Taormina

FestaFusion Taormina.

#1. Festival Taormina Arte

Ambientato nel magnifico Teatro Antico, il festival offre un ricco programma di spettacoli musicali, teatrali, di danza e cinematografici, in collaborazione con il Taormina Film Fest, che inaugura la stagione.

#2. Festa di San Pancrazio

Questa festa celebra San Pancrazio, patrono della città di Taormina, con cerimonie religiose, parate e musica tradizionale.

#FestaFusion significa che due o più feste si svolgono nello stesso periodo nella stessa città, consentendo ai visitatori di godere di più eventi durante la loro visita.

Dove: Taormina

Quando: Il Festival Taormina Arte si svolge da giugno ad agosto. La Festa di San Pancrazio è il 9 giugno.

Sito web dell'evento: <u>festivaltaorminarte.it</u>

Temperature medie: Massime: 31-32°C (88-90°F). Minime: 22-23°C (72-73°F).

Scoprire Taormina: Perla del Mar Ionio

Adagiata su una collina rocciosa che domina le acque azzurre del Mar Ionio, Taormina è una testimonianza della ricca e variegata storia della Sicilia. Questa incantevole città, spesso definita la "Perla del Mar Ionio", ha affascinato i visitatori per secoli con i suoi panorami mozzafiato, le antiche rovine e il fascino mediterraneo.

La storia di Taormina risale ai tempi antichi. Fondata nel IV secolo a.C. da Andromaco, divenne rapidamente un importante insediamento greco. La posizione strategica della città la rese un ambito obiettivo, passando sotto il controllo di varie civiltà. I coloni greci stabilirono il primo insediamento, che successivamente fu ampliato dai Romani, che costruirono molte delle sue strutture ancora oggi visibili. L'Impero Bizantino incorporò Taormina nei suoi territori, seguito dalla conquista araba nel 902 d.C., che portò nuove influenze culturali. La conquista normanna nel 1078 segnò un periodo di prosperità medievale, mentre il dominio spagnolo dal XV al XIX secolo lasciò il segno nell'architettura e nella cultura.

Taormina si trova sulla costa orientale della Sicilia, circa a metà strada tra Messina e Catania. La sua posizione elevata, a circa 250 metri sopra il livello del mare, offre panorami mozzafiato. Ad est, si può ammirare il brillante Mar Ionio e la costa della Calabria. A sud, domina l'imponente silhouette dell'Etna, il più grande vulcano attivo d'Europa, mentre le aspre montagne Peloritani si ergono a nord. La città è costruita su una terrazza del Monte Tauro, con strade ripide e vicoli affascinanti che si arrampicano lungo la collina. Più in basso, le bellissime spiagge di Giardini Naxos e Mazzarò attirano bagnanti e appassionati di sport acquatici.

Taormina è una vivace destinazione turistica e un centro culturale. Nel 2024, la città ha una popolazione di circa 11.000 abitanti. Comunque questo numero aumenta notevolmente durante l'alta stagione estiva, quando turisti da tutto il mondo si accalcano per vivere la sua miscela unica di storia, cultura e bellezza naturale. Il Teatro Greco, ancora utilizzato per spettacoli ed eventi, è una testimonianza del fascino senza tempo della città. Corso Umberto, la via principale, è fiancheggiato da negozi, caffè ed edifici storici, offrendo un'atmosfera vivace per visitatori e locali. Il Duomo di Taormina, risalente al XIII secolo, aggiunge splendore architettonico alla città, mentre numerosi hotel di lusso e resort soddisfano le esigenze del viaggiatore più esigente.

La scena culturale di Taormina è altrettanto impressionante, con eventi come il Festival del Cinema di Taormina che attira l'attenzione internazionale. Nonostante la sua popolarità, Taormina è riuscita a preservare il suo fascino autentico, offrendo ai visitatori uno spaccato della storia della Sicilia e allo stesso tempo tutte le comodità di una moderna località turistica. È questa combinazione unica di importanza storica, bellezza naturale e comfort contemporaneo che continua a fare di Taormina una gemma nella corona della Sicilia, conquistando i cuori di tutti coloro che la visitano.

#1. Festival Taormina Arte

Il Festival Taormina Arte è un evento culturale di prestigio che affascina il pubblico in Sicilia da decenni. Situato nell'incantevole città di Taormina, questo festival è diventato una pietra miliare dell'espressione artistica, attirando talenti e spettatori da tutta Italia e dal resto del mondo. Le radici del festival risalgono al 1983, quando fu fondato da un gruppo di appassionati di cultura locali e funzionari governativi. La loro visione era quella di creare un festival delle arti multidisciplinare che potesse mettere in mostra il ricco patrimonio culturale della Sicilia, pur portando anche talenti internazionali nella regione.

Il Teatro Greco di Taormina, risalente al III secolo a.C., fu scelto come sede principale, offrendo uno scenario mozzafiato che fonde storia ed espressione artistica contemporanea. Nel corso degli anni, il festival si è evoluto ed ha ampliato i suoi orizzonti. Nel 1991, il Taormina Film Fest, che si svolgeva separatamente dal 1955, è stato incorporato nel Festival Taormina Arte, aumentando ulteriormente il suo prestigio e la sua capacità di attrazione. Questa fusione ha unito il mondo delle arti dello spettacolo e del cinema, creando un'esperienza culturale unica e completa.

Il Festival Taormina Arte di solito dura diverse settimane nei mesi estivi, generalmente da giugno ad agosto. Il programma è variegato ed eclettico, pensato per soddisfare una vasta gamma di gusti e interessi artistici. I concerti di musica classica, con orchestre e solisti di fama internazionale, sono un elemento distintivo del festival, spesso tenuti nell'atmosfera suggestiva del Teatro Greco.

Le performance di danza contemporanea portano un'energia moderna sulle antiche pietre, con compagnie affermate e coreografi emergenti che presentano il loro lavoro. Le produzioni teatrali spaziano da classici reinterpretati a pezzi sperimentali all'avanguardia, spesso con rappresentazioni multilingue che superano le divisioni culturali.

Le mostre d'arte sono distribuite in tutta la città, trasformando Taormina in una galleria a cielo aperto. Queste mostre spesso mettono in evidenza sia artisti siciliani che talenti internazionali, coprendo vari ambiti, dalla pittura e scultura alle installazioni e all'arte digitale.

Il Festival del Cinema

Il Taormina Film Fest, una componente significativa del festival complessivo, proietta una selezione accuratamente selezionata di film internazionali. Comprende anteprime, retrospettive e competizioni, attirando registi, attori e professionisti del settore da tutto il mondo. Nel corso degli anni, il festival ha ospitato numerose celebrità, aggiungendo un tocco di glamour agli eventi artistici.

Laboratori e lezioni tenuti da artisti ospiti offrono opportunità per i talenti locali di imparare e interagire con professionisti internazionali. Questi componenti educativi aiutano a far crescere una nuova generazione di artisti e a mantenere la rilevanza e la vitalità del festival.

Sebbene il Teatro Greco rimanga il gioiello del festival, le performance e gli eventi si svolgono in tutta Taormina. Il Palazzo dei Congressi ospita spettacoli ed esposizioni al coperto, mentre teatri più piccoli e palcoscenici all'aperto vengono allestiti in varie piazze e luoghi panoramici della città.Il festival trasforma Taormina in un vivace centro di attività culturale. Le strette vie medievali sono animate da una frenesia di energia, mentre visitatori e locali si spostano da un evento all'altro. Caffè e ristoranti traboccano di clienti che discutono delle ultime performance, creando un'atmosfera vivace che si protrae fino a tarda notte, nelle calde serate siciliane.

Le spettacolari viste sull'Etna e sul Mar Ionio forniscono un costante promemoria della bellezza naturale che si affianca alle proposte artistiche. Questa combinazione unica di cultura, storia e splendore naturale rende il Festival Taormina Arte un'esperienza veramente immersiva. Nel corso dei suoi quattro decenni di storia, il Festival Taormina Arte ha avuto un impatto significativo sul panorama culturale della Sicilia e dell'Italia in generale. Ha giocato un ruolo cruciale nel promuovere la cultura siciliana a un pubblico internazionale, portando anche performance di livello mondiale a un pubblico locale che altrimenti non avrebbe avuto accesso a tali espressioni artistiche.

Mentre il festival continua ad evolversi, esso rimane fedele ai principi fondamentali di eccellenza artistica, scambio culturale e celebrazione del ricco patrimonio siciliano. Ogni anno porta con sé nuove sfide e opportunità, assicurando che il Festival Taormina Arte continui ad essere una parte dinamica e fondamentale del calendario artistico internazionale.

#2. La Festa di San Pancrazio

Il festival onora San Pancrazio, il santo patrono della città, e rappresenta un ricco intreccio di devozione religiosa, patrimonio culturale e spirito di comunità.

San Pancrazio: Il Santo Patrono

San Pancrazio occupa un posto speciale nel cuore dei residenti di Taormina. Nato in Frigia (nell'attuale Turchia) intorno al 290 d.C., Pancrazio rimase orfano in giovane età e venne portato a Roma da suo zio. Là, durante il regno dell'imperatore Diocleziano, si convertì al cristianesimo.

Nonostante la sua giovane età, aveva solo quattordici anni, Pancrazio rifiutò di rinunciare alla sua fede durante la grande persecuzione dei cristiani. Di conseguenza, fu martirizzato nel 304 d.C., decapitato sulla Via Aurelia. La sua incrollabile fedeltà alle sue convinzioni di fronte alla morte lo rese rapidamente venerato come santo.

Il legame tra San Pancrazio e Taormina nasce da una leggenda che si discosta dalla narrazione storica comunemente accettata. Secondo la tradizione locale, Pancrazio nacque ad Antiochia e viaggiò a Gerusalemme con i suoi genitori durante il ministero di Gesù. Dopo il battesimo della sua famiglia ad Antiochia,

Pancrazio si ritirò in una grotta nel Ponto. Si racconta che San Pietro lo scoprì lì e successivamente lo inviò in Sicilia per diventare il primo vescovo di Tauromenium (l'antico nome di Taormina) nel 40 d.C.

Questa versione della storia si conclude con Pancrazio lapidato a morte dai pagani contrari alla nuova fede cristiana. Sebbene questo racconto differisca dalla narrativa romana più diffusa, sottolinea il profondo legame percepito dalla gente di Taormina con il suo santo patrono.

La Festa di San Pancrazio viene celebrata a Taormina da secoli, con origini probabilmente risalenti al periodo medievale, quando la venerazione dei santi divenne una parte centrale della pratica cristiana in Europa. Nel tempo, la festa si è evoluta, incorporando vari elementi culturali pur mantenendo il suo significato religioso fondamentale.

In passato, la celebrazione era prevalentemente un affare religioso, incentrato sulla chiesa e caratterizzato da processioni solenni e preghiere. Nei secoli, ha incluso anche elementi più profani.

La longevità della festa e la sua continua importanza per il popolo di Taormina dimostrano l'influenza duratura delle tradizioni religiose nella formazione dell'identità culturale. È un legame vivente con il passato della città, che collega i residenti odierni con innumerevoli generazioni che hanno onorato San Pancrazio prima di loro.

Eventi e Programma della Festa

La Festa di San Pancrazio si svolge normalmente il 9 luglio, il giorno tradizionalmente associato al martirio di San Pancrazio. Tuttavia, le celebrazioni spesso si estendono per diversi giorni, creando un'atmosfera festosa in tutta Taormina.

9 Giorni di Preghiera

La festa inizia con una novena, nove giorni di preghiera che precedono la celebrazione principale. Durante questo periodo, i fedeli si riuniscono ogni sera nel Duomo di Taormina per messe speciali e devozioni a San Pancrazio.

8 Luglio

La vigilia della festa, l'8 luglio, l'entusiasmo cresce con l'illuminazione della città. Le strade e gli edifici vengono decorati con elaborate luminarie, creando un'atmosfera magica che preannuncia il giorno della festa.

9 Luglio

5:30 Messa all'alba nel Duomo di Taormina

La celebrazione inizia con una messa mattutina nel duomo, che attira devoti locali e pellegrini.

7:00 - 12:00 Messe aggiuntive

Una serie di messe viene celebrata durante la mattinata per accogliere l'afflusso di pellegrini dai paesi vicini.

16:00 - 17:00 Grande Processione

Il momento clou della giornata, la grande processione con una statua o una reliquia di San Pancrazio, inizia nel tardo pomeriggio. La processione attraversa le storiche strade di Taormina, facendo soste in chiese e luoghi significativi per preghiere e benedizioni.

19:00 - 20:00 Ritorno al Duomo

La processione si conclude al duomo, dove vengono impartite le ultime benedizioni.

20:30 Musica siciliana e danze popolari

Piazza IX Aprile diventa il centro delle esibizioni di musica tradizionale siciliana e danze popolari, con stand gastronomici che offrono specialità locali.

22:00 Spettacolo pirotecnico

La giornata si conclude con uno straordinario spettacolo di fuochi d'artificio sul Mar Ionio, visibile da vari punti panoramici di Taormina.

Come sempre, è meglio verificare localmente vicino all'evento o presso l'ufficio turistico di Taormina per il programma più accurato. Questo schema fornisce una previsione basata su come simili feste siano solitamente strutturate in Sicilia.

La Festa di San Pancrazio è sia un evento religioso che una celebrazione della cultura e della comunità di Taormina. Mostra le tradizioni siciliane, rendendola unica.

Un punto forte è la creazione di tappeti di fiori lungo il percorso della processione. Artisti locali e volontari collaborano per disegnare questi intricati allestimenti, onorando il santo e mostrando la loro creatività.

La festa è anche un'occasione di ritorno a casa per molti che hanno lasciato Taormina per lavoro o altri motivi. Le famiglie si riuniscono, e la popolazione della città cresce man mano che le persone tornano per onorare il loro santo patrono e riconnettersi con le proprie radici.

Per i visitatori, la Festa di San Pancrazio offre un'opportunità unica per assistere alle vive tradizioni della Sicilia. Fornisce una finestra sulla profonda fede, sulla ricca cultura e sulla calorosa ospitalità che caratterizzano questo angolo d'Italia. La combinazione di devozione religiosa, rievocazioni storiche, musica e danze tradizionali, e delizie culinarie crea un'esperienza multisensoriale che cattura l'essenza della vita siciliana.

Dolce Tipico della Festa
Cucciddati di San Pancrazio

Il cibo gioca un ruolo fondamentale nella festa. Le famiglie preparano ricette tradizionali riservate a questa occasione. Una specialità è il "cucciddati di San Pancrazio," un dolce ripieno di fichi, noci e spezie (forse con un tocco di liquore o vino Marsala).

L'impasto ripieno viene arrotolato, tagliato in biscotti individuali, poi glassato e decorato con zuccherini colorati.Questa prelibatezza simboleggia l'abbondanza e le benedizioni ottenute per intercessione del santo.

Giro a Piedi di Taormina – Giorno 1

#1. Porta Catania

Porta Catania è un punto d'ingresso fondamentale al centro storico. Porta Catania si trova all'estremità meridionale di Corso Umberto, la via principale di Taormina e strada pedonale. Il portale gotico del XIV secolo è una struttura in pietra con un ampio arco che attraversa la strada. La città vecchia ha due porte principali: questa e Porta Messina. Nel Medioevo, gli abitanti costruirono Porta Catania come misura difensiva, fortificando la città con mura e porte per respingere le invasioni. Sebbene delle ristrutturazioni siano avvenute nei secoli, la struttura attuale conserva il suo fascino e il suo significato storico.

#2. Palazzo Duca di Santo Stefano

Il palazzo è annesso a Porta Catania. I suoi elementi distintivi, come le finestre gotiche, le merlature a coda di rondine e i dettagli in pietra, lo rendono facilmente riconoscibile. Oltre a ospitare concerti, la Sala Grande espone sculture di Giuseppe Mazzullo (1913–1988) in due sale separate. Giuseppe Mazzullo era uno scultore siciliano noto per le sue opere espressive e astratte che riflettono spesso il paesaggio naturale e il patrimonio culturale della Sicilia. Nato a Graniti, un piccolo paese vicino a Taormina, Mazzullo ha lavorato ampiamente con la pietra, in particolare con la lava e la pietra arenaria, creando sculture che evocano una profonda connessione con la bellezza selvaggia della sua terra natale.

Volta passato attraverso la porta, ti troverai su Corso Umberto. Segui questa strada per un minuto e ti ritroverai in Piazza del Duomo, dove la Cattedrale gotica e rinascimentale ti aspetta sulla tua destra.

#3. Il Duomo di Taormina

Nel XIII secolo, i costruttori eressero la Cattedrale, fondendo elementi architettonici romanici e gotici. Le consuetudini di riciclare dei costruttori dell'epoca suggeriscono che le colonne nelle navate probabilmente provengono dall'antico anfiteatro. Portali in stile rinascimentale furono aggiunti durante una parziale ricostruzione nel XV secolo.

Duomo di Taormina

Gli artigiani del XVII secolo trasformarono l'edificio aggiungendo un portale barocco, posizionando mense di marmo lungo le pareti e costruendo cappelle nelle absidi laterali.

"Il Duomo-fortezza" divenne il soprannome della chiesa a causa della sua architettura severa e degli elementi di fortificazione esterni. Le merlature coronano la facciata della chiesa, mentre una torre bastionata sul retro fungeva da campanile, a partire dal 1750. Il tour prosegue lungo Corso Umberto, una strada pittoresca dove i negozi sono pieni di prodotti locali come ceramiche siciliane, dolci, gelato, scarpe e abbigliamento. È la Rodeo Drive di Taormina. Passando attraverso un'altra porta, ti troverai in una piazza che offre splendide vedute del mare. Qui si trovano la Torre dell'Orologio e la Porta di Mezzo.

#4. Piazza IX Aprile

Perché la piazza si chiama 9 Aprile? Il 9 aprile 1860 circolò a Taormina una voce secondo cui Giuseppe Garibaldi era arrivato a Marsala per iniziare la sua missione di unificare l'Italia. Il movimento del Risorgimento cercava di unificare gli stati italiani in una singola nazione, e questo evento ha avuto un ruolo in tale processo.

Sebbene la voce fosse falsa (Garibaldi in realtà arrivò l'11 maggio 1860), suscitò grande scalpore ed entusiasmo nella regione, dato che molti siciliani erano favorevoli all'unificazione. La notizia suscitò tanto entusiasmo e una tale risposta pubblica che la piazza di Taormina fu successivamente chiamata con il nome della data, il 9 aprile.

#5. Chiesa di San Giuseppe

In una delle pittoresche piazze di Taormina, la Chiesa di San Giuseppe si erge come testimonianza del ricco patrimonio religioso della città. Costruita nei secoli XVII e XVIII dalla Confraternita delle Anime del Purgatorio, questa chiesa offre ai visitatori uno spunto affascinante sulla storia di Taormina. La facciata della chiesa mostra un'armonica combinazione di materiali, tra cui la pietra di Siracusa, pietra locale con tonalità bianche, grigie e rosa, e intonaco tenue. Questa combinazione crea un elegante contrasto cromatico che esalta il fascino visivo della chiesa. L'obiettivo della Confraternita sulle anime del purgatorio si riflette negli elementi decorativi della chiesa. In tutto l'edificio, si possono trovare iscrizioni, stemmi, sculture, bassorilievi, motti e figure allegoriche, molte delle quali contengono immagini associate al fuoco o alla purificazione, simboleggiando la purificazione delle anime.

#6. Ex Chiesa di Sant'Agostino

L'edificio con la facciata gialla in questa piazza era un tempo una chiesa, ma non è più consacrato né sacro. Entra e scopri le mostre. Se ti senti surriscaldato, è il posto perfetto per rinfrescarti.

#7. Odeon

L'Odeon, una versione più piccola, o uno spazio di prova, di un teatro greco all'aperto risalente al 21 a.C., si trova dietro la chiesa. Puoi salire, sederti e stare dove vuoi.

Ritornate su Corso Umberto, dove troverete Palazzo Corvaja.

#8. Palazzo Corvaja

Palazzo Corvaja, un edificio storico del X secolo, incarna la ricca fusione dell'architettura normanno-araba che ha caratterizzato la Sicilia medievale. La sua solida costruzione in pietra e le pareti lisce e prive di ornamenti riflettono la praticità e la natura difensiva dell'epoca. Una delle sue caratteristiche più distintive è la torre, simbolo sia di scopi residenziali che difensivi per le famiglie nobili.

Le finestre e le porte ad arco mostrano l'influenza degli stili normanno e arabo, combinando forza strutturale con fascino estetico. Anche uno sguardo all'esterno offre uno spunto affascinante sul patrimonio medievale della Sicilia.

#9. Piazza Vittorio Emanuele II anche chiamata Piazza Badia

Invece di proseguire su Corso Umberto, gireremo a destra in Piazza Badia e prenderemo la strada verso il Teatro Greco. Quando la strada finisce, sarete presso il botteghino e l'ingresso del Teatro Greco.

#10. Teatro Greco di Taormina

Se non stai partecipando a un tour guidato, è altamente consigliabile acquistare i biglietti in anticipo per il Teatro Greco, per evitare di dover fare la fila. Puoi anche optare per un'audio guida. Il Teatro Greco offre viste mozzafiato sull'Etna e sul Mar Ionio, rendendolo uno dei teatri antichi più iconici e ben conservati della Sicilia.

Oggi, il teatro ospita concerti, spettacoli teatrali ed altri eventi, unendo il suo lascito storico con le performance moderne, inclusi gli spettacoli del Festival Taormina Arte. Durante la nostra visita, erano in corso i preparativi per uno spettacolo, ed è stato suggestivo vedere un sito così storico ancora attivamente utilizzato. Dedica un'ora al Teatro Greco, specialmente per scattare foto. C'è un caffè dove puoi gustare colazione, pranzo e aperitivo, tutto mentre ti godi la vista panoramica.

Teatro Greco

Il Teatro Greco di Taormina, una magnifica reliquia dei tempi antichi, si erge come uno dei siti archeologici più impressionanti della Sicilia. Costruito nel III secolo a.C., questa straordinaria struttura si ritiene essere opera degli antichi Greci, probabilmente eretta sul sito di un precedente tempio siciliano-greco. Fedeli alle pratiche architettoniche greche, i costruttori del teatro lo scolpirono sapientemente nella curva naturale di Monte Tauro, sfruttando l'acustica naturale e la topologia della collina.

La struttura del teatro è una testimonianza dell'ingegneria antica e della visione artistica. Con un diametro di circa 109 metri (358 piedi), esemplifica la caratteristica forma a ferro di cavallo tipica dell'architettura dei teatri greci. L'area per gli spettatori è suddivisa in tre sezioni principali: il diazoma, la cavea inferiore e la cavea superiore, che insieme possono ospitare fino a 5.400 spettatori. Questa disposizione non solo offriva ampio spazio per il pubblico, ma garantiva anche che ogni spettatore avesse una vista perfetta delle performance.

Lo Sfondo

Una delle caratteristiche più straordinarie del teatro è il suo sfondo mozzafiato. Mentre gli spettatori si trovano di fronte al palco, possono godere di una vista panoramica sul Mar Ionio, con l'imponente Monte Etna che si staglia in lontananza. Questo scenario naturale, combinato con la bellezza architettonica del teatro, crea un'ambiente meraviglioso che ha affascinato i visitatori per secoli.

L'area del palco (skene) e la fossa dell'orchestra (orchestra) sono in ottime condizioni, permettendo ai visitatori moderni di immaginare facilmente le grandiose performance che un tempo si svolgevano qui. L'eccezionale acustica del teatro, una caratteristica dell'ingegnosità architettonica greca, continua a impressionare. Anche senza la tecnologia di amplificazione moderna, i suoni provenienti dal palco possono essere chiaramente ascoltati in tutta l'area degli spettatori, a testimonianza della comprensione avanzata della propagazione del suono posseduta dagli architetti greci antichi.

Oggi, il Teatro Greco di Taormina non è solo un notevole sito archeologico, ma anche un luogo vivo. Continua ad ospitare vari eventi culturali, tra cui spettacoli teatrali, concerti e festival cinematografici, colmando il divario tra le sue origini antiche e l'uso contemporaneo. L'utilizzo continuo di questo spazio per l'espressione artistica crea una connessione unica tra passato e presente, permettendo ai visitatori di vivere il teatro proprio come facevano gli spettatori antichi oltre duemila anni fa.

Come uno dei punti di riferimento più iconici di Taormina, il Teatro Greco attira turisti da tutto il mondo. È un potente promemoria del ricco patrimonio culturale della Sicilia e dell'eredità duratura della civiltà greca antica sull'isola. Che si tratti di un appassionato di storia, di un amante dell'architettura o semplicemente di un viaggiatore in cerca di vedute mozzafiato, il Teatro Greco di Taormina offre un'esperienza indimenticabile che fonde perfettamente significato storico e bellezza naturale.

Giro a Piedi di Taormina – Giorno 2

#1. Chiesa di San Pancrazio

Inizia la tua giornata alla Chiesa di San Pancrazio, situata nel cuore di Taormina. Questa chiesa, dedicata a San Pancrazio, un martire dell'epoca cristiana primitiva, si crede abbia radici medievali, risalendo forse all'epoca normanna (secoli XI-XII). Prenditi del tempo per ammirare la sua architettura e scoprire il suo significato storico.

#2. Villa Comunale

Dalla Chiesa di San Pancrazio, fai una breve passeggiata fino alla Villa Comunale. Questo giardino pubblico offre splendide viste panoramiche sul Mar Ionio, la Baia di Naxos e l'Etna, il vulcano attivo più alto d'Europa. Goditi una passeggiata rilassante tra la lussureggiante vegetazione, i fiori vivaci e le piante esotiche. Questo rifugio tranquillo nel centro storico è accessibile gratuitamente tutto l'anno e rappresenta il luogo perfetto per una pausa mattutina o un picnic.

#3. Madonna della Rocca e Via Circonvallazione

Dopo aver goduto della Villa Comunale, preparati per un po' di camminata. Dirigiti verso la collina sopra Taormina per visitare la Madonna della Rocca. Questa cappella è scolpita in maniera unica nella roccia della montagna. Man mano che sali, seguirai Via Circonvallazione. Se sei pronto per un'escursione più impegnativa, continua oltre la cappella lungo il sentiero che porta al Castello di Taormina. Situato a un'altitudine di 398 metri sul Monte Tauro, questo castello sull'antica Acropoli greca offre vedute mozzafiato dalla sua torre. La strada tortuosa che parte dalla Circonvallazione continua fino al bellissimo villaggio montano di Castelmola, se desideri esplorare ulteriormente.

#4. Isola Bella

Per l'ultima tappa della giornata, scendi verso la Baia di Mazzarò per visitare Isola Bella, conosciuta come "La Perla del Mar Ionio". Questa piccola isola è collegata alla terraferma da una stretta lingua di sabbia durante la bassa marea, permettendoti di attraversarla a piedi.

Isola Bella, una riserva naturale famosa per le sue acque cristalline, la fauna selvatica diversificata e i paesaggi mozzafiato, offre una varietà di attività per i visitatori. Le acque calme e turchesi sono ideali per fare il bagno, mentre lo snorkeling intorno all'isola rivela una vita marina vivace e una flora sottomarina colorata. I bagnanti possono rilassarsi sulla spiaggia di ciottoli o noleggiare lettini e ombrelloni per godersi il sole siciliano. Per chi preferisce esplorare, una breve passeggiata naturalistica intorno all'isola offre l'opportunità di ammirare la vegetazione lussureggiante e osservare specie di uccelli locali. Gli appassionati di fotografia troveranno molti panorami da immortalare, dalla costa agli splendidi dintorni azzurri dell'isola. I visitatori possono anche esplorare un piccolo museo ospitato in una villa del XIX secolo, che offre uno spunto sulla storia dell'isola e sul suo precedente proprietario privato.

I tour in barca che partono dalla spiaggia offrono l'opportunità di scoprire grotte vicine e baie nascoste lungo la splendida costa. Trascorri il resto del pomeriggio qui, godendoti la spiaggia e i bellissimi dintorni. Quando la giornata volge al termine, potresti voler fare un aperitivo in uno dei bar sulla spiaggia vicini, guardando il tramonto sul Mar Ionio - una fine perfetta per il tuo tour a piedi di Taormina.

Nota: Il cammino da Madonna della Rocca a Isola Bella comporta una discesa significativa. Potresti prendere in considerazione di prendere un autobus o una funivia per scendere fino alla Baia di Mazzarò se preferisci non camminare.

Quando visiti Isola Bella, è una buona idea portare o noleggiare scarpe da acqua, poiché la spiaggia è di ciottoli e la riva può essere rocciosa. Se ti piace fare snorkeling, porta la tua attrezzatura o noleggiala sul posto per esplorare la vita marina. Assicurati di portare contanti per i noleggi sulla spiaggia, come lettini e ombrelloni, oltre che per i ristori. Poiché Isola Bella è una riserva naturale protetta, ricordati di rispettare l'ambiente e di portare via ogni rifiuto.

Feste e Sagre di Taormina durante l'anno

Sagra della Mandorla

Febbraio (generalmente a metà mese)

La Sagra della Mandorla celebra il ricco patrimonio agricolo della Sicilia, in particolare le sue famose mandorle. Le mandorle sono state coltivate in Sicilia fin dall'antichità, introdotte dai Greci e poi sviluppate dagli Arabi. La sagra nasce come celebrazione della fine della raccolta delle mandorle ed è diventata un importante evento culturale.

Durante la sagra, le strade di Taormina si riempiono del dolce aroma delle mandorle. I visitatori possono degustare dolci a base di mandorle, tra cui la famosa frutta di marzapane siciliana, pasticcini alle mandorle e la rinfrescante granita alle mandorle. I produttori locali espongono i loro prodotti, offrendo l'opportunità di acquistare mandorle di alta qualità e derivati.

La sagra include anche musica e danze popolari siciliane, aggiungendo un'atmosfera festosa. Eventi culturali, come mostre sulla storia della coltivazione delle mandorle in Sicilia e dimostrazioni culinarie di ricette tradizionali a base di mandorle, aggiungono un elemento educativo alla celebrazione. La Sagra della Mandorla non è solo un evento gastronomico, ma anche una vivace espressione della cultura e delle tradizioni siciliane.

Festa dei Carretti Siciliani

Venerdì di maggio, settembre e ottobre

La Festa dei Carretti Siciliani celebra uno dei simboli più iconici della Sicilia: i colorati carretti trainati da cavalli. Questi carretti, conosciuti come "carretto siciliano", risalgono all'inizio del XIX secolo. Originariamente utilizzati per il trasporto di merci e persone, si sono evoluti in vere opere d'arte, con dipinti intricati che raffigurano eventi storici, scene popolari e temi religiosi.

Caretto Siciliano

Durante la festa, Taormina diventa una vetrina dell'arte popolare siciliana. I carretti colorati con intricati decori sfilano per la città. I cavalli, adornati con vivaci decorazioni e finimenti tintinnanti, trainano questi carretti. I conducenti, vestiti con costumi tradizionali siciliani, aggiungono spettacolarità all'evento.

La festa è anche un piacere per le orecchie. La musica tradizionale siciliana riempie l'aria. I canti popolari e il ritmo degli zoccoli creano un'atmosfera vivace. Gli artigiani dimostrano le loro abilità nella decorazione e manutenzione dei carretti, offrendo uno sguardo su questa tradizione unica.

La Festa dei Carretti Siciliani è un vivido promemoria del ricco patrimonio culturale e delle tradizioni artistiche della Sicilia, permettendo a locali e turisti di fare un tuffo nel passato e sperimentare un pezzo di storia vivente.

Taormina Jazz Festival

Agosto (generalmente dura una settimana)

Il Taormina Jazz Festival, istituito verso la fine del XX secolo, è diventato uno degli eventi musicali più attesi in Sicilia. Riunisce rinomati musicisti jazz dall'Italia e dal mondo, creando un crogiolo di stili musicali e scambi culturali.

Il festival sfrutta le splendide location di Taormina, con concerti che si tengono in vari luoghi scenografici della città. L'antico Teatro Greco, con il suo spettacolare sfondo del Mar Ionio e dell'Etna, spesso funge da palco principale, offrendo un'ambientazione indimenticabile per le esibizioni serali.

Durante la settimana, i visitatori possono godere di una vasta gamma di stili jazz, dal tradizionale al contemporaneo, dal fusion all'avanguardistico. Oltre ai concerti principali, il festival spesso include jam session, lezioni e laboratori, offrendo l'opportunità agli appassionati di jazz e ai musicisti emergenti di imparare da e interagire con artisti affermati.

Taormina Gourmet

Ottobre (generalmente dura diversi giorni)

Il Taormina Gourmet è un'aggiunta relativamente recente al calendario delle feste siciliane, ma è rapidamente diventato uno degli eventi culinari più attesi della regione. Lanciato nei primi anni 2010, questa festa celebra il ricco patrimonio gastronomico della Sicilia, mettendo in mostra anche approcci innovativi alla cucina tradizionale.

La festa riunisce chef di alto livello, produttori alimentari, viticoltori ed appassionati di gastronomia da tutta Italia e oltre. Offre un'ampia gamma di eventi, tra cui dimostrazioni culinarie, degustazioni di vini, mercati alimentari ed esperienze culinarie gourmet. I visitatori possono osservare chef acclamati preparare piatti esclusivi, spesso con ingredienti locali e di stagione.

La festa include anche tavole rotonde e conferenze su temi legati alla gastronomia, alla sostenibilità nella produzione alimentare e al futuro della cucina siciliana. Questi eventi offrono un palco per i professionisti del settore per scambiarsi idee e per il pubblico per acquisire una comprensione più approfondita delle tendenze e tradizioni culinarie.

Opzioni per Gite di un Giorno: Siti, Città e Paesi Vicini

Giardini Naxos. Distanza da Taormina: 6 chilometri (circa 4 miglia). Giardini Naxos è una cittadina costiera situata appena a sud di Taormina, famosa per le sue splendide spiagge e per la sua rilevanza storica come una delle prime colonie greche in Sicilia. Questa affascinante destinazione balneare offre un perfetto equilibrio tra storia e relax. Tra i luoghi da visitare ci sono il Parco Archeologico di Naxos, la spiaggia di Recanti, il Museo e l'Area Archeologica di Naxos e il Castello di Schisò, una fortezza del XVI secolo che domina la baia.

Castelmola. Distanza da Taormina: 5 chilometri (circa 3 miglia). Castelmola è un pittoresco villaggio medievale situato su una collina sopra Taormina. Conosciuto per le sue spettacolari viste panoramiche sull'Etna e sul Mar Ionio, questo affascinante borgo offre uno spunto sulla vita tradizionale siciliana. I luoghi da visitare includono: il Castello di Castelmola, Piazza Sant'Antonio, la Chiesa Madre di San Nicola di Bari e una sosta al Bar Turrisi, famoso per il suo unico vino di mandorla e per il suo arredamento particolare.

Forza d'Agrò. Distanza da Taormina: 16 chilometri (circa 10 miglia). Forza d'Agrò è un altro affascinante paese collinare che offre spettacolari viste sulla costa e uno spunto sulla vita tradizionale siciliana. Come Savoca, è stato anche utilizzato come location per le riprese della trilogia de "Il Padrino". I luoghi da visitare includono il Castello Normanno, la Chiesa Madre, Piazza Carullo e il

Convento Agostiniano, un convento del XVI secolo con un suggestivo chiostro ottagonale.

Location per le riprese de Il Padrino a Forza d'Agrò:

Ingresso al paese:Avvicinandosi a Forza d'Agrò, si riconosce l'iconico ingresso presente in "Il Padrino - Parte III." Questo è dove Michael Corleone, accompagnato dalle sue guardie del corpo, viene visto arrivare in Sicilia. La scena, che stabilisce il luogo per le successive sequenze siciliane del film, cattura l'essenza di un tradizionale borgo siciliano e prepara lo scenario per i drammatici sviluppi della trama.

Chiesa di Sant'Agostino:L'imponente esterno della Chiesa di Sant'Agostino svolge un ruolo significativo sia in "Il Padrino" che in "Il Padrino - Parte III." Nel primo film, funge da sfondo per le scene con Michael Corleone (interpretato da Al Pacino) durante il suo soggiorno in Sicilia. Successivamente, nella Parte III, è nuovamente visibile quando Vincent Mancini (interpretato da Andy Garcia) visita il paese. La facciata imponente della chiesa e la piazza circostante creano un potente legame visivo con le radici siciliane della famiglia Corleone.

Le strade del borgo:Passeggiando per Forza d'Agrò, ci si immerge nelle stesse stradine strette e tortuose che hanno fatto da sfondo alla cittadina di Corleone in tutta la trilogia. Queste vie autentiche e incontaminate, fiancheggiate da architetture tradizionali, hanno fornito lo sfondo ideale per i vari membri della famiglia Corleone e i loro associati mentre giravano per la città.

Il valore senza tempo di queste strade ha aiutato il regista Francis Ford Coppola a creare un'ambientazione siciliana vivida e credibile, che è stata essenziale per l'atmosfera del film. Questi luoghi, sia a Savoca che a Forza d'Agrò, sono stati scelti dal regista Francis Ford Coppola per la loro atmosfera siciliana autentica e incontaminata, contribuendo a creare un vivido senso di appartenenza che è così decisivo per le sequenze siciliane della trilogia "Il Padrino."

Logistica

Treno: La stazione ferroviaria si trova nella città costiera di Giardini Naxos. E' a circa 3-5 chilometri (2-3 miglia) dal centro, a seconda del punto di partenza. È una stazione pittoresca, e la linea ferroviaria corre proprio lungo il mare.

Autobus: Interbus gestisce autobus regolari che collegano Taormina a città vicine e attrazioni come Catania, Messina, Giardini Naxos e l'Etna. Gli autobus offrono anche un pratico trasferimento all'aeroporto di Catania-Fontanarossa.

Autobus locali: Gli autobus operano all'interno di Taormina e verso località vicine, tra cui Isola Bella e la stazione ferroviaria Taormina-Giardini. ASM Taormina gestisce un servizio navetta che collega i principali punti della città, come il centro storico, la funivia e la stazione ferroviaria.

Funivia: La funivia di Taormina collega il centro città alle aree balneari sottostanti, in particolare Mazzarò e Isola Bella. Il tragitto dura solo pochi minuti e offre splendide vedute della costa. È un modo comodo per spostarsi tra la spiaggia e il centro senza guidare.

Auto: Per raggiungere Taormina in auto da Catania, si può percorrere l'autostrada A18/E45 verso Messina. Il viaggio dura circa 45 minuti e offre viste mozzafiato sulla costa.

Parcheggio: Porta Catania Parking – Situato vicino all'ingresso sud di Taormina, questo parcheggio è comodo per accedere al centro storico, tra cui Corso Umberto e le attrazioni vicine.

Lumbi Parking – Al confine nord del paese, offre un servizio navetta per Porta Messina e il centro della città.

Consigli per mangiare

Bam Bar. Indirizzo: Via di Giovanni, 45.

Il Bam Bar è un caffè popolare e colorato situato nelle affascinanti strade di Taormina.

Bam Bar

Conosciuto principalmente per le sue eccezionali granite, questa istituzione locale serve prelibatezze rinfrescanti dal 1967. L'arredo vivace e rétro del bar, con ceramiche siciliane dipinte a mano, crea un'atmosfera allegra e accogliente. Sebbene le granite siano l'attrazione principale, con gusti che vanno dal tradizionale limone e mandorla a opzioni più uniche come pesca e pistacchio, il Bam Bar offre anche ottime brioche, gelati e caffè. È un luogo preferito sia dai locali che dai turisti per rinfrescarsi nelle calde giornate siciliane o per gustare una dolce colazione. Nonostante la sua popolarità, il Bam Bar mantiene un'atmosfera autentica e a conduzione familiare, rendendolo una tappa obbligata per chiunque voglia vivere un'autentica esperienza della cultura culinaria di Taormina.

Io e mio marito ci siamo recati ogni giorno per caffè, granita e brioche, godendoci l'atmosfera vivace e i tavoli all'aperto, perfetti per osservare la gente. Con la sua atmosfera accogliente, il personale cordiale e una varietà di bevande, tra cui caffè e succhi freschi, il Bam Bar è diventato una delle istituzioni più amate. Può diventare affollato, soprattutto in estate, quindi è consigliabile arrivare presto.

Pasticceria Minotauro. Indirizzo: Corso Umberto, 7

La Pasticceria Minotauro è una pasticceria molto amata situata sulla via principale di Taormina, Corso Umberto. Questa affascinante pasticceria delizia da decenni sia i locali che i visitatori con una varietà di dolci e pasticcini tipici siciliani. Conosciuta per l'uso di ingredienti di alta qualità e un approccio artigianale, Minotauro offre una selezione irresistibile di prelibatezze, tra cui cannoli, cassata, dolci alle mandorle e granite rinfrescanti.L'interno del negozio emana un fascino d'altri tempi con il suo arredamento classico e le vetrine piene di dolci colorati. Che tu stia cercando un espresso veloce con un pasticcino per iniziare la giornata, o una scatola di dolci da portare a casa come souvenir, la Pasticceria Minotauro offre un autentico assaggio della ricca eredità culinaria della Sicilia nel cuore di Taormina.

Ristorante Pizzeria Al Saraceno. Indirizzo: Via Bagnoli Croci, 84.

Il Ristorante Pizzeria Al Saraceno è un affascinante locale situato nel cuore di Taormina. Conosciuto per la sua cucina siciliana autentica e le pizze cotte nel forno a legna, questo ristorante offre un'esperienza culinaria deliziosa con una vista spettacolare.Io e mio marito abbiamo cenato al Ristorante Pizzeria Al Saraceno, in cima alla collina sopra la città, lungo la strada che porta al Castello di Taormina. Le viste sono mozzafiato in ogni momento della giornata. La sera in cui siamo arrivati in Sicilia, io e mio marito abbiamo camminato dal nostro Airbnb in Piazza Duomo, a 1,1 chilometri di distanza, una passeggiata di 23 minuti.

Pensavamo che non ci sarebbe stato alcun problema; avevamo passato tutta la giornata seduti sugli aerei e avevamo bisogno di fare un po' di movimento. Purtroppo, non sapevo che il percorso per la rinomata chiesa includesse scale a zig-zag. Dopo circa 500 gradini, mio marito ha raggiunto il culmine della sua frustrazione, ma ormai non c'era più via di ritorno. Avevamo faticato molto per salire fin lì, e il cibo era sicuramente meritato. Dopo aver terminato la nostra cena a quattro portate, un piatto di pesce per mio marito e pasta al pesto per me, lo staff ha chiamato un taxi per riportarci a Porta Catania.

La vista della baia dal nostro tavolo. Ne è valsa la pena, giusto?!

Dove dormire

Se arrivate per gli eventi della FestaFusion, consiglio almeno tre notti in città.

Hotel Metropole Taormina. Indirizzo: Corso Umberto, 154

Un hotel di lusso a 5 stelle nel cuore di Taormina che offre camere eleganti con splendide viste sul mare, una piscina sul tetto e una spa completa. Garantisce un soggiorno indimenticabile con servizi come Wi-Fi gratuito e aria condizionata.

Belmond Grand Hotel Timeo. Indirizzo: Via Teatro Greco, 59

Questo hotel storico a 5 stelle si trova accanto al Teatro Greco di Taormina, offrendo viste panoramiche sull'Etna e sul mare. Conosciuto per le sue sistemazioni lussuose, la cucina raffinata e i giardini squisiti, è uno degli hotel più prestigiosi di Sicilia.

Hotel Villa Paradiso. Indirizzo: Via Roma, 2

Un hotel a 4 stelle che offre splendide viste sul mare, una posizione centrale vicino alle principali attrazioni della città e ottime opzioni di ristorazione. L'hotel unisce il fascino classico ai comfort moderni, come l'aria condizionata e la colazione gratuita.

Hotel Taodomus. Indirizzo: Corso Umberto, 224

Un hotel a 3 stelle caldo e accogliente che offre camere confortevoli con vista sul mare. La sua atmosfera intima, unita a una terrazza panoramica, lo rende una scelta ideale per i viaggiatori in cerca di un tocco personale.

Nota: Queste sistemazioni si trovano lungo il percorso della processione della Festa di San Pancrazio.

La Facciata del Duomo

CAPITOLO UNDICI

Il Santo Nero di Naro

Festa di San Calogero

Dove: Naro

Quando: 15-25 giugno

Temperature medie durante la festa: Massima: 31°C (88°F). Minima: 20°C (68°F).

Scoprire Naro: Gemma barocca di Agrigento

Situata nel cuore della provincia di Agrigento in Sicilia, Naro si erge come un simbolo della ricca storia e del patrimonio culturale dell'isola. Questo affascinante borgo collinare, spesso trascurato dai turisti occasionali, offre uno sguardo sul passato autentico della Sicilia, con le sue tortuose strade medievali, l'imponente architettura barocca e le viste panoramiche sulla campagna circostante.

Le origini di Naro risalgono a tempi antichi, con alcuni storici che suggeriscono sia stata fondata dai Sicani, uno dei popoli indigeni più antichi della Sicilia.

Tuttavia, la sua storia documentata inizia nel periodo medievale. Il paese fiorì sotto il dominio arabo nel IX secolo, come suggerisce il nome, che deriva probabilmente dall'arabo *nahr* (fiume). Dopo la conquista normanna della Sicilia, Naro acquisì importanza come roccaforte strategica. La potente famiglia Chiaramonte lasciò un'impronta indelebile sulla città durante il XIV secolo, costruendo l'imponente castello che ancora oggi domina il profilo di Naro. Nel corso dei secoli, Naro passò sotto diverse dominazioni, tra cui quella spagnola, ciascuna delle quali lasciò strati di influenze culturali e architettoniche.

Naro si trova su una collina a circa 520 metri sul livello del mare, offrendo vedute mozzafiato del paesaggio siciliano circostante. La città è situata a circa 20 chilometri a est di Agrigento e della sua famosa Valle dei Templi e a circa 30 chilometri dalla costa mediterranea. La posizione strategica nel cuore dell'entroterra siciliano ha modellato la storia e il carattere della città. La città è circondata da dolci colline coperte di uliveti, vigneti e mandorleti, tipici del paesaggio siciliano. Il fiume Naro, da cui la città prende il nome, scorre vicino, contribuendo alla fertilità della terra.

Naro è una piccola città con una popolazione di circa 7.000 abitanti. Nonostante le sue dimensioni modeste, vanta un'impressionante serie di tesori storici e architettonici.

La Festa di San Calogero

La Festa di San Calogero a Naro è un importante evento religioso e culturale celebrato con grande passione e dedizione. A Naro, il culto del "Santo Nero" è profondamente radicato, poiché San Calogero è il patrono della città.

Dal 15 al 25 giugno, il Comitato Amici di San Calò organizza festeggiamenti gioiosi in tutta la città. La celebrazione inizia il 15 giugno, quando la statua del santo viene portata fuori dalla cripta sotto il Santuario, culminando nella grande celebrazione del 18 giugno.

In questa giornata, la statua viene trasportata con la "straula" o il "Carro dei Miracoli." I fedeli la trascinano con una corda lunga oltre 100 metri dal Santuario di San Calogero fino alla Chiesa Madre della città. Durante la processione i partecipanti gridano "Viva Diu e San Calò" ed è comune vederli camminare scalzi, talvolta affrontando le ripide salite della città per raggiungere il Santuario.

Come parte dell'evento, il pane viene benedetto per rappresentare le parti del corpo che San Calogero ha miracolosamente guarito. I devoti portano il pane al Santuario, conservandone una parte per condividerla e lasciando il resto per la distribuzione. Questa tradizione simboleggia i poteri di guarigione del santo e la fede della comunità.

Durante la celebrazione, si svolgono una fiera e un mercato nelle principali strade della città, insieme a eventi culturali come rappresentazioni teatrali medievali, concerti e altre attività. I festeggiamenti culminano in un grande spettacolo pirotecnico davanti al Santuario di San Calogero nella notte tra il 17 e il 18 giugno.

Oltre ai festeggiamenti di giugno, si tiene una processione l'11 gennaio per commemorare la protezione del Santo durante il potente terremoto del 1693, sottolineando ulteriormente il profondo legame tra il santo e la città.

Chi è San Calogero?

San Calogero, noto anche come San Calò, occupa un posto significativo nella tradizione cattolica siciliana. È spesso chiamato il "Santo Nero" per le sue origini africane. Nato in Nord Africa nel VI secolo, San Calogero giunse in Sicilia, dove divenne un eremita e un rinomato taumaturgo. Si stabilì in una grotta vicino a Naro e la sua fama crebbe grazie a guarigioni e atti di protezione. L'eredità di San Calogero è definita da interventi miracolosi, in particolare nella cura degli ammalati e nella protezione dei fedeli dalle disgrazie.

L'influenza di San Calogero rimane forte a Naro. La sua importanza è ulteriormente enfatizzata da due eventi storici significativi. Durante la peste del 1626, Suor Serafina Pulcella Lucchesi, una suora cappuccina, ebbe una visione di San Calogero mentre pregava nella sua caverna-santuario. In questa visione, il Santo le assicurò che Dio aveva ascoltato le sue preghiere e che la peste sarebbe presto finita. Inoltre, le cronache storiche attribuiscono a San Calogero il merito di aver salvato Naro dal devastante terremoto del 1693, consolidando ulteriormente il suo ruolo di protettore della città. Questi eventi hanno contribuito alla devozione duratura a San Calogero a Naro e in tutta la Sicilia, dove è venerato come un potente intercessore e guardiano. I miracoli a lui attribuiti, insieme alle sue umili origini e alla dedizione nel servire gli altri, hanno fatto di San Calogero una figura amata nelle tradizioni religiose e culturali siciliane, ispirando fede e speranza per secoli.

Calendario degli Eventi durante la Festa di San Calogero

Giorno 1: Sabato (vigilia della festa principale)

- **Mattina:** Le strade di Naro sono animate da bancarelle e venditori che offrono cibo tradizionale siciliano, artigianato e souvenir.

- **Pomeriggio:** Bande locali e musicisti si esibiscono nella piazza principale, intrattenendo sia i residenti che i visitatori.

- **Sera:** Molte persone devote partecipano alla Messa della Vigilia, un servizio religioso speciale che si tiene nella chiesa di San Calogero. La Processione a lume di candela è un evento solenne in cui i partecipanti portano candele, cantano inni e percorrono le strade in onore di San Calogero.

Giorno 2: Domenica (giorno della festa principale)

- **Mattina:** La chiesa di San Calogero celebra una messa solenne durante la quale il sacerdote benedice e distribuisce il pane ai presenti, simboleggiando le benedizioni di San Calogero.

- **Tarda mattina:** Le strade di Naro si animano con la processione di San Calogero. I devoti portano la statua sulle spalle durante la processione, che rappresenta uno degli eventi principali della festa. Preghiere, inni, campane e fuochi d'artificio arricchiscono l'atmosfera.

- **Sera:** La processione prosegue, facendo delle fermate in diverse zone del paese. I fedeli, lungo le strade, offrono preghiere e fiori. Musica popolare, danze e spettacoli teatrali sono tra gli eventi culturali organizzati nella piazza principale e in altri luoghi. I festeggiamenti della serata si concludono con uno spettacolo di fuochi d'artificio.

Dolce Speciale della Festa
Pane di San Calogero

A Naro, in Sicilia, la Festa di San Calogero non è solo una celebrazione religiosa, ma anche un evento gastronomico che mette in evidenza l'antica tradizione culinaria della regione. Al centro di questa tradizione c'è il Pane di San Calogero, un pane speciale che ha sia un significato simbolico che spirituale.

Il Pane di San Calogero è un pane unico, preparato appositamente per la festa. Ciò che rende questo pane speciale è la sua connessione con i miracoli del santo e la fede della comunità. I panettieri modellano il pane in varie forme, ognuna delle quali rappresenta diverse parti del corpo umano che si ritiene San Calogero abbia guarito. Le forme più comuni includono mani, piedi, occhi e orecchie, simboleggiando i poteri di guarigione del santo.

Il pane è preparato con grano siciliano tradizionale e spesso viene aromatizzato con ingredienti locali come semi di finocchio o olio d'oliva, conferendogli un gusto distintivo che riflette le tradizioni culinarie della regione. Prima della festa, le famiglie locali e le panetterie preparano grandi quantità di questo pane, considerando l'atto della panificazione come una forma di devozione e partecipazione alla celebrazione.

Durante la festa, il pane viene portato al Santuario di San Calogero, dove viene benedetto in una cerimonia speciale. Si crede che questa benedizione conferisca al pane proprietà curative. Dopo la benedizione, parte del pane viene distribuito ai fedeli, mentre il resto viene conservato dai proprietari per essere condiviso con familiari e amici.

La tradizione del Pane di San Calogero va oltre il semplice nutrimento; è una rappresentazione tangibile della fede della comunità, un simbolo dei miracoli del santo e un modo per il popolo di Naro di connettersi con il proprio patrimonio culturale e religioso. La condivisione di questo pane benedetto tra i membri della comunità rafforza anche i legami sociali e rinforza la natura collettiva della celebrazione.

Giorno 3: Lunedì (il giorno dopo la grande celebrazione)

- **Mattina:** Le persone celebrano una messa di ringraziamento nella chiesa di San Calogero per esprimere gratitudine per la buona riuscita della festa.

- **Pomeriggio:** Incontri comunitari uniscono i residenti per condividere pasti, socializzare e ristabilire legami tra di loro.

- **Sera:** Durante la cerimonia di chiusura, le autorità locali pronunciano discorsi e ci sono ultime esibizioni musicali e danze.

La Festa di San Calogero a Naro è una celebrazione vivace che mette in risalto la forte fede religiosa della città e le sue tradizioni culturali diversificate, offrendo un'esperienza indimenticabile sia per i locali che per i turisti.

Giro a Piedi di Naro

#1. Piazza Garibaldi

Inizia la tua giornata nel cuore di Naro, a Piazza Garibaldi, la piazza centrale. Questa vivace piazza è fiancheggiata da affascinanti caffè ed edifici storici. Prenditi un momento per immergerti nell'atmosfera animata, osserva i locali impegnati nelle loro attività quotidiane e, magari, gusta un espresso mattutino in uno dei caffè all'aperto. La piazza è spesso adornata da colorate composizioni floreali, che ne esaltano il fascino pittoresco.

#2. Chiesa Madre

A pochi passi dalla piazza principale, troverai l'imponente Chiesa Madre. La sua magnifica facciata barocca è un capolavoro di dettagliate lavorazioni in pietra, con colonne ornate, statue e un grande rosone centrale. Entra per ammirare l'opulento interno, decorato con affreschi, altari in marmo e bellissime vetrate colorate che creano una luce colorata lungo la navata.

#3. Castello Chiaramontano

Dalla Chiesa Madre, fai una breve passeggiata in salita attraverso le strette e tortuose stradine per raggiungere il Castello Chiaramontano. Questa fortezza medievale, situata sul punto più alto di Naro, offre una vista panoramica mozzafiato sui tetti in terracotta della città e sulla campagna siciliana circostante.

Costruito nel XIV secolo dalla potente famiglia Chiaramonte, le mura in tufo dorato del castello contrastano magnificamente con il cielo azzurro. Esplora la struttura irregolare del castello, frutto di aggiunte nei secoli. Non perdere la torre quadrata commissionata da Federico II d'Aragona nel 1330, ora parte integrante delle mura difensive. Passeggia lungo l'antico cammino di ronda, immaginando le guardie di secoli fa vigilare sulla città.

#4. Santuario di San Calogero

Scendi dal castello e dirigiti verso il Santuario di San Calogero. Questo luogo sacro, dedicato all'amato santo patrono di Naro, emana un'aria di tranquillità. L'architettura semplice ma elegante del santuario si distingue dall'opulenza della Chiesa Madre. All'interno, troverai un'atmosfera serena, ideale per la contemplazione silenziosa. Nota i numerosi ex voto e le offerte lasciate dai pellegrini, testimonianza della profonda fede e gratitudine della comunità locale.

#5. Palazzo Malfitano

Prosegui verso Palazzo Malfitano, un maestoso edificio che racconta la storia aristocratica di Naro. Il museo civico potrebbe offrire tour per esplorare l'interno e vivere l'esperienza dello stile di vita della nobiltà siciliana.

Naro è un paese ricco di altre chiese da visitare! Quindi durante la tua passeggiata, se altre chiese hanno le porte aperte, dai un'occhiata all'interno.

Feste a Naro durante l'anno

Festa della Madonna Addolorata

Venerdì Santo (durante la settimana di Pasqua)

La Festa della Madonna Addolorata è una celebrazione solenne e profondamente emozionante che si celebra il Venerdì Santo, come parte delle cerimonie della Settimana Santa di Naro. Al centro di questa festività c'è una processione che vede la statua della Madonna Addolorata portata per le vie di Naro.

La processione di solito inizia al tramonto, con i partecipanti vestiti con abiti tradizionali di lutto e con in mano candele, creando un'atmosfera carica di riflessione e raccoglimento. La statua della Madonna, vestita di nero per simboleggiare il suo dolore, è accompagnata dalle note struggenti delle marce funebri suonate dalle bande locali.

Festa di San Giovanni Battista

24 giugno

La Festa di San Giovanni Battista è una celebrazione gioiosa celebrata ogni anno il 24 giugno a Naro. Questa festa onora San Giovanni Battista, che detiene un posto speciale nella tradizione siciliana. La giornata inizia con una Messa solenne, seguita da una vivace processione per le strade del paese, con la statua del santo portata in giro.

Con il passare delle ore, l'atmosfera si fa sempre più festosa. La piazza principale si anima con la musica, che spazia dai canti popolari siciliani alle performance contemporanee. I gruppi folkloristici locali spesso eseguono danze tradizionali, aggiungendo colore ed energia alle celebrazioni.

Il cibo riveste un ruolo centrale nella festa, con venditori ambulanti e ristoranti locali che offrono una vasta gamma di prelibatezze siciliane. Piatti tradizionali associati alla festività come la pasta con le sarde e la cuccìa (un dolce a base di grano bollito) sono particolarmente popolari.

La serata solitamente si conclude con un'imponente spettacolo di fuochi d'artificio, che illumina il cielo notturno di Naro e segna il culmine dei festeggiamenti. Questa festa non celebra solo il santo, ma rappresenta anche un momento di unione per la comunità, un'opportunità per rafforzare i legami sociali e preservare le tradizioni locali.

Opzioni per Gite di un Giorno: Siti, città e paesi vicini

Ravanusa. 15 chilometri a nord di Naro. Questa piccola città dell'entroterra con una storia che risale al XVII secolo. Ravanusa è conosciuta per la produzione di olio d'oliva di alta qualità e mandorle, oltre che per il suo centro storico ben conservato, che offre ai visitatori uno spunto per scoprire la vita tradizionale siciliana.

- Chiesa Madre: Dedicata a San Giacomo, presenta un'imponente architettura barocca.

- Palazzo Bonaventura: Una residenza nobiliare che ora ospita la biblioteca e il centro culturale della città.

- Parco Archeologico di Ravanusa: Espone reperti della vicina antica città greca di Kaukana.

- Monte Saraceno: Offre viste panoramiche e ospita i resti di un'antica fortificazione.

Licata. 40 chilometri, circa 25 miglia, a sud-est di Naro. Questa cittadina costiera vanta una ricca storia che risale ai tempi dell'antica Grecia. Licata è conosciuta per le sue bellissime spiagge, il porto storico e i notevoli ritrovamenti archeologici. L'economia della città è basata sull'agricoltura, sulla pesca e, sempre più, sul turismo.

- Castel Sant'Angelo: Una fortezza spagnola del XVII secolo che domina il porto.

- Chiesa di Sant'Angelo: Ospita la famosa statua nera del santo patrono della città.

- Museo Archeologico: Espone importanti reperti provenienti dalla regione, tra cui la famosa Afrodita di Licata.

- Spiaggia Marianello: Una bellissima spiaggia sabbiosa, ideale per il relax.

Palma di Montechiaro: A 30 chilometri (19 miglia) ad est di Naro. Fondata nel XVII secolo dalla famiglia Tomasi, questa cittadina è famosa per essere l'ambientazione del romanzo *Il Gattopardo* di Giuseppe Tomasi di Lampedusa. Palma di Montechiaro offre una combinazione di architettura barocca e bellezze naturali.

Siti da visitare:

- Palazzo Ducale: La grandiosa residenza della famiglia Tomasi.

- Monastero del Rosario: Un convento di clausura ancora attivo oggi.

- Chiesa Madre dedicata a Maria Santissima del Rosario: Con una facciata barocca imponente.

- Castello Chiaramonte: Le rovine di un castello del XIV secolo con viste panoramiche.

Logistica

Treno: Naro non ha una propria stazione ferroviaria. La stazione principale più vicina è Agrigento Centrale, situata a circa 25 chilometri a sud-ovest di Naro. Da Agrigento, è possibile collegarsi ad altre località della Sicilia, tra cui Palermo, Catania e Siracusa. Tuttavia, sarà necessario organizzare un trasporto aggiuntivo da Agrigento a Naro.

Autobus: I servizi di autobus pubblici collegano Naro alle città e ai paesi vicini. La principale compagnia di autobus che serve l'area è SAIS Trasporti. Gli autobus effettuano corse regolari da e per Agrigento, con meno frequenti servizi verso altri paesi vicini. Si consiglia di controllare gli orari aggiornati, poiché possono variare stagionalmente. La fermata degli autobus a Naro si trova nel centro del paese, vicino a Piazza Garibaldi.

Auto: Guidare è spesso il modo più comodo per raggiungere ed esplorare Naro. La cittadina è accessibile tramite la strada SS576 da Agrigento. Se si proviene da Palermo o Catania, è necessario percorrere l'autostrada A19 e poi collegarsi alle strade locali. Noleggiare un'auto offre la flessibilità di esplorare Naro e i dintorni con calma.

Parcheggio: Parcheggiare a Naro può essere complicato, soprattutto nel centro storico, dove le strade sono strette. Ci sono alcune piccole aree di parcheggio intorno alla periferia del paese:

- **Piazza Padre Favara**: Una piccola area di parcheggio vicino al centro del paese.

- **Via Vittorio Emanuele**: Parcheggio su strada disponibile, ma i posti sono limitati.

- Nei pressi del **Castello Chiaramontano** si trova un'area di parcheggio comoda per chi visita i luoghi di interesse.

Consigli per mangiare

La Lanterna. Indirizzo: Via Armando Diaz, 7

Questa trattoria offre un'autentica esperienza culinaria locale con sapori tradizionali e un'atmosfera accogliente. Un luogo perfetto per gustare piatti classici preparati con ingredienti freschi e locali.

Al Gallo D'Oro. Indirizzo: Piazza Camillo Benso

Un locale popolare per la cucina siciliana e italiana, Al Gallo D'Oro serve deliziose pizze e specialità locali, apprezzato per il servizio cordiale e l'autenticità dei suoi piatti.

Dove dormire

Se si visita per la Festa di San Calogero, due notti sono sufficienti per assistere agli eventi, visitare i siti e anche fare un'escursione nei dintorni. Non ho trovato hotel direttamente sul percorso della processione a Naro.

Agriturismo Raffo. Indirizzo: Strada Provinciale 12

Un agriturismo a 4 stelle situato a 3 km da Naro, che offre splendide viste sulla campagna, una piscina, parcheggio gratuito ed un centro benessere. Gli ospiti possono vivere un'esperienza rurale autentica siciliana, rimanendo vicini a importanti attrazioni come la Valle dei Templi di Agrigento.

Dimora Virone. Indirizzo: Contrada Paradiso, 13

Un affascinante bed-and-breakfast che offre sistemazioni accoglienti e un'atmosfera tranquilla, ideale per chi cerca un soggiorno personalizzato e rilassante. Non si trova direttamente nel centro di Naro.

CAPITOLO DODICI

La Spettacolare Fragola di Maletto

Sagra della Fragola

Dove: Maletto, provincia di Catania.

Quando: Quando le fragole sono mature, fine giugno/inizio luglio.

Sito web dell'evento:

https://www.enjoysicilia.it/it/events/sagra-fragola-maletto/

Temperature medie durante la festa: Massime: 25°C - 30°C. Minime: 15°C - 20°C.

Scoprire Maletto: Sentinella del Monte Etna

Arroccato sui pendii nord-occidentali del Monte Etna, Maletto si erge come una silenziosa sentinella che domina il maestoso vulcano e il paesaggio siciliano circostante. Questo piccolo e pittoresco paese, spesso messo in ombra dai suoi vicini più famosi, offre ai visitatori uno sguardo autentico sulla vita rurale siciliana, incorniciata dal più grande vulcano attivo d'Europa.

La storia di Maletto è strettamente legata al periodo feudale della Sicilia. Sebbene l'area sia abitata fin dall'antichità, la città come la conosciamo noi oggi venne fondata nel 1263 da Manfredi Maletta, Conte di Mineo e Gran Cancelliere del Regno di Sicilia. Il nome del paese deriva proprio dal suo fondatore, testimoniando le sue origini feudali. Nei secoli, Maletto è passato di mano tra varie famiglie nobili, ognuna delle quali ha lasciato il proprio segno sullo sviluppo della città.

Maletto gode di una posizione unica a circa 960 metri sul livello del mare, rendendola una delle città più alte della provincia di Catania. Questa altitudine conferisce a Maletto un clima più fresco rispetto alle zone costiere, influenzando sia l'agricoltura che il suo fascino come rifugio estivo. Il paese si trova a 60 chilometri a nord-ovest di Catania ed è parte del Parco dell'Etna, la riserva naturale che circonda il vulcano. Il paesaggio di Maletto è caratterizzato da foreste lussureggianti, ricche soprattutto di querce e castagni, intervallate da terreni agricoli.

Maletto ha una popolazione di circa 3.500 abitanti.

La Sagra della Fragola

Maletto è un piccolo paese, ma ospita una sagra della fragola che è davvero straordinaria. Situato ai piedi dell'Etna, il terreno vulcanico di Maletto è ricco di nutrimenti, creando le condizioni ideali per coltivare fragole straordinarie, apprezzate per il loro sapore, profumo e colore vivace. Ogni anno dal 1987, Maletto si trasforma nella "Città delle Fragole," attirando centinaia di turisti e visitatori desiderosi di gustare questo frutto iconico al massimo della sua qualità.

La sagra dura tre giorni, solitamente da venerdì a domenica, e offre una festa sensoriale di esperienze a base di fragola. Non è solo una vetrina delle fragole pregiate del paese, ma un'immersione completa nelle tradizioni, nella gastronomia e nella cultura locali. Uno dei momenti clou della sagra è la creazione di una torta gigante alla fragola che pesa oltre mille chili, realizzata da fornai e pasticceri locali. Questa torta enorme viene orgogliosamente esposta e offerta cerimonialmente a tutti i partecipanti, simbolo dell'ospitalità di Maletto e della generosità delle sue terre.

Le Fragole di Maletto

Durante l'evento, le strade di Maletto si riempiono di bancarelle colorate dove i contadini locali espongono con orgoglio le loro fragole in varie forme: frutti freschi venduti in piantine e cassette, marmellate, sciroppi e dolci. Tra le creazioni dolci ci sono gelati alla fragola, delicati cannoli ripieni di fragola e cassate siciliane tradizionali arricchite con il sapore della fragola. I partecipanti possono gustare anche granite alla fragola, ricche crostate e pasticcini guarniti con coulis di fragola.

Per un tocco rinfrescante, provate le bevande alla fragola, inclusi cocktail e succhi freschi. Degustazioni gratuite invitano i visitatori a scoprire queste delizie evidenziando le diverse varietà di fragole, come la fragola "rifiorente," che matura da gennaio a dicembre, e la fragola tradizionale, nota per il suo sapore dolce e il profumo intenso.

Gli chef locali prendono anche il centro della scena, preparando piatti a base di fragole che spaziano da semplici dessert a ricette più creative e saporite, come risotti e insalate di fragole, dimostrando la versatilità di questo frutto.

La sagra non è solo un inno alle fragole, ma anche una celebrazione culturale di Maletto e dei suoi dintorni. I visitatori possono godere di musica tradizionale siciliana, spettacoli folcloristici e sfilate con abitanti vestiti in costumi colorati. Attività per bambini, dimostrazioni culinarie e visite guidate ai campi di fragole offrono opportunità educative e divertenti per le famiglie.

L'evento si conclude con un gran finale la domenica, spesso con fuochi d'artificio o un concerto che aggiunge un tocco festoso a questa amata tradizione annuale.

Celebrando le sue famose fragole, Maletto invita i visitatori a scoprire il fascino di un paese siciliano che trasforma le sue ricchezze agricole in un'esperienza dolce e condivisa.

Giro a Piedi di Maletto

#1. Castello di Maletto (Castello di Manfredi Maletta) Questo castello svevo-aragonese, costruito nel 1263 dal Conte Manfredi Maletta, serviva come torre fortificata per proteggere un'importante via commerciale tra Messina e Palermo. Il castello fu edificato sul sito di una precedente fortificazione arabo-normanna, nota come Torre del Fano, che probabilmente funzionava come torre di avvistamento.

Oggi i visitatori possono salire circa 100 gradini di legno per raggiungere le rovine, che offrono una vista panoramica mozzafiato sui Monti Nebrodi e sull'Etna. Il sito offre anche uno spaccato della vita militare medievale, essendo stato un tempo un importante baluardo difensivo per la Sicilia. Il castello è uno dei simboli più iconici di Maletto, incarnando la ricca storia del paese e la sua connessione con il paesaggio circostante.

#2. Chiesa di San Michele Arcangelo

La Chiesa Madre di Maletto, costruita nel XIX secolo, è dedicata ai Sacri Cuori di Gesù e Maria. In cima a una maestosa scalinata, la sua facciata si distingue per un suggestivo contrasto tra pietra lavica e intonaco bianco. All'interno, la chiesa presenta tre navate separate da colonne decorate finemente in stucco, oltre ad altari in marmo di stile neoclassico.

Di particolare interesse è il dipinto del XVIII secolo *Il Transito di San Giuseppe* di Marcello Leopardi. Questa chiesa è centrale per la vita spirituale del paese e la sua elegante architettura arricchisce il patrimonio culturale di Maletto.

#3. Chiesa di San Vincenzo Ferreri

Un altro importante luogo di culto a Maletto, la Chiesa di San Vincenzo Ferreri, è dedicata al santo patrono del paese, il cui culto è profondamente radicato nella tradizione locale. L'edificio sacro, situato nel cuore del centro storico, si distingue per la sua semplice ma suggestiva architettura, caratterizzata da una facciata sobria e da elementi decorativi tipici delle chiese siciliane.

La chiesa riveste un ruolo chiave nelle celebrazioni religiose del paese, in particolare durante la festa di San Vincenzo Ferreri, che si svolge ogni anno con grande partecipazione della comunità. I festeggiamenti includono solenni liturgie, processioni per le vie del paese e manifestazioni tradizionali che coinvolgono fedeli e visitatori. Durante la processione, la statua del santo viene portata in corteo dai devoti, tra canti, preghiere e il suono delle bande musicali.

Oltre alle celebrazioni patronali, la chiesa rappresenta un punto di riferimento per le attività spirituali e culturali della comunità locale. Qui si svolgono messe, eventi di catechesi, incontri di preghiera e momenti di aggregazione sociale. Inoltre, la sua posizione centrale la rende un luogo di raccoglimento per i malettesi e per i visitatori che desiderano scoprire il patrimonio religioso del paese.

La Chiesa di San Vincenzo Ferreri è, dunque, non solo un luogo di culto, ma anche un simbolo della devozione e dell'identità di Maletto, testimone di secoli di tradizioni che ancora oggi vengono tramandate con fede e passione.

Feste a Maletto durante l'anno

Estate Malettese

July and August

Concerti vari ed eventi in piazza che accompagnano la Sagra della Fragola.

Estate Malettese è un evento estivo a Maletto, in Sicilia, celebrato con una serie di attività e festeggiamenti che riflettono la vita culturale e sociale del paese. Solitamente organizzato tra luglio e agosto, include concerti all'aperto, spettacoli teatrali, mostre d'arte ed eventi sportivi, il tutto per unire la comunità locale e intrattenere i visitatori.

Spesso ci sono vari stand gastronomici che propongono la cucina tradizionale siciliana, permettendo ai partecipanti di assaporare piatti tipici. La festa promuove il patrimonio agricolo del paese, a volte con mercati o mostre dedicati alle famose fragole di Maletto e ad altri prodotti locali. Estate Malettese mette in risalto l'atmosfera culturale vivace e la bellezza paesaggistica della zona durante i mesi estivi.

Opzioni per Gite di Un Giorno: Siti, Città e Paesi Vicini

Lago Gurrida. 8 chilometri (5 miglia) a est. Un lago unico formatosi da colate laviche dell'Etna che hanno bloccato il fiume Alcantara.

Questo luogo tranquillo offre passeggiate naturalistiche lungo la riva, opportunità di birdwatching (dimora di varie specie di uccelli acquatici), aree picnic con vista sull'Etna e fioriture stagionali in primavera.

Randazzo. 11 chilometri (7 miglia) a nord-est. Un affascinante borgo medievale con un centro storico ben conservato. Le attrazioni principali sono:

- **Basilica di Santa Maria Assunta:** Splendida chiesa normanno-gotica del XIII secolo con dettagli architettonici intricati e di grande rilevanza storica.

- **Palazzo Clarentano:** Residenza nobiliare del XV secolo che testimonia lo splendore dell'epoca.

- **Chiesa di San Martino:** Conosciuta per la sua suggestiva architettura realizzata in pietra lavica nera, che riflette l'ambiente vulcanico del territorio.

- **Esperienze di Degustazione di Vini Locali:** Randazzo è rinomata per la sua produzione di vini DOC dell'Etna, offrendo ai visitatori l'opportunità di degustare sapori unici del territorio vulcanico.

Biancavilla. 31 chilometri (19 miglia) a sud-ovest. Una città nota per la sua architettura barocca e come porta d'ingresso alla Valle del Simeto. Punti di interesse:

- **Chiesa dell'Annunciazione:** Uno stupendo capolavoro barocco dal design elaborato e di grande importanza culturale.

- **Piazza Roma:** La vivace piazza principale, fiancheggiata da caffè accoglienti e un'atmosfera animata, ideale per immergersi nella vita locale.

- **Villa Comunale:** Bei giardini pubblici che offrono viste panoramiche sulla valle circostante e un luogo tranquillo per rilassarsi.

- **Pasticcerie Locali:** Conosciute per le loro squisite proposte. Prova i tradizionali biscotti "ossa di morto," un must per i visitatori.

Maniace. 15 chilometri (9 miglia) a nord-ovest. Una piccola città con un'affascinante storia normanna. Le attrazioni includono: l'Abbazia di Santa Maria di Maniace, un monastero normanno del XII secolo, il Castello di Maniace (rovine di un castello medievale), sentieri escursionistici sui Monti Nebrodi, produttori di formaggio locali famosi per la Provola dei Nebrodi.

Logistica

Treno: La Ferrovia Circumetnea a scartamento ridotto, corre intorno alla base dell'Etna, collegando diverse città. È un modo affascinante e rilassante per esplorare la regione. Il treno della Circumetnea si ferma alla stazione di Maletto, offrendo collegamenti con località come Randazzo e Catania.

Per collegamenti regionali e nazionali più ampi, le stazioni ferroviarie principali si trovano nelle città più grandi come Bronte o Catania.

Autobus: L'AST (Azienda Siciliana Trasporti) gestisce servizi di autobus che collegano Maletto con aree più grandi come Bronte, Randazzo e Catania. Gli orari possono variare, quindi è una buona idea verificare gli orari attuali.

Auto: Per raggiungere Maletto in auto, la principale autostrada dalla città più vicina, Catania, è la A18/E45. Da Catania, prendi l'A18 in direzione Messina, che dista circa 30 minuti di auto.

Parcheggio: Poiché Maletto è una piccola cittadina con una ZTL (zona a traffico limitato) nel suo centro storico, dovresti cercare parcheggio al di fuori dell'area limitata. Ci sono posti auto pubblici disponibili lungo Via Umberto, che si trova appena fuori dalla ZTL, ma ancora a breve distanza a piedi dal centro del paese.

Consigli per Mangiare

Pizzeria Il Canale. Indirizzo: Via Professore Putrino, 1

La pizzeria Il Canale offre una varietà di pizze appena sfornate con una crosta croccante e condimenti saporiti. È un luogo molto popolare tra i locali per pasti informali e da asporto, perfetto per chi cerca una pizza siciliana autentica.

Caffè e Pizzeria del Corso di Portale Vincenzo. Indirizzo: Via Umberto, 82/84

Questo caffè e pizzeria offre sia caffè che pizza, rendendolo un ottimo punto di riferimento per uno spuntino veloce o un pasto più sostanzioso. Servono pizza preparata con ingredienti freschi e c'è un'atmosfera accogliente per mangiare sul posto, con orari estesi per i visitatori serali.

Ristorante Fontana Murata. Indirizzo: SS 284 Km 8

Il Ristorante Fontana Murata è noto per la sua ampia gamma di piatti italiani e siciliani, offrendo sia piatti tradizionali che rivisitazioni moderne della cucina locale. È il posto ideale per una cena più formale, con un menù che include prodotti freschi locali e piatti a base di pesce.

Dove Dormire

Maletto è un piccolo paese e non dispone di hotel. Soggiornare in paese per una sagra non è fondamentale come durante una festa. Se necessario, ecco alcune opzioni nei dintorni.

Hotel Villa Dorata. Indirizzo: Contrada Serra La Nave Versante Etna Sud, 95030 Nicolosi

Questo hotel a 3 stelle si trova vicino al cratere principale dell'Etna, offrendo un rifugio pittoresco e affascinante. Situato in una residenza principesca ristrutturata, l'hotel dispone di camere eleganti con arredi d'epoca.

Offre Wi-Fi gratuito, parcheggio gratuito e colazione disponibile.

La Fucina di Vulcano. Indirizzo: SS. 284 C.da Piano Palo-Difesa, 95034 Bronte

Questo hotel ristorante a 3 stelle offre un'esperienza gastronomica raffinata con sapori siciliani locali, accompagnata da una vista mozzafiato sull'Etna.

Il ristorante è specializzato in piatti sia italiani che mediterranei, ed è una scelta molto apprezzata dai viaggiatori.

CAPITOLO TREDICI

FestaFusion Palermo

FestaFusion Palermo

#1: Sicilia Jazz Festival

Il Sicilia Jazz Festival si svolge a Palermo da fine giugno a inizio luglio, con esibizioni al Teatro di Verdura e nel centro storico.

#2: Festa di Santa Rosalia

La Festa di Santa Rosalia, la più grande celebrazione di Palermo, si tiene dal 10 al 15 luglio, includendo processioni, concerti, fuochi d'artificio e cibo da strada tradizionale in onore della patrona della città.

#FestaFusion indica che due o più feste si svolgono contemporaneamente nella stessa città, così i visitatori possono godere di più eventi durante la loro visita.

Quando: Il Sicilia Jazz Festival inizia a fine giugno e dura due settimane. La Festa di Santa Rosalia si celebra dal 10 al 15 luglio.

Dove: Palermo

Sito web dell'evento: https://siciliajazzfestival.com/

Temperature medie durante le feste: Massima: 30-31°C (86-88°F). Minima: 22-23°C (72-73°F).

Scoprire Palermo: Crocevia di Civiltà

Palermo, il vivace capoluogo della Sicilia, è testimone vivente della complessa storia e diversità culturale dell'isola. Situata nel cuore della Conca d'Oro, una fertile pianura circondata da montagne e dal Mar Tirreno, questa antica città è stata un premio ambito per molte civiltà nel corso dei suoi quasi 3000 anni di storia. Oggi, Palermo incanta i visitatori con la sua combinazione unica di stili architettonici, mercati vivaci, ricche tradizioni culinarie e l'energia palpabile di una metropoli che ha visto l'ascesa e la caduta di imperi.

La storia di Palermo è un intreccio di culture diverse. Fondata dai Fenici nell'VIII secolo a.C. con il nome di Ziz, che significa "fiore," la città divenne presto un importante porto mediterraneo. La sua posizione strategica la rese un obiettivo principale per le conquiste, e nei secoli, Palermo cadde sotto il controllo di Cartaginesi, Romani, Bizantini, Arabi, Normanni e Spagnoli, ognuno lasciando un segno indelebile sul carattere della città. Ruggero I di Sicilia guidò i Normanni nella conquista di Palermo nel 1072, dando inizio ad un periodo di fusione culturale tra influenze normanne, arabe e bizantine.

Sotto i Normanni, guidati da sovrani come Ruggero II, Palermo prosperò come capitale del Regno di Sicilia. Questo periodo fu seguito dal dominio svevo sotto l'imperatore germanico Federico II e successivamente dal dominio angioino sotto la casa francese d'Angiò. Palermo visse un'età dell'oro durante questo periodo, caratterizzata da un fiorente commercio, una grande varietà religiosa e impressionanti realizzazioni architettoniche come la Cappella Palatina.

Il periodo arabo-normanno (dal IX al XII secolo) fu influente, trasformando Palermo in una delle città più splendide d'Europa. Questa era lasciò alla città un'eredità di meraviglie architettoniche che nel 2015 guadagnarono il riconoscimento come Patrimonio dell'Umanità dell'UNESCO, tra cui il Palazzo dei Normanni, la Cappella Palatina e la Cattedrale.

Il clima mediterraneo di Palermo, con estati calde e inverni miti, ha influenzato la sua agricoltura, l'architettura e il modo di vivere. La campagna circostante, ricca di agrumeti e uliveti, offre un contrasto netto con il vivace centro urbano e dà uno spunto sulle tradizioni agricole siciliane. Palermo ospita circa 650.000 abitanti, rendendola la quinta città più grande d'Italia.

#1: Sicilia Jazz Festival

Il Sicilia Jazz Festival, che si tiene annualmente a Palermo, è un evento culturale di grande rilevanza che si svolge dalla fine di giugno all'inizio di luglio, con il principale palcoscenico presso il Teatro di Verdura. Lanciato nel 2021 dal Brass Group, un'organizzazione fondata nel 1974 da Ignazio Garsia per promuovere il jazz in Sicilia, il festival è cresciuto diventando un appuntamento prestigioso. Il Brass Group ha una profonda connessione con la cultura jazz a Palermo, avendo ospitato artisti leggendari come Dizzy Gillespie e Miles Davis in concerti passati. Il gruppo è anche noto per la sua Orchestra Jazz Siciliana, che svolge un ruolo centrale nel festival.

L'obiettivo del festival è rivitalizzare la scena jazz della Sicilia, che affonda le sue radici in figure come Nick La Rocca, e fornire un palco per le esibizioni jazz in luoghi iconici. Il festival presenta oltre 100 concerti, con performance di artisti di fama mondiale come Gregory Porter, Marcus Miller e Veronica Swift, accanto a giovani talenti provenienti dai conservatori musicali locali. Oltre ai concerti, l'evento include presentazioni di libri e proiezioni video sulla storia e il significato del jazz.

Il Sicilia Jazz Festival offre una combinazione unica di musica e cultura, creando un'esperienza magica sia per gli appassionati di jazz che per coloro che esplorano la ricca storia e architettura di Palermo. Il festival si svolge in alcuni dei luoghi più prestigiosi e storici di Palermo, arricchendo l'esperienza culturale e musicale:

• **Teatro di Verdura**: Questo teatro all'aperto, situato nei giardini di Palermo, è il palcoscenico centrale del festival. Offre uno sfondo mozzafiato per le performance, mescolando la bellezza naturale con l'eccellenza artistica.

• **Santa Maria dello Spasimo**: Un affascinante punto di riferimento architettonico, questa chiesa del XVI secolo, che è rimasta incompleta e senza tetto, offre un'atmosfera suggestiva per le esibizioni jazz. La sua location all'aperto è diventata una delle preferite per unire la musica con il cielo notturno.

• **Real Teatro Santa Cecilia**: Uno dei teatri più antichi di Palermo, risalente al XVII secolo, questo luogo tranquillo è perfetto per gli appassionati di jazz. Il teatro è la sede del Brass Group, aggiungendo una risonanza storica alle performance.

• **Complesso Monumentale di Sant'Anna**: Una struttura barocca che ora funge da museo e centro culturale, questo complesso ospita diversi concerti del festival, offrendo un ambiente elegante per godere del jazz nel cuore di Palermo.

Questi luoghi non solo presentano il meglio del jazz, ma immergono anche i visitatori nella ricchezza storica e culturale di Palermo. Insieme alle performance di rinomati musicisti di jazz internazionali come Gregory Porter e Marcus Miller, il festival offre un'esperienza unica e coinvolgente che celebra sia la musica che il patrimonio siciliano.

#2: Festa di Santa Rosalia

Negli ultimi 400 anni, Palermo ha celebrato la sua santa patrona, Santa Rosalia, con una festa dal 10 al 15 luglio. Questa è la festa più grande di Palermo. L'evento include processioni sacre, spettacoli pirotecnici, concerti e varie prelibatezze di strada come le cassatelle di ricotta (dolci fritti ripieni di ricotta dolce), il pane con la milza (un panino con milza di vitello saltata nello strutto, a volte con polmone, servito con o senza formaggio) e gli arancini (palline di riso fritte croccanti, ripiene di ragù, piselli e formaggio).

Chi è Santa Rosalia?

Rosalia Sinibaldi, nata nel 1130 probabilmente a Palermo, era una nobildonna di una stirpe illustre. I suoi genitori erano diretti discendenti dell'Imperatore Carlo Magno, e sua madre, Maria Guiscardi, era la nipote del re Ruggero II di Sicilia.

La leggenda narra che nel 1128, il re Ruggero II di Sicilia stava osservando il tramonto dal Palazzo Reale insieme a sua moglie, Elvira di Castiglia. Vide apparire una figura che disse: "Ruggero, per volontà di Dio, nascerà una rosa senza spine nella casa di Sinibaldo, tuo parente." Quando Rosalia nacque, le fu dato il suo nome in onore di questa profezia.

Da giovane, Rosalia visse nel lusso nella villa di suo padre a Olivella e fu educata presso la corte. Nel 1149, servì come dama di compagnia della regina Sibilla di Borgogna. Secondo la leggenda, alla vigilia del suo matrimonio combinato, Rosalia vide l'immagine di Gesù in uno specchio. Il giorno dopo, tagliò le sue trecce bionde, rifiutò il matrimonio e si dedicò completamente alla sua fede, un voto che aveva fatto da bambina.

All'età di 15 anni, Rosalia lasciò il Palazzo Reale, il suo ruolo presso la corte e la casa della sua famiglia. Cercò rifugio nella Chiesa del Santissimo Salvatore, all'epoca un monastero a Palermo. Tuttavia, le visite frequenti dei suoi genitori e del suo fidanzato rendevano difficile concentrarsi sul suo cammino spirituale.

Alla fine, Rosalia lasciò Palermo, lasciando una lettera in greco e una croce di legno per le monache. Rosalia si rifugiò poi in una grotta all'interno di una proprietà di suo padre a Santo Stefano Quisquina, dove visse per 12 anni. Marcò l'ingresso della grotta con un'iscrizione in latino che documentava il suo modo di vivere. Successivamente, la regina Sibilla le permise di tornare a Palermo, dove visse in una grotta sul Monte Pellegrino. Rosalia morì serenamente il 4 settembre 1170, all'età di 40 anni.

La Storia della Processione di Santa Rosalia

Il 15 luglio 1624, le reliquie di Santa Rosalia furono scoperte in una grotta che oggi ospita il Santuario di Santa Rosalia. In precedenza quell'anno, il 7 maggio, una nave proveniente da Tunisi portò una devastante pestilenza a Palermo. Meno di un anno dopo, il 13 febbraio 1625, Santa Rosalia apparve a Vincenzo Bonello, un saponaio che piangeva la morte della sua giovane moglie a causa della peste. Nella sua disperazione, Vincenzo stava considerando di porre fine alla sua vita, ma la santa intervenne, salvandolo. Gli disse che portare in processione le sue reliquie per la città, mentre veniva cantato il "Te Deum Laudamus", avrebbe fermato la peste.

Quando le sue reliquie furono portate per le strade, accompagnate dal sacro inno, la peste miracolosamente si fermò, senza registrare nuovi casi, e i malati furono guariti. Ancora oggi, si crede che Santa Rosalia protegga Palermo da disastri come terremoti, tempeste e fulmini. Oggi, il Santuario di Santa Rosalia, in Via Bonanno vicino a Palermo, è una chiesa e un luogo di pellegrinaggio costruito nella parete di roccia del Monte Pellegrino, dove le sue reliquie furono trovate. Come quarta santa patrona femminile di Palermo, Santa Rosalia occupa un posto speciale nel cuore della città.

La Processione

Durante la Festa di Santa Rosalia, uno degli aspetti più affascinanti della celebrazione è la grande processione religiosa che attraversa le strade di Palermo. Al centro di questo evento ci sono le confraternite, che da secoli sono parte integrante delle tradizioni cattoliche siciliane. Queste confraternite, composte da laici, sono incaricate di organizzare e partecipare alla processione, dimostrando una profonda devozione a Santa Rosalia, che salvò Palermo dalla peste nel 1624.

Le confraternite sono facilmente riconoscibili dai loro abiti tradizionali, che di solito consistono in lunghe tuniche, spesso bianche o nere, e mantelli che indicano il gruppo specifico a cui appartengono. Alcune confraternite indossano anche cappucci o berretti distintivi, noti come "capi", talvolta appuntiti, e spesso portano bandiere che rappresentano la loro confraternita. Questi abiti non solo simboleggiano il loro impegno religioso, ma esaltano anche visivamente l'atmosfera solenne e rispettosa della processione.

Mentre accompagnano la *vara,* il grande carro che porta la statua di Santa Rosalia, attraverso la città, le confraternite cantano preghiere e inni, incoraggiando i presenti a unirsi nella riflessione e nella devozione. I loro movimenti organizzati, uniti agli abiti sacri, creano uno spettacolo visivo straordinario di fede. La processione culmina presso la Cattedrale di Palermo, dove vengono impartite le ultime benedizioni e preghiere.

Il coinvolgimento delle confraternite, insieme ai loro abiti tradizionali, arricchisce la profondità spirituale e la continuità storica della festa, collegando le centenarie tradizioni religiose con l'identità culturale contemporanea di Palermo. La loro presenza sottolinea come la Festa di Santa Rosalia non sia solo una celebrazione festosa, ma un evento profondamente spirituale e incentrato sulla comunità.

La Vara (Carro della Processione)

Nel 1686, un cambiamento significativo avvenne nelle processioni della festa di Santa Rosalia a Palermo. I quattro piccoli carri utilizzati inizialmente furono sostituiti da un unico grande carro trionfale. Questo carro divenne rapidamente il fulcro della celebrazione, simboleggiando il trionfo della santa sulle avversità.

Il carro si è evoluto, diventando più grande e complesso. La sua base a forma di barca è un elemento chiave, simboleggiando le navi storiche della peste provenienti dal Nord Africa nel 1624. Questi vascelli turchi portarono la peste a Palermo. Questo legame collega il carro alla storia di Santa Rosalia e al suo ruolo di protettrice della città. Man mano che il carro diveniva più articolato, esso divenne l'attrazione principale della celebrazione. La sua struttura, che mostra il talento artistico, racconta anche la storia di Palermo e sottolinea l'importanza di Santa Rosalia.

Paolo Amato, l'architetto, lo trasformò dandogli una forma di barca nel 1701, che fu successivamente replicata nei tempi moderni. Durante il periodo borbonico, che si concluse nel 1860, il sontuoso carro del XVIII secolo rimase intatto, esibendo la ricchezza e il lusso della corte. Gli artigiani crearono una grande carrozza a forma di bacino, decorata con cherubini, per celebrare l'Unità d'Italia.

Nel 1896, fu realizzato un carro ispirato da Giuseppe Petre. La sua grandezza però impediva che potesse passare attraverso le strade del centro città, costringendolo a deviare per le vie periferiche. Nel 1924, fu costruita una carrozza fissa per celebrare il terzo centenario del ritrovamento delle reliquie, che presentava una torre centrale alta 25 metri.

U Fistinu - La Festa Moderna

La festa di Santa Rosalia a Palermo, nota anche come "U Fistinu," si svolge ogni anno dal 10 al 15 luglio. I primi giorni della festa, dal 10 al 13 luglio, sono principalmente dedicati alla preparazione della grande processione del 14 luglio e sono pieni di celebrazioni locali, spettacoli di strada e servizi religiosi. Ecco cosa accade normalmente:

10-12 luglio: Questi giorni includono vari eventi di strada, performance artistiche e musica tradizionale siciliana. La città si anima con decorazioni festose, bancarelle di cibo e mostre culturali, tutti preparativi per la grande processione.

13 luglio: Gli eventi si intensificano con più attività e messe speciali che si svolgono in tutta la città. I quartieri locali organizzano piccole processioni in onore della santa, e ci sono concerti e altri raduni festivi.

14 luglio

Le celebrazioni artistiche e popolari culminano in una vivace "processione popolare" che traccia un percorso dalla Cattedrale al mare, rappresentando una transizione dall'oscurità (la peste) alla luce (i fuochi d'artificio sulla spiaggia).

Tra musica, canti e varie coreografie, la processione annuale presenta un grande carro trionfale a forma di barca. Ogni anno, il carro porta una nuova statua della santa. Le "varie coreografie" includono danze simboliche e performance teatrali, come le Danze della Peste, che rappresentano la sofferenza di Palermo durante la peste e la sua salvezza grazie a Santa Rosalia. Queste performance coreografate, insieme alla musica e al canto, drammatizzano la processione, mescolando fede, folklore ed espressione culturale.

Un momento chiave della processione avviene ai Quattro Canti, dove il sindaco depone fiori sulla statua della santa e grida: "Viva Palermo e Santa Rosalia!" Successivamente, i fuochi d'artificio illuminano la Marina (area del Foro), segnando il culmine di questa vigilia dinamica e ricca di spiritualità.

15 luglio

Questo giorno segna il culmine delle festività estive, celebrando sia la scoperta delle reliquie di Santa Rosalia il 15 luglio 1624, sia la sua prima processione in città il 9 giugno 1625. La celebrazione commemora il miracolo che fermò la peste, con i fedeli che cantano il "Te Deum Laudamus" per festeggiare la fine dell'epidemia e la guarigione delle sue vittime.

Durante la giornata, si celebrano messe solenni nella cattedrale.

Alle 18:00, inizia l'evento principale con una grande processione, che vede le Sacre Reliquie di Santa Rosalia trasportate in una magnifica Arca d'Argento. La processione si snoda per le antiche strade di Palermo, fermandosi in Piazza Marina per il discorso del vescovo alla città, e poi prosegue verso la Cattedrale, dove la giornata culmina con una benedizione finale e uno spettacolo pirotecnico.

Giri a piedi di Palermo

Palermo è come Roma o Venezia; è una città così ricca di tesori e storia che sono necessari almeno tre giorni per esplorarla. Ho diviso i giri a piedi in due giorni. Se avete un tempo limitato, io raccomando o di seguire il giro del primo giorno qui indicato o di scegliere i luoghi di maggiore interesse. Ricorda, Palermo è un capoluogo ampio con un vasto centro storico.

Giro a Piedi - Giorno 1: Cattedrale e Palazzo dei Normanni

#1. La Cattedrale di Palermo

Le nostre prime tappe includono la Cattedrale di Palermo e una visita al tesoro, alla cripta e al tetto per viste mozzafiato. Puoi iniziare la giornata in grande entrando nell'edificio già dalle 7:00 del mattino, ottimizzando così il tuo tempo. Noi abbiamo iniziato presto, non esattamente alle 7:00, ma comunque abbastanza presto per visitare tutti i luoghi e salire sul tetto prima di mezzogiorno. Se hai poco tempo a Palermo, dai priorità a questo prima di qualsiasi altra cosa. È una capsula del tempo che attraversa arte e architettura, dalla moschea araba del IX secolo ai rinnovamenti e alle aggiunte recenti. Preparati a essere stupito dalla sua magnificenza.

Una nota: la piazza della Cattedrale offre diversi bar e opzioni per la colazione se hai bisogno di mangiare qualcosa prima di iniziare o durante la visita.

L'ingresso alla cattedrale è gratuito, ma si consiglia di acquistare i biglietti online in anticipo per cripta, tombe reali, tesoro, tetto e museo. Dedica tre ore a questa visita.

Per evitare attese in Piazza del Duomo, è opportuno assicurarsi i biglietti in anticipo, specialmente per le attrazioni con ingresso programmato. Questo biglietto sul sito è denominato *Museo Diocesano + Complesso Monumentale della Cattedrale + Tetti* e costa 15 euro.Naturalmente, la statua al centro della piazza è quella di Santa Rosalia, santa patrona della festa.

La Cattedrale è ufficialmente riconosciuta come Basilica Cattedrale Metropolitana Primaziale della Santa Vergine Maria Assunta. La più grande chiesa d'Italia a sud di Roma, fu costruita nel 1184 sopra una moschea del IX secolo.

La cappella sul lato sud è dedicata a Santa Rosalia e ospita l'urna monumentale in argento che contiene il corpo della santa. L'arca reliquiaria della santa patrona, creata tra il 1631 e il 1637, è un eccezionale esempio di arte decorativa, che rappresenta il culmine del Barocco siciliano. È una magnifica e intricata creazione di argentieri palermitani, un monumento processionale senza pari.

La Costruzione della Cattedrale di Palermo

Il Conte Ruggero e Roberto il Guiscardo ebbero un ruolo cruciale nel ristabilire il controllo cristiano e cattolico durante l'era normanna. Per commemorare la loro conquista territoriale dell'isola, promossero la costruzione di magnifiche cattedrali in tutti i luoghi dove si erano svolte le battaglie più sanguinose. Riservarono il progetto più sontuoso per la cattedrale di Palermo.

Convertirono subito la moschea in questo luogo al culto cristiano. Quando fu trasformata in chiesa, l'esterno dell'edificio subì probabilmente solo modifiche minori, come la conversione dei minareti in campanili.

Re Ruggero II fondò un nuovo regno con Palermo come capitale, dopo essere stato incoronato nella cattedrale. Questo segnò un periodo di intensa costruzione nella città. Tuttavia, il 4 febbraio 1169, un terremoto causò gravi danni alla cattedrale appena convertita, facendo crollare il campanile e parte della facciata. La nuova cattedrale di Palermo fu completata il 6 aprile 1185.

Durante i periodi normanno e svevo, Palermo prosperò come città multiculturale, dove cristiani, musulmani ed ebrei coesistevano pacificamente, praticando ciascuno la propria fede. Sotto Federico II, la città divenne capitale del Sacro Romano Impero, e la sua arte e la sua architettura furono influenzate da una combinazione di stili mediorientali, nordici e germanici per quasi due secoli.

Quando arrivi, assicurati di esplorare l'ingresso principale, girare intorno all'edificio e salire sul tetto. La cattedrale è una vetrina di influenze architettoniche, dalle sue origini arabe agli stili normanno, gotico, rinascimentale, barocco e neoclassico, un vero testamento della ricca storia di Palermo.

Interno della Cattedrale

Entra attraverso il portico aragonese del XV secolo.

La struttura della Cattedrale segue uno schema a croce latina, con tre navate divise da colonne. Queste colonne ospitano statue di santi.

Giuseppe Piazzi, un astronomo, creò una meridiana in marmo con intarsi colorati che rappresentano le costellazioni durante i restauri moderni sul pavimento della navata centrale. Realizzato nel XVII secolo, l'opulento altare del Santissimo Sacramento presenta bronzo, lapislazzuli e marmi colorati, seguendo un progetto di Cosimo Fanzago.

All'interno del presbiterio, troverai un magnifico coro in legno in stile gotico-catalano risalente alla fine del XV secolo, insieme ad un trono episcopale che è stato oggetto di parziale restauro utilizzando frammenti di antichi mosaici del XII secolo.

Le Tombe Reali

Le prime e seconde cappelle della navata destra ospitano le imponenti tombe imperiali e reali dei Normanni. Queste tombe richiedono un biglietto separato per la visita.

Il re Ruggero II, che salì al trono nel 1130, aveva inizialmente previsto che la cattedrale che fondò a Cefalù fosse il mausoleo per la sua famiglia reale. Aveva progettato e disposto che due sarcofagi realizzati in porfido fossero posizionati là. Il porfido, una pietra di granito rosso scuro proveniente dall'Egitto, era estremamente rara e preziosa. I Romani riservavano l'uso del porfido esclusivamente per commissioni imperiali, data la sua scarsità.

Tuttavia, quando Ruggero II morì nel 1154, la sua famiglia lo seppellì invece nella Cattedrale di Palermo. Lo posero in una tomba di porfido, anche se non è chiaro quanto questa tomba potesse essere comparabile nella lavorazione rispetto a quelle che aveva pianificato per Cefalù. La sepoltura di Ruggero II a Palermo stabilì una nuova tradizione di sepolture reali, portando alla creazione di quest'area estesa, ricca di tombe straordinariamente grandiose.

Queste tombe sono opere d'arte straordinarie, senza pari nella loro magnificenza, e sono sicuramente da vedere durante la tua visita alla cattedrale.

Federico II spostò i due sarcofagi da Cefalù alla cattedrale di Palermo nel 1215, destinandoli a sé stesso e a suo padre, Enrico VI. Il sarcofago di Federico II è impressionante, con la sua urna sorretta da due coppie di leoni finemente scolpiti e sormontata da un baldacchino con colonne di porfido.

L'area delle Tombe Reali ospita anche numerose altre sepolture notevoli. Queste includono:

- Costanza d'Aragona (la sua corona è esposta nel tesoro)

- Guglielmo, Duca di Atene (figlio di Federico III di Sicilia)

- L'Imperatrice Costanza di Hauteville (figlia di Ruggero II e madre di Federico II)

- Alberto di Borbone di Napoli e Sicilia (figlio di Ferdinando IV di Napoli e Maria Carolina d'Austria)

La Cripta della Cattedrale di Palermo

Accessibile dal lato destro della cattedrale, vicino alla Cappella di Santa Rosalia, la cripta offre un rifugio tranquillo lontano dal trambusto della cattedrale principale. I visitatori possono entrare attraverso la Sacrestia dei Canonici o la Nuova Sacrestia. Questa stanza sotterranea ospita 23 sarcofagi, molti dei quali risalgono al periodo romano. La tomba più antica, del 1073, appartiene all'Arcivescovo Nicodemo di Palermo. In una recente scoperta archeologica, i ricercatori hanno trovato i resti dell'Arcivescovo Giannettino Doria, datati 1642, in una delle cripte romane.

Tra i sarcofagi più notevoli ce n'è uno romano che raffigura una coppia con muse e un sarcofago normanno decorato con intricate incisioni di draghi. L'architettura della cripta è un'affascinante combinazione di stili normanno, gotico e barocco, che rispecchiano la lunga storia della cattedrale. Alcuni dei sarcofagi romani sono stati riutilizzati da successivi occupanti cristiani, testimoniando la storia stratificata di Palermo.

L'atmosfera fresca e buia della cripta offre le condizioni ideali per conservare antichi reperti e vestigia. I lavori di restauro periodici spesso portano a nuove scoperte sul passato di Palermo. La mescolanza di immagini pagane e cristiane su alcuni sarcofagi illustra la transizione culturale in Sicilia durante la prima era cristiana, facendo della cripta non solo un luogo di sepoltura, ma anche un affascinante documento storico del ricco e variegato patrimonio di Palermo.

Il Tesoro della Cattedrale

Il Tesoro della Cattedrale è uno dei luoghi più affascinanti di Palermo. Simile ai Gioielli della Corona alla Torre di Londra, questo tesoro ospita antichi tesori provenienti da varie epoche, alcuni risalenti a 500, 700 o addirittura 2.000 anni fa. La cattedrale di Palermo vanta una collezione impressionante di oro, argento, gioielli, sete preziose e corone.

I tesori includono vesti sacre dal XVI al XVIII secolo, paliotti d'altare e calici utilizzati durante la Messa. Un oggetto notevole è l'ostensorio (un recipiente ornato usato per esporre l'Ostia Benedetta nelle cerimonie cattoliche). Un pezzo di grande valore è la tiara d'oro di Costanza d'Aragona, un esempio straordinario dell'artigianato medievale decorato con smalti intricati, gemme e perle. Il tesoro custodisce anche libri splendidamente decorati e reliquiari.

Questa vasta gamma di oggetti preziosi non solo testimonia la ricchezza della cattedrale, ma fornisce anche un legame tangibile con la ricca storia di Palermo e le varie culture che hanno influenzato la città nel corso dei secoli. Ogni pezzo racconta una storia di maestria, devozione e degli stili artistici che si sono evoluti nel tempo.

Il Tetto della Cattedrale

Salire sul tetto della Cattedrale di Palermo offre un'esperienza senza pari che ricompensa i visitatori con una vista panoramica mozzafiato sulla città e i suoi dintorni. Questo punto di osservazione fornisce una prospettiva unica sull'architettura intricata della cattedrale, permettendoti di apprezzare da vicino le cupole decorate, le torri e le linee del tetto.

Da questa posizione elevata, si può ammirare l'ampia vista sulla città di Palermo, con la sua miscela di edifici storici e moderni che si estendono davanti a te. Il panorama si allarga fino alla Conca d'Oro, la fertile pianura che sostiene la città, e oltre, fino alle acque scintillanti del Mar Tirreno. In una giornata limpida, le montagne circostanti incorniciano l'orizzonte, creando uno sfondo mozzafiato al paesaggio urbano.

Il viaggio verso il tetto è di per sé parte dell'avventura, coinvolgendo una serie di rampe e scale a chiocciola che portano alle scale esterne. Questa salita non solo offre scorci sugli elementi strutturali nascosti della cattedrale, ma aumenta anche l'attesa per la vista spettacolare che ti aspetta in cima.

Dopo essere ridisceso da questa vista panoramica, prenditi un momento per apprezzare l'interno della cattedrale da una nuova prospettiva. Il contrasto tra le altezze vertiginose appena vissute e i dettagli intricati a livello del suolo offre una comprensione completa di questa meraviglia architettonica.

Per continuare la tua esplorazione, esci dalla Cattedrale e gira a destra per attraversare il vicolo, dove troverai l'ingresso al Museo Diocesano e al Palazzo dei Vescovi, arricchendo ulteriormente il tuo viaggio storico e culturale attraverso Palermo.

#2. Stanze dell'Arcivescovo

Questo palazzo un tempo serviva come residenza dell'arcivescovo. L'arcivescovo attuale può ancora utilizzare parti dell'edificio per scopi ufficiali, ma è meno comune che i vescovi moderni risiedano stabilmente in queste grandi residenze storiche. Il palazzo ospita ora il Museo Diocesano di Palermo, che presenta una vasta collezione di arte religiosa, reperti e tesori provenienti dalla diocesi, tra cui opere dei periodi Normanno, Rinascimentale e Barocco. Il museo occupa diverse stanze del palazzo ed è aperto al pubblico.

Stanza dell'Arcivescovo

Goditi la visita nelle 13 stanze del palazzo, arricchite da opere d'arte dal XII al XVIII secolo, con sculture, dipinti e decorazioni raffinate. Come le zone a pagamento della cattedrale, il Palazzo degli Arcivescovi era completamente vuoto e tranquillo quando l'abbiamo visitato. Questa atmosfera pacifica permette un'esplorazione intima della ricca storia e dell'arte delle stanze.

Ogni stanza presenta decorazioni uniche in vetro veneziano, soffitti dipinti e piastrelle dipinte a mano. L'attenzione ai dettagli in questi spazi è davvero straordinaria, offrendo ai visitatori uno spunto sulla vita opulenta degli arcivescovi di Palermo nel passato.

Visitare le Stanze degli Arcivescovi è un dovere per chiunque sia interessato all'arte, alla storia o all'architettura. Qui, si può tracciare l'evoluzione degli stili artistici siciliani nel corso di sette secoli, dalle influenze normanne all'esuberanza barocca. Le stanze sono come una capsula del tempo, ciascuna racconta una storia dei cambiamenti nei gusti e nelle dinamiche di potere nella gerarchia religiosa di Palermo.

La straordinaria maestria in mostra, dagli affreschi intricati agli arredi ornati, testimonia l'abilità degli artigiani locali e la ricchezza della chiesa durante i vari periodi. Man mano che ci si sposta da stanza a stanza, si nota come gli stili cambiano e si mescolano, riflettendo la posizione unica della Sicilia al crocevia di diverse culture.

#3. Palazzo dei Normanni

Il Palazzo dei Normanni si trova a sei minuti a piedi dalla Cattedrale, con una parte del percorso che attraversa il parco. Prima di visitare il palazzo, è una buona idea pranzare. Consiglio di prenotare al Ristorante Ai Normanni. Il ristorante è comodamente situato sul percorso tra i due luoghi e offre ottimo cibo (vedi la sezione Consigli per mangiare qui sotto).

Storia del Palazzo dei Normanni, la residenza reale più antica d'Europa

Originariamente concepito come una fortezza e residenza per i re normanni di Sicilia, la costruzione del Palazzo dei Normanni iniziò nel IX secolo sul sito di precedenti fortificazioni arabe. Sotto Ruggero II di Sicilia, gli architetti durante il XII secolo ampliarono e ristrutturarono il palazzo in uno stile che metteva in evidenza la fusione dell'architettura normanna e araba, che rappresentava l'arte e la cultura siciliane.I sovrani successivi, tra cui gli Svevi e gli Angioini, continuarono a utilizzare il palazzo come loro residenza reale e apportarono modifiche e aggiunte.

Dal XVI al XIX secolo, il Palazzo dei Normanni mantenne la sua importanza come centro amministrativo e cerimoniale durante le epoche degli Asburgo di Spagna e dei Borboni. Rinnovamenti durante questo periodo includevano aggiunte e decorazioni in stile barocco. Attualmente, il Palazzo dei Normanni ospita l'Assemblea Regionale Siciliana e l'Ufficio del Presidente della Regione Siciliana.

Il palazzo, una fortezza per secoli, è la residenza reale più antica d'Europa e ha ospitato i sovrani del Regno di Sicilia, tra cui Federico II e Corrado IV, nonché il Parlamento siciliano storico. La Cappella Palatina, principale obiettivo di questa visita, si trova al primo piano del palazzo.

La Magnifica Cappella Palatina

La Cappella Palatina fu commissionata da Ruggero II, re normanno di Sicilia, nel XII secolo. L'intento di Ruggero II nella costruzione di questa cappella era quello di mettere in mostra l'identità multiculturale della Sicilia e consolidare la propria autorità regale. La costruzione della cappella iniziò nel 1132 e fu completata nello stesso anno durante il regno di Ruggero II.

La Cappella Palatina

Artisti siciliani locali e artigiani provenienti dall'Impero Bizantino crearono questi mosaici, che raffigurano scene dell'Antico e Nuovo Testamento, insieme a ritratti di santi, angeli e figure bibliche. È possibile ancora osservare le tecniche architettoniche islamiche originali negli archi della cappella, nei motivi decorativi e nell'uso dei muqarnas sul soffitto.

"Soffitti muqarnas" è il termine comunemente utilizzato per descrivere i soffitti in legno nell'architettura siciliana che mostrano l'influenza araba. Caratterizzati da una struttura complessa simile a un favo d'api, questi soffitti creano un effetto visivo straordinario, frequentemente osservato in moschee, palazzi e altre opere architettoniche significative. I soffitti muqarnas della Sicilia riflettono il passato multiculturale dell'isola e l'eredità architettonica influenzata dagli arabi.

Per visitare il Palazzo e la Cappella Palatina è necessario un biglietto con ingresso a orario programmato. Voglio ribadire il mio consiglio di acquistarlo in anticipo. La Cappella ha una capacità limitata, in quanto è uno spazio relativamente piccolo, motivo per cui viene applicato l'ingresso a orari prestabiliti. Consiglio di utilizzare l'eccellente audioguida per la Cappella Palatina. Troverai molte cose da vedere in quella sala piccola, ma splendidamente decorata.

Giro a Piedi - Giorno 2: Centro Storico di Palermo

Durante il secondo giorno, visiteremo altri luoghi importanti del centro storico. Ho organizzato il giro a piedi tenendo conto della mappa, ma salta qualcosa se ti sembra eccessivo.

#1. Quattro Canti

Il punto di partenza sarà i Quattro Canti, noti anche come i Quattro Angoli. Nella Palermo medievale e rinascimentale, i Quattro Canti rappresentavano un punto d'incontro significativo e un'intersezione che collegava le principali strade e quartieri della città.

I Quattro Canti sono una piazza che simboleggia i quattro punti cardinali. Tra il 1608 e il 1620, quando la Sicilia era sotto il dominio spagnolo, la costruzione ebbe luogo. Lo stile barocco esemplifica l'architettura siciliana, come si può vedere nei Quattro Canti.

Elaborate decorazioni barocche, come statue, fontane e altari a nicchia, abbelliscono le facciate degli edifici che circondano la piazza. Una facciata monumentale a tre livelli adorna tutti e quattro i lati della piazza, creando un insieme architettonico armonioso e impressionante. Al livello inferiore, ogni angolo ospita una nicchia con una statua che rappresenta una delle quattro stagioni, simboleggiando la natura ciclica del tempo e della vita.

Il livello centrale ospita una statua che rappresenta o un re spagnolo o un santo patrono associato alla stagione corrispondente sottostante, collegando i regni temporale e spirituale. A coronare la composizione, il livello superiore espone con orgoglio lo stemma della monarchia degli Asburgo di Spagna, un tributo alla potente dinastia che governò la Sicilia durante il periodo barocco. Questo complesso schema decorativo non solo abbellisce la piazza, ma funge anche da racconto visivo della storia della città, dei suoi legami con la monarchia e del gioco tra la natura e l'ordine divino.

#2. Fontana Pretoria

Accanto ai Quattro Canti, troverai Piazza Pretoria e la sua splendida Fontana Pretoria.La Fontana Pretoria guadagnò il soprannome di "Fontana della Vergogna" poco dopo la sua installazione a Palermo nel 1574. Originariamente progettata per una villa privata a Firenze, la fontana fu acquisita dal Senato di Palermo e collocata nell'attuale posizione in Piazza Pretoria. Il soprannome nacque dalla forte reazione della popolazione locale di fronte alla percepita indecenza della nudità delle statue. Questa reazione fu intensa per vari motivi. La Palermo del XVI secolo era una società profondamente conservatrice e religiosa, influenzata dal movimento della Controriforma all'interno della Chiesa cattolica.

A differenza della sua originaria collocazione privata, la fontana ora era esposta in bella vista in una piazza pubblica, direttamente di fronte alla Chiesa di Santa Caterina e vicino ad altri edifici religiosi. Le figure nude, comuni nell'arte rinascimentale, contrastavano fortemente con le tradizioni artistiche più modeste della Sicilia dell'epoca. Molti abitanti locali malinterpretarono le figure allegoriche, vedendole come rappresentazioni di politici corrotti o cortigiane, piuttosto che di divinità e virtù classiche. Il soprannome divenne di uso comune tra la popolazione e ha persistito per secoli, diventando una parte integrante dell'identità della fontana e della tradizione culturale palermitana.

Nonostante le sue origini controverse, la Fontana della Vergogna è ora celebrata come uno dei più significativi tesori artistici di Palermo. Nella struttura della fontana, ci sono effettivamente elementi allegorici che simboleggiano le quattro stagioni, i fiumi e le divinità associate all'acqua e alla fertilità. Questi includono figure che rappresentano i fiumi di Palermo, i dodici dei olimpici, e varie ninfe e creature mitologiche, tutte disposte in una complessa struttura gerarchica che riflette gli ideali rinascimentali di armonia e proporzione.

#3. Chiesa di San Giuseppe dei Padri Teatini

Per una vista panoramica del centro storico di Palermo, non perdere la Chiesa di San Giuseppe dei Teatini. Situata a destra dell'incrocio dei Quattro Canti, questa chiesa offre un punto di osservazione unico. I visitatori sono invitati a esplorare la cripta, la sacrestia e la terrazza. Con i suoi affreschi che raffigurano scene della vita di San Giuseppe, la cupola della chiesa, una delle più grandi di Palermo, si fa notare, offrendo viste spettacolari sui Quattro Canti, su Piazza Pretoria e sulla zona circostante.

Costruita tra il 1612 e il 1643, la chiesa fu eretta sotto il patrocinio dell'Ordine dei Teatini, un gruppo di sacerdoti cattolici fondato nel XVI secolo come parte del movimento della Controriforma. I Teatini, noti per il loro impegno nella riforma ecclesiastica e nel rinnovamento spirituale, hanno lasciato il loro segno a Palermo con questa magnifica chiesa.

San Giuseppe dei Teatini è un esempio straordinario dell'architettura barocca siciliana. L'interno è una meraviglia da non perdere, decorato sontuosamente con stucchi, affreschi e abbellimenti in marmo. La navata e le cappelle sono adornate da altari decorati, statue e dettagli decorativi intricati, che testimoniano tutti la ricchezza e la devozione dell'era barocca.

Questa chiesa non solo offre un'esperienza spirituale, ma rappresenta anche un testimonianza dei risultati artistici ed architettonici della Sicilia del XVII secolo. La sua posizione strategica vicino ai Quattro Canti la rende una tappa imperdibile per i visitatori che esplorano il centro storico di Palermo, offrendo sia approfondimenti culturali che panorami mozzafiato della città.

#4. Chiesa e Monastero di Santa Caterina d'Alessandria

La Chiesa di Santa Caterina d'Alessandria e il convento si trovano nella stessa piazza. Costruiti tra il XVI e il XVII secolo. Fondata dalla Confraternita di Santa Caterina, la chiesa a Palermo si focalizzò sul promuovere la devozione alla santa e sull'impegnarsi in opere di carità. I visitatori possono esplorare il convento, le celle delle monache e la chiesa per una piccola tariffa, scoprendo le affascinanti vite delle monache di clausura nel corso della storia. C'è anche una terrazza sul tetto.

I Segreti del Chiostro

Un angolo segreto all'interno del complesso di Santa Caterina è la panetteria medievale, "I segreti del Chiostro". Questa panetteria continua ad utilizzare le antiche ricette del convento per creare i suoi dolci, preservando e tramandando il patrimonio culinario di Palermo alle future generazioni.

Mentre le tradizioni di panificazione della Sicilia sono state influenzate da vari periodi storici, tra cui la colonizzazione greca e la dominazione araba, è stato durante il periodo medievale che la pasticceria distintiva dell'isola è emersa veramente, in particolare all'interno dei conventi claustrali come Santa Caterina. La panetteria del monastero si è specializzata per secoli nella produzione quotidiana di biscottini siciliani, panini ripieni, biscotti, marmellate e dolci.

Nel corso del Medioevo e del Rinascimento, la vendita di pane e dolci rappresentava una fonte di reddito significativa per il monastero. Questa tradizione continua ancora oggi, offrendo ai visitatori un assaggio di storia. Che tu stia cercando una colazione, uno spuntino o un delizioso souvenir da portare a casa, una visita a questa panetteria è vivamente consigliata.

Lo staff della panetteria, sebbene non siano più monache, è molto cordiale e disponibile. Sono estremamente orgogliosi delle loro tradizioni locali e delle loro creazioni, quindi non esitare a fare domande sui prodotti. La panetteria è aperta tutti i giorni, dalle 9:30 alle 13:30 e dalle 15:00 alle 18:00. Per chi preferisce non entrare nel convento, c'è un ingresso laterale.

Lo sapevi?

La tradizione delle panetterie conventuali in Sicilia risale al Medioevo, un periodo in cui le monache svolgevano un ruolo sorprendente nella storia culinaria dell'isola. All'interno delle mura dei conventi siciliani, le monache preparavano dolci elaborati e pasticcini come modo per sostenere finanziariamente le loro comunità. Queste prelibatezze divine erano spesso ispirate dal simbolismo religioso, fondendo fede e sapore in dolci che deliziavano sia i devoti che l'aristocrazia. Alcuni dei più famosi dolci siciliani, come i cannoli, la cassata e la frutta di marzapane (pasta di mandorle modellata in frutti realistici), devono le loro origini alla creatività di queste abili panettiere. Molte ricette sono rimaste segreti ben custoditi, tramandati tra le generazioni di suore. Queste cucine conventuali sono diventate rinomate per la loro arte, utilizzando ingredienti come mandorle, miele, agrumi e ricotta per creare capolavori che riflettevano la ricca abbondanza agricola della Sicilia.

#5. Chiesa di Santa Maria dell'Ammiraglio (Chiesa della Martorana)

La Martorana, conosciuta anche come Chiesa della Martorana, si trova a solo un minuto dalla panetteria di Santa Caterina. Preparati a rimanere incantato da un'altra chiesa straordinaria, completa di mosaici dorati. La maggior parte delle persone visitano San Marco a Venezia per i suoi mosaici, senza sapere che quelli di Palermo sono molto più antichi e ancor più mozzafiato! Si può visitare questa chiesa solamente tra le 10:00 e le 13:00 ogni giorno. Pagare 2 euro all'ingresso aiuta a mantenere le luci accese e la chiesa pulita.

Fondata nel 1100, la chiesa risale al periodo normanno della Sicilia. Originariamente, i costruttori la eressero come un monastero greco ortodosso in onore di Santa Maria dell'Ammiraglio.

Nel corso dei secoli, la chiesa ha servito come luogo di culto per le comunità greco ortodosse e cattoliche. Attualmente, ospita ancora le messe greco ortodosse. Commissionata da Giorgio d'Antiochia, la chiesa fu un progetto intrapreso durante il suo mandato come ammiraglio e primo ministro del re Ruggero II di Sicilia.

#6. Chiesa di San Giovanni degli Eremiti

Adiacente alla Martorana si trova la Chiesa di San Giovanni degli Eremiti. Il suo aspetto distintivo, caratterizzato da cupole rosse brillanti sopra una struttura quadrata, conferisce alla chiesa la forma di una croce greca. La cupola principale corona il presbiterio, che termina con una nicchia. Questa cupola centrale è ripresa da altre simili su due strutture quadrangolari che fiancheggiano la chiesa, con quella a sinistra che si estende in un campanile.

L'interno della chiesa, pur essendo scarno nelle decorazioni, riveste un notevole interesse storico. Le sue pareti spoglie e l'architettura semplice forniscono un netto contrasto con molte delle chiese più ornate di Palermo, permettendo ai visitatori di avere uno spunto sulla complessa storia dell'edificio. La struttura della chiesa riflette una fusione unica di influenze architettoniche normanne, bizantine e islamiche, testimoniando il ricco passato multiculturale della Sicilia.

Tuttavia, è il chiostro che cattura davvero l'essenza dell'antichità e della tranquillità del sito. Questa parte del complesso è antecedente rispetto alla struttura attuale della chiesa ed è una delle sezioni più antiche e meglio conservate del monastero originario. Il chiostro presenta un giardino tranquillo e rigoglioso che offre un rifugio pacifico dalla frenesia della città. Una cisterna araba antica, un resto dell'epoca islamica del sito, può anche essere trovata in quest'area, sottolineando ulteriormente gli strati di storia presenti a San Giovanni degli Eremiti.

La combinazione dell'imponente esterno della chiesa, del suo interno di grande valore storico e del chiostro antico e tranquillo rende San Giovanni degli Eremiti una tappa imperdibile per chi è interessato al ricco patrimonio architettonico e culturale di Palermo.

#7. Chiesa del Gesù di Casa Professa

A soli 5 minuti a piedi da Piazza Bellini si trova la Chiesa del Gesù di Casa Professa, una gemma nascosta nel ricco panorama ecclesiastico di Palermo. Sebbene l'esterno possa sembrare sobrio, l'interno è uno spettacolo mozzafiato di colori, arte e scultura, rendendola uno dei luoghi più popolari per la fotografia a Palermo.

Il significato religioso del sito risale all'844 d.C., quando qui fu fondata una chiesa dedicata a San Filippo d'Argirò dai monaci greco ortodossi, spesso chiamati monaci basiliani in onore di San Basilio Magno. Questa precedente chiesa e il suo relativo convento rimasero in piedi per secoli prima dell'arrivo dei Gesuiti. Alla fine del XVI secolo, l'ordine dei Gesuiti iniziò la costruzione dell'attuale Chiesa del Gesù, con i lavori che iniziarono intorno al 1564. Inizialmente, la chiesa presentava una facciata ed elementi architettonici tipici del Rinascimento, riflettendo lo stile dell'epoca.

Tuttavia, le caratteristiche più sorprendenti della chiesa arrivarono successivamente. Durante il XVII secolo, diverse famiglie nobili e ordini religiosi sponsorizzarono significativi lavori di ristrutturazione e riprogettazione. Questi cambiamenti trasformarono l'interno nel capolavoro barocco che vediamo oggi, mentre l'esterno conservò gran parte del suo carattere rinascimentale.

Il processo di rinnovamento, che proseguì fino al XVIII secolo, vide l'aggiunta di elaborati stucchi, vivaci affreschi, decorazioni in marmo policromo e altari elaborati. Questo creò un contrasto straordinario tra l'esterno relativamente semplice e l'interno decorato e colorato, che ha reso la chiesa così popolare tra i visitatori e i fotografi.

Il risultato è una fusione unica di stili architettonici, con una "conchiglia" rinascimentale che ospita un gioiello barocco. Questa contrapposizione rende la Chiesa del Gesù di Casa Professa un affascinante studio sull'evoluzione dell'architettura ecclesiastica e della decorazione in Sicilia, riflettendo i cambiamenti nei gusti e nelle sensibilità religiose dal XVI al XVIII secolo.

Feste e Sagre a Palermo durante l'anno

Festa di Sant'Agata

3-5 febbraio

La Festa di Sant'Agata è una delle celebrazioni religiose più importanti di Palermo, dedicata a una delle sante patrone della città. Sant'Agata, una martire cristiana del III secolo, è venerata per la sua devozione e il suo coraggio. La festa include:

- Processioni sacre con le reliquie di Sant'Agata portate per le strade della città

- Spettacoli di fuochi d'artificio che illuminano il cielo notturno

- Piatti tradizionali siciliani serviti in bancarelle e ristoranti

- Funzioni religiose e messe nelle chiese di tutta Palermo

- Eventi culturali e concerti che celebrano il patrimonio siciliano

Palermo Pride

Fine giugno

Una celebrazione della comunità LGBTQ+ che promuove diversità, inclusione ed uguaglianza. L'evento è cresciuto significativamente dal suo esordio, diventando un momento culturale di rilievo nel calendario cittadino. La festa include:

- Una parata colorata attraverso il centro città con carri allegorici e musica

- Concerti ed esibizioni di artisti locali e internazionali

- Feste di strada e incontri sociali nei vivaci quartieri di Palermo

Festival delle Marionette / Festival di Morgana

Novembre (date esatte variabili ogni anno)

Il Festival delle Marionette, conosciuto anche come Festival di Morgana, è un evento teatrale internazionale dei burattini che celebra la ricca tradizione siciliana delle marionette, soprattutto l'Opera dei Pupi riconosciuta dall'UNESCO. Il festival include:

- Spettacoli di compagnie teatrali di marionette locali e internazionali

- Laboratori su creazione e tecniche di manipolazione delle marionette

- Mostre di marionette storiche e contemporanee

- Conferenze e dibattiti sull'arte e la storia del teatro delle marionette

- Eventi speciali dedicati alla tradizione dell'Opera dei Pupi della Sicilia, che risale al XIX secolo e racconta normalmente storie cavalleresche e leggende locali

Presepi di Palermo

Furante tutto dicembre

I Presepi di Palermo sono una tradizione natalizia amata nel capoluogo siciliano, con presepi artistici esposti in tutta la città. L'evento include:

- Presepi artistici allestiti in chiese, spazi pubblici e case private

- Interpretazioni tradizionali e contemporanee della storia della Natività

- Tour guidati dei presepi più importanti

- Illuminazioni e decorazioni speciali nel centro città

- Mercatini di Natale che vendono artigianato locale e dolci stagionali

Questa tradizione, che risale al XIII secolo, fonde devozione religiosa ed espressione artistica locale, mostrando il ricco patrimonio culturale della Sicilia.

Opzioni per gite di un giorno: siti, città e paesi vicini

Segesta. 70 chilometri (43 miglia) da Palermo. Un antico sito archeologico greco situato tra colline ondulate, noto per il suo tempio dorico ben conservato e il teatro che offre viste panoramiche. Tra i luoghi da visitare ci sono il tempio dorico, il teatro greco antico e le pittoresche vedute delle colline circostanti.

Bagheria. Distanza da Palermo: 15 chilometri (9 miglia). Famosa per le sue ville storiche e i giardini, Bagheria è una meta ideale per gli appassionati di arte e architettura. Tra i luoghi da visitare ci sono Villa Palagonia, con le sue statue bizzarre, altre ville storiche e giardini ornamentali.

Logistica

Treno: Palermo Centrale è la principale stazione ferroviaria situata nel cuore della città moderna. Da qui ci vogliono circa 20 minuti a piedi per arrivare alla Cattedrale di Palermo.

Autobus (AMAT): La compagnia di trasporti pubblici locale gestisce una vasta rete di linee di autobus che coprono Palermo e i suoi sobborghi. Gli autobus offrono un modo conveniente per collegare i vari quartieri e i principali punti di interesse.

Tram: La linea Tram di Palermo opera su un percorso dedicato e offre un mezzo di trasporto comodo nel centro città e nelle zone limitrofe.

Metro: La Linea A della metro di Palermo, un'opzione di trasporto rapido, collega il centro città ai sobborghi settentrionali, inclusa la Stazione Centrale.

Auto: Si sconsiglia di guidare in città a causa del traffico intenso, delle strade strette e della complessità di muoversi nel centro storico. Palermo dispone di una ben segnalata ZTL (Zona a Traffico Limitato) dove l'accesso è vietato ai non residenti e multe possono essere emesse se si entra senza permesso.

Parcheggio: I visitatori sono invitati a parcheggiare fuori dalla ZTL in uno dei grandi garage o parcheggi. Parking Italia o Piazzale Ungheria sono delle buone opzioni.

Consigli per mangiare

Ristorante Ai Normanni

Indirizzo: Piazza dei Vespri 6

Situato vicino al celebre Palazzo dei Normanni, il Ristorante Ai Normanni offre un'esperienza culinaria sofisticata ma accogliente. Specializzato in piatti tradizionali siciliani con un tocco moderno, il menu propone pesce fresco, pasta fatta in casa e ingredienti di provenienza locale. L'affascinante area esterna è perfetta per ammirare i dintorni storici mentre si godono piatti realizzati splendidamente. Consiglio di prenotare, soprattutto durante le ore di punta, per assicurarsi un posto in questo ristorante molto apprezzato.

Osteria dei Vespri

Indirizzo: Piazza Croce dei Vespri 6

L'Osteria dei Vespri è un ristorante gourmet rinomato situato nel quartiere storico della Kalsa a Palermo. Situato nel Palazzo Gangi Valguarnera, famoso per il suo ruolo nel film *Il Gattopardo*, il ristorante offre una fusione di tradizione siciliana e tecniche culinarie moderne. Il menu, curato dallo chef Alberto Rizzo, è ispirato agli ingredienti locali con tocchi innovativi, e la vasta cantina vanta oltre 600 etichette provenienti dall'Italia e dal mondo.

Antica Focacceria San Francesco

Indirizzo: Via Alessandro Paternostro 58

Fondato nel 1834, questo storico ristorante è un'istituzione a Palermo. Conosciuto per il suo cibo da strada tradizionale, tra cui arancini (polpette di riso fritte), pane con la milza, e altri piatti tipici siciliani, è un luogo ideale per vivere i sapori della tradizione gastronomica di Palermo.

Dove dormire

Se possibile, consiglio quattro notti a Palermo. Gli eventi di Santa Rosalia sono notevoli, e se vuoi assistere agli eventi del Jazz Fest, più i giri a piedi, quattro notti saranno necessarie.

Palazzo Arone dei Baroni di Valentino. Indirizzo: Via Maqueda 91

Questa splendida residenza storica si trova a pochi passi dai Quattro Canti. Una casa nobiliare privata con otto eleganti camere e suite, offre saloni splendidamente conservati, antichità e collezioni culturali di grande valore, rendendola un'esperienza tranquilla e al contempo sontuosa per un B&B boutique.

*Hotel Quintocanto. Indirizzo: Corso Vittorio Emanuele 310

Questo hotel 4 stelle offre comfort moderni e un'ottima posizione proprio accanto ai famosi Quattro Canti. Il suo design elegante, una combinazione di classico e contemporaneo, è arricchito da una spa, rendendolo un rifugio perfetto dopo aver esplorato la città.

*Eurostars Centrale Palace Hotel. Indirizzo: Via Vittorio Emanuele 327

Un hotel 4 stelle situato in un edificio storico a pochi minuti dalla Cattedrale. Con interni eleganti, arredi d'epoca e un ristorante panoramico sul tetto che offre viste su Palermo, combina lusso e comodità per chi desidera immergersi nella cultura della città.

Massimo Plaza Hotel. Indirizzo: Via Maqueda 437

Vicino al Teatro Massimo, questo hotel boutique 4 stelle offre un servizio personalizzato con camere spaziose. La sua posizione centrale consente un facile accesso alla Cattedrale di Palermo e al cuore storico della città.

*Questi hotel si trovano direttamente lungo Via Vittorio Emanuele, cosa che li posiziona sul percorso della processione per Santa Rosalia. Ciò offre un accesso eccellente all'evento.

**Questi sono situati in una posizione centrale, anche se leggermente fuori dal percorso principale della processione, ma comunque a breve distanza a piedi dai punti principali dell'evento.

Capitolo Quattordici

Sole, Sabbia e Splendore a Mondello

Esperienza di Immersione; La Spiaggia di Mondello

Incastonata tra l'imponente monte Pellegrino e il monte Gallo, la spiaggia di Mondello offre una perfetta fuga dalla vivace città di Palermo. Questo celebre litorale siciliano, con le sue sabbie bianche e fini e le acque turchesi e poco profonde, è da tempo una meta prediletta sia per i locali che per i turisti.

Perché la Spiaggia di Mondello si distingue

La spiaggia di Mondello è rinomata per la sua bellezza naturale, dove la sabbia bianca e soffice incontra acque cristalline, creando un ambiente paradisiaco. Le acque poco profonde la rendono ideale per nuotare e passeggiare, soprattutto per le famiglie con bambini piccoli. Circondata da paesaggi montuosi e rigogliosi, la spiaggia trasmette una sensazione di tranquillità, nonostante la sua popolarità. Un ulteriore elemento di fascino sono le colorate cabine in legno lungo la riva, che richiamano le sue origini ottocentesche come destinazione glamour per l'aristocrazia europea. La spiaggia vanta un'atmosfera vivace, soprattutto d'estate, con un misto animato di locali e turisti che si godono le sue attrazioni.

I visitatori alla spiaggia di Mondello possono godere di numerose attività. Il relax in spiaggia è, naturalmente, l'attrazione principale, con ampie opportunità per prendere il sole, fare il bagno e godersi il clima mediterraneo. Gli sport acquatici come il windsurf e la vela sono molto popolari tra i più avventurosi, grazie ai venti favorevoli della zona. Oltre alla spiaggia, il Villaggio di Mondello offre l'opportunità di esplorare ville in stile Liberty e passeggiare lungo l'affascinante lungomare. Gli amanti della natura apprezzeranno la vicina Riserva Naturale di Capo Gallo, che offre sentieri escursionistici con viste mozzafiato sulla costa. Le acque cristalline offrono anche condizioni ideali per lo snorkeling, permettendo ai visitatori di scoprire la vivace vita marina sotto la superficie.

Delizie Culinarie

La scena culinaria di Mondello è un tributo alla ricca tradizione gastronomica siciliana. I piatti a base di pesce dominano i menù dei ristoranti locali, con specialità come la *pasta con le sarde* e gli *arancini* che sono assolutamente da provare.Il lungomare è costellato di ristoranti e trattorie affascinanti, che offrono l'ambientazione perfetta per cene all'aperto con vista sul Mediterraneo. Per un'esperienza autentica, i visitatori dovrebbero visitare il piccolo mercato del pesce vicino alla spiaggia, dove è possibile osservare i locali contrattare il pescato del giorno – un vero spaccato di vita siciliana.

Come Arrivare da Palermo

Situata a soli 11 chilometri (7 miglia) a nord dal centro di Palermo, la spiaggia di Mondello è facilmente raggiungibile. Il tragitto in auto o taxi dura circa 20-30 minuti, a seconda del traffico.Per chi preferisce il trasporto pubblico, l'autobus 806 da Palermo opera frequentemente, soprattutto durante i mesi estivi, offrendo un viaggio panoramico verso la spiaggia. In alternativa, per un'esperienza più attiva e coinvolgente, i visitatori possono noleggiare una bicicletta a Palermo e godersi una pedalata pittoresca lungo la costa fino a Mondello.

Importanza Storica

La spiaggia di Mondello ha una storia affascinante, essendo stata trasformata da zona paludosa a rinomata destinazione turistica. L'area è costellata da architettura in stile Liberty, con ogni edificio che racconta la storia del passato elegante della spiaggia. Un punto di riferimento notevole è il famoso pontile di

Mondello, costruito nel 1933, che fu originariamente progettato come attracco per idrovolanti, un ricordo interessante del periodo lussuoso della zona.

Vita Notturna

Al calar della sera, Mondello si trasforma. La spiaggia diventa un punto di ritrovo per i giovani locali, con un'atmosfera rilassata fatta di sessioni musicali improvvisate e falò. A differenza della vita notturna più intensa di Palermo, Mondello offre un ambiente serale tranquillo, perfetto per osservare le stelle e socializzare sotto il cielo siciliano.

Il momento migliore per visitarla

Mondello è affascinante tutto l'anno, ma il periodo ideale dipende dalle preferenze personali. Luglio e agosto sono i mesi più affollati e caldi. Per un clima più mite e meno folla, considera maggio-giugno o settembre-ottobre. Questi mesi offrono temperature piacevoli e un'atmosfera rilassata. A maggio si tiene il *Windsurf World Festival*, un evento imperdibile per gli appassionati di sport acquatici.

Consigli pratici

Quando visiti la spiaggia di Mondello, è consigliabile portare o noleggiare un ombrellone, poiché durante i mesi estivi la spiaggia può essere molto calda. Molti stabilimenti balneari applicano un costo per lettini e ombrelloni, quindi arrivare presto è consigliabile per trovare un buon posto.Pur essendo perfetta per famiglie e nuotatori occasionali, le acque poco profonde si estendono piuttosto lontano, il che potrebbe non essere ideale per i nuotatori più esperti. Gli amanti del cibo dovrebbero provare la specialità locale, *pane con le panelle* (panino con frittelle di ceci), disponibile presso i venditori sulla spiaggia.Infine, i visitatori dovrebbero ricordare che la spiaggia di Mondello fa parte di un'area marina protetta, quindi rispettare l'ambiente è fondamentale per preservare la sua bellezza naturale per le generazioni future.

Che tu cerchi relax, avventura o un'immersione nella cultura siciliana, la spiaggia di Mondello ha tutto. La sua combinazione unica di bellezza naturale, ricca storia e atmosfera vivace la rende una vera gemma della costa siciliana, esortando i visitatori a creare ricordi indimenticabili sullo sfondo delle acque scintillanti del Mediterraneo.

CAPITOLO QUINDICI

La Magna Via Francigena

Esperienza di Immersione: da Palermo ad Agrigento

La Grande Via Francigena

Un percorso di pellegrinaggio dalla Francia a Roma che collegava altre terre dei Normanni francesi.

Un *cammino* si riferisce a un pellegrinaggio o un sentiero a lunga distanza, generalmente intrapreso per motivi spirituali, culturali o personali. In Italia, i *cammini* sono profondamente radicati sia nella tradizione religiosa che nel desiderio di connettersi con la natura e la storia. Ecco una panoramica di cosa rappresenta un cammino, perché gli italiani hanno una tradizione nel percorrere questi sentieri e come questa pratica si sta sviluppando.

Capisco che intraprendere un cammino – quei lunghi percorsi di pellegrinaggio che si estendono per grandi distanze, è qualcosa che richiede una pianificazione accurata. Prevede preparazione, tempo e resistenza fisica, e non è per tutti. Comunque questi itinerari sono ricchi di storia e tradizione, rendendoli opzioni apprezzate tra i pellegrini. Anche se non sei sicuro che una lunga camminata faccia per te, volevo condividere il pensiero che questi pellegrinaggi esistono. Per chi è curioso, pianificare un viaggio per esplorare uno di questi antichi percorsi potrebbe offrire un'esperienza profondamente gratificante, sia fisicamente che spiritualmente.

La Magna Via Francigena

La Magna Via Francigena è uno dei percorsi di pellegrinaggio più importanti in Sicilia, parte della più ampia rete di antiche vie Francigene che collegavano i pellegrini in tutta Europa. Ogni anno, circa 1.000-2.000 persone percorrono la Magna Via Francigena, uno dei principali itinerari di pellegrinaggio siciliani, che si estende da Palermo ad Agrigento. Questo numero può variare a seconda della stagione, con i periodi più popolari in primavera e autunno, poiché il caldo estivo può essere intenso lungo questo percorso di 186 chilometri.

Estendendosi dalla costa settentrionale di Palermo alla costa meridionale di Agrigento, questo percordo copre circa 180 chilometri (112 miglia) ed è normalmente suddiviso in nove tappe, con una media di 20 chilometri al giorno. Questo itinerario, adatto a escursionisti con un po' di esperienza, offre un livello di difficoltà moderato, attraversando terreni diversi, comprese colline, valli e strade rurali. Il cammino porta i pellegrini attraverso i paesaggi variegati della Sicilia, salendo e scendendo tra regioni montuose, e richiede generalmente dai 7 ai 9 giorni per essere completato, a seconda del ritmo e delle pause.

StoriaLa Magna Via Francigena risale all'epoca medievale e ancor prima, quando serviva come via commerciale e di pellegrinaggio tra il Mar Mediterraneo e l'entroterra siciliano. Il nome "Magna Via" si traduce in "Grande Via," sottolineando la sua importanza storica. Pellegrini, mercanti ed eserciti un tempo usavano questo percorso durante i loro viaggi tra le principali città siciliane.

Tappe

La divisione tradizionale della Magna Via Francigena è:

1. **Palermo–Monreale:** Inizia nella vivace città di Palermo, nota per la sua architettura normanna, e dirigiti verso la cittadina collinare di Monreale, sede della famosa Cattedrale di Monreale con i suoi magnifici mosaici. Per ulteriori informazioni, vedi il capitolo *FestaFusion: Melodie*

e Miracoli.

2. **Monreale–Santa Cristina Gela**: Attraversa paesaggi rurali, tra uliveti e vigneti, mentre cammini verso la piccola città di Santa Cristina Gela. Per maggiori dettagli, consulta il capitolo *Protetti dall'Oro: I Mosaici di Monreale e la Festa di San Castrense*.

3. **Santa Cristina Gela–Corleone**: Questa tappa offre vedute bucoliche, con sentieri che portano a Corleone, una città nota per la sua importanza storica e il legame con la Mafia, sebbene oggi metta in evidenza il suo patrimonio culturale.

4. **Corleone–Prizzi**: Il percorso continua attraverso terreni più accidentati, portando a Prizzi, un paese arroccato su una collina con splendide vedute panoramiche.

5. **Prizzi–Castronovo di Sicilia**: Una delle parti più scenografiche del percorso, con panorami di montagne e valli. Castronovo di Sicilia è un antico borgo di origini bizantine.

6. **Castronovo di Sicilia–Sutera**: Questa tappa attraversa le montagne sicane, conducendoti a Sutera, uno dei borghi più belli della Sicilia, con le sue chiese storiche e le sue grotte.

7. **Sutera–Racalmuto**: Proseguendo verso sud, il percorso attraversa paesaggi rurali verso Racalmuto, nota per la sua storia letteraria.

8. **Racalmuto–Joppolo Giancaxio**: Passando per piccoli paesi e campagne, questa tappa ti porta a Joppolo Giancaxio, un affascinante paese siciliano vicino ad Agrigento.

9. **Joppolo Giancaxio–Agrigento**: L'ultima parte del viaggio termina ad Agrigento, sede della famosa Valle dei Templi, uno dei più importanti siti archeologici della Sicilia, con templi greci ben conservati.

La Magna Via Francigena offre agli escursionisti una ricca varietà di paesaggi, dalle colline ondulate, ai vigneti e uliveti, fino alle maestose montagne e alle vedute costiere, rendendola un'esperienza gratificante per gli amanti della natura. Lungo il percorso, incontrerai tesori storici come chiese medievali, rovine romane e antichi borghi, ciascuno dei quali offre uno spunto sulla profonda eredità culturale della Sicilia.

Il percorso ti porta anche nel cuore delle tradizioni culinarie siciliane, permettendoti di gustare piatti autentici come formaggi locali, vini, olio d'oliva e dolci. Oltre alla bellezza naturale e alle esperienze culturali, camminare lungo la Magna Via Francigena con un gruppo favorisce connessioni profonde, poiché le sfide comuni, le storie condivise e la compagnia portano spesso alla formazione di amicizie durature durante il viaggio di nove giorni.

Dove Dormire

- **Ostelli del Pellegrino**: Diverse località lungo il percorso offrono sistemazioni economiche per i pellegrini. Questi ostelli sono pensati per escursionisti e pellegrini, offrendo servizi essenziali.

- **Hotel e Agriturismi**: In molti luoghi, puoi anche soggiornare in hotel locali, B&B o agriturismi, dove potrai gustare piatti siciliani fatti in casa.

Mappa

Una mappa dettagliata della Magna Via Francigena può aiutarti a pianificare il tuo percorso. Puoi trovare mappe da diverse fonti, come le associazioni locali di pellegrinaggio o il sito ufficiale della Magna Via Francigena. Consiglio anche di dare un'occhiata su Facebook, dove ci sono gruppi che organizzano camminate.

Perché gli italiani percorrono i cammini?

Pellegrinaggio Religioso: Storicamente, i cammini sono stati un aspetto fondamentale del pellegrinaggio cristiano. Gli italiani (come molti altri europei) percorrevano questi sentieri come atti di fede, penitenza o devozione. L'idea del pellegrinaggio è centrale nel cristianesimo, e l'Italia, con i suoi numerosi santi, santuari e reliquie, offre molte opportunità per questi viaggi spirituali. Camminare verso un sito sacro era un modo per purificare l'anima, chiedere miracoli o esprimere gratitudine a Dio o ad un santo in particolare.

Tradizione Storica: La storia dell'Italia è ricca di antiche strade, vie commerciali e sentieri che collegavano città, paesi e villaggi remoti. Molte delle escursioni moderne seguono questi antichi percorsi, preservando non solo i sentieri fisici, ma anche le tradizioni culturali di queste zone. Fare un cammino è, in un certo senso, un viaggio indietro nel tempo, che offre un'esperienza intima dell'Italia storica. Gli italiani provano un profondo senso di orgoglio per il loro patrimonio, e percorrere questi sentieri permette loro di riconnettersi con il passato.

Crescita Personale e Spirituale: Negli ultimi decenni, queste escursioni sono diventate popolari come forma di esplorazione personale. Molti italiani (e visitatori) percorrono questi sentieri non solo per motivi religiosi, ma anche per cercare una trasformazione personale, solitudine o consapevolezza. Camminare su un percorso a lunga distanza offre tempo per l'introspezione, la riflessione e una pausa dal ritmo frenetico della vita moderna.

Connessione con la Natura: I cammini in Italia attraversano spesso alcuni dei paesaggi naturali più belli del paese, dalle colline ondulate della Toscana alle montagne aspre della Sicilia. Per molti italiani, percorrere un cammino è un modo per immergersi nella bellezza naturale della loro terra. I sentieri spesso conducono gli escursionisti attraverso parchi nazionali, aree protette e villaggi remoti che altrimenti non avrebbero mai esplorato.

Legame Sociale e Comunitario: Sebbene molti facciano i cammini da soli, c'è un forte senso di comunità tra i pellegrini. I cammini offrono l'opportunità di incontrare altri viaggiatori, condividere storie e formare amicizie. Gli italiani, che danno molta importanza alle connessioni sociali e alla vita comunitaria, spesso valorizzano l'esperienza del camminare tanto grazie alle persone che incontrano quanto ai luoghi che visitano.

Salute e Benessere: Camminare è da sempre associato al buon stato di salute, e gli italiani hanno abbracciato questo aspetto del camminare per rimanere attivi e in forma fisica. Molti cammini prevedono una combinazione di sfida fisica e relax, offrendo i benefici dell'esercizio fisico consentendo anche momenti di arricchimento spirituale o culturale.

Eco-Turismo e Turismo Lento: I cammini sono in linea con la crescente tendenza globale del turismo lento e dell'eco-turismo, che enfatizza connessioni più profonde e sostenibili con i luoghi visitati.

CAPITOLO SEDICI

La Stravaganza del Cibo di Strada di Trapani

Il Festival del Cibo di Stragusto

Dove: Trapani, Sicilia

Quando: Di solito l'ultimo weekend di luglio.

Sito web dell'evento: https://www.stragusto.it/it/

Temperature medie durante il festival: Massima: 31°C (88°F). Minima: 21°C (72°F).

Scoprire Trapani: La porta per l'Occidente della Sicilia

Trapani, città di miti e sale, si erge come una sentinella sulla costa occidentale della Sicilia, con il suo porto curvilineo che si protende nel Mediterraneo come una falce. Questa antica città portuale, conosciuta dai Romani come Drepanum, è stata modellata da secoli di commercio marittimo, influenze culturali diverse e dalla costante presenza del mare. Oggi Trapani incanta i visitatori con la sua combinazione di storia, bellezza naturale e importanza strategica come ponte tra la Sicilia e il Nord Africa.

La storia di Trapani risale ai tempi antichi, con leggende che attribuiscono la sua fondazione a Saturno, il quale a quanto pare avrebbe lasciato cadere qui la sua falce, dando alla città la sua forma a mezzaluna e il suo nome antico. In realtà, Trapani fu probabilmente fondata dagli Elimi e successivamente sviluppata come porto dai Fenici. Nei secoli, la città passò sotto il controllo di Cartaginesi, Romani, Vandali, Bizantini, Arabi e Normanni, ognuno dei quali lasciò un'impronta sulla sua cultura e la sua architettura.

Il periodo medievale vide Trapani fiorire come un importante porto commerciale, in particolare sotto il dominio aragonese. L'importanza della città nella produzione di sale e nella lavorazione del corallo contribuirono in modo significativo alla sua prosperità, un'eredità che continua a influenzare la sua economia e la sua identità culturale.

Trapani occupa una posizione unica su un promontorio che si estende nel Mar Mediterraneo. La città è affiancata dal Mar Tirreno a nord e dal Mediterraneo a sud, con il maestoso monte Erice che si erge a est. Questa posizione strategica è stata cruciale per lo sviluppo storico di Trapani e continua a plasmare il suo carattere oggi. La costa è punteggiata da saline, creando un paesaggio suggestivo di piramidi bianche e mulini a vento, diventati simboli iconici della regione. Al largo, le isole Egadi attirano con le loro acque cristalline e la natura incontaminata, offrendo un netto contrasto con il paesaggio urbano di Trapani.

Trapani ha una popolazione di circa 67.000 abitanti e ciò la rende una città siciliana di medie dimensioni. Tuttavia, la sua influenza si estende ben oltre le sue dimensioni, fungendo da capoluogo della sua provincia e da importante polo economico e culturale per la Sicilia occidentale.

Festival del Cibo di Strada del Mediterraneo

Stragusto è uno dei festival gastronomici mediterranei più celebri della Sicilia, che si tiene ogni anno alla fine di luglio nel centro storico di Trapani. Situato nella vivace Piazza Mercato del Pesce, questo evento di cinque giorni ricrea l'atmosfera vivace degli antichi mercati, offrendo ai visitatori una ricca combinazione di sapori, aromi e tradizioni dalla Sicilia e da tutto il Mediterraneo. Il festival celebra il cibo di strada con una selezione diversificata di piatti provenienti da zone come Palermo, Trapani, Puglia, Toscana, Tunisia e persino Madagascar e Romania.

Oltre a gustare specialità locali e internazionali, i visitatori possono dedicarsi ai vini siciliani di alta qualità nell'area dedicata alla degustazione, perfettamente situata sulla suggestiva terrazza delle mura di Tramontana, che offre viste spettacolari al tramonto. L'evento trasforma Trapani nella "capitale dei sapori mediterranei" con tour culinari, chioschi ambulanti ed eventi interattivi per gli appassionati di gastronomia.

Il Festival del Cibo di Strada del Mediterraneo Stragusto è iniziato nel 2009 ed è cresciuto fino a diventare uno degli eventi più amati della Sicilia. Il festival include anche degustazioni di vini, laboratori di cucina e intrattenimento dal vivo, rendendolo una vivace celebrazione del cibo e della cultura. Stragusto presenta sia cibo di strada tradizionale che sapori innovativi. Gli artigiani del cibo di strada, che hanno preservato il loro patrimonio culinario regionale per generazioni, sono al centro dell'evento. Il festival non riguarda solo il cibo, ma anche la celebrazione della diversità e del fascino della cultura mediterranea.

Cibi del festival in evidenza

Panelle: Queste frittelle di ceci croccanti, condite con erbe, sono tipiche di Palermo, spesso servite in panini con una spruzzata di limone.

Arancini: Sfere di riso siciliane ripiene di ragù, mozzarella o verdure, impanate e fritte alla perfezione.

Sfincione: Una pizza spessa e soffice di Palermo, condita con salsa di pomodoro, cipolle, acciughe, pangrattato e formaggi locali.

Pane ca Meusa: Un panino farcito con milza di manzo cotta a fuoco lento, a volte con polmone, solitamente condita con formaggio caciocavallo e limone, un piatto unico di Palermo.

Dolci: Imperdibili i dolci tradizionali siciliani come la cassata e i cannoli.

Il festival mette in evidenza anche i piatti tipici siciliani di Trapani e delle isole circostanti, accompagnati da straordinarie degustazioni di vini, rendendo Stragusto un'esperienza imperdibile per gli amanti del cibo e per gli esploratori culturali.

Giro a Piedi di Trapani - Giorno 1: Monumenti Storici e Culturali

#1. Porta Ossuna e Via Garibaldi

Porta Ossuna segna l'ingresso al centro storico di Trapani. Questa antica porta funge da soglia simbolica tra la città moderna e il suo ricco nucleo storico. Attraversandola, si viene trasportati indietro nel tempo, pronti a scoprire le meraviglie della Trapani antica.

Via Garibaldi, che si estende da Porta Ossuna, è una strada pittoresca che racchiude l'essenza del fascino di Trapani. Fiancheggiata da edifici storici, negozi caratteristici e invitanti caffè, questa via offre un perfetto primo assaggio dell'atmosfera della città. Passeggiando, si percepisce la vita quotidiana di Trapani, tra passato e presente.

#2. Le Mura di Tramontana

Le Mura di Tramontana sono le antiche mura settentrionali della città di Trapani. Queste imponenti fortificazioni furono costruite originariamente per proteggere la città dalle invasioni, sottolineando l'importanza strategica storica di Trapani.

Oggi, le mura offrono viste spettacolari sulla città e sulla costa. Camminando lungo la passeggiata panoramica in cima alle mura, i visitatori possono ammirare viste mozzafiato di Trapani e del mar Mediterraneo. Questo punto di osservazione offre una prospettiva unica sulla disposizione della città e sul suo legame con il paesaggio circostante.

Le Mura di Tramontana rappresentano un simbolo del ricco patrimonio architettonico di Trapani e del suo ruolo secolare come porto chiave del Mediterraneo. Una visita qui permette di connettersi con il passato della città godendosi alcune delle viste più pittoresche di Trapani.

#3. Il Torrino Conca

Conosciuto anche come la "Torre Conca," il Torrino Conca è una testimonianza suggestiva delle celebri fortificazioni di Trapani. Situato vicino alle Mura di Tramontana, sul bordo settentrionale del centro storico, questa torre rappresenta un eccellente esempio di architettura difensiva medievale e premoderna.

Il Torrino Conca offre ai visitatori un legame tangibile con il passato di Trapani, illustrando come le città un tempo si fortificassero contro potenziali invasioni. La sua posizione strategica offre un altro magnifico punto di osservazione, completando le viste panoramiche dalle Mura di Tramontana.

#4. La Cattedrale di San Lorenzo

La Cattedrale di San Lorenzo è una magnifica chiesa barocca che si presenta come uno dei monumenti religiosi e architettonici più importanti di Trapani. Costruita originariamente nel 1421 come Chiesa di San Lorenzo, fu elevata allo status di cattedrale nel 1844.

Nel 1635 la cattedrale subì significativi restauri, trasformandosi in una basilica a tre navate. Nel 1740 il noto architetto Giovan Biagio Amico guidò ulteriori lavori di ristrutturazioni ed ampliamenti, includendo l'aggiunta di cappelle laterali, un coro, un portico, una cupola e quattro torri. L'interno presenta notevoli stucchi neoclassici e affreschi completati da Vincenzo Manno in questo periodo.

Gli amanti dell'arte apprezzeranno la straordinaria collezione della cattedrale, che include la scultura in pietra locale de *Il Cristo Morto* di Giacomo Tartaglia, la raffigurazione del Padre Eterno di Domenico La Bruna e il *San Giorgio* di Andrea Carreca. Il pezzo più stimato è un dipinto della crocifissione attribuito a Van Dyke.

Situata in Via Generale Giglio Domenico, la Cattedrale di San Lorenzo non è solo un luogo di culto, ma uno scrigno di arte e storia. La sua presenza imponente e l'interno ricco la rendono una tappa imprescindibile in ogni giro a piedi di Trapani.

#5. Pranzo in una Trattoria Locale

Dopo una mattinata di visite turistiche, è il momento di scoprire le delizie culinarie di Trapani. Cerca una trattoria locale dove potrai assaporare i piatti tipici siciliani. Alcune specialità da provare includono la pasta con le sarde o il couscous di pesce, un omaggio alle influenze nordafricane nella cucina siciliana.

#6. La Torre di Ligny e il Museo Civico Torre di Ligny

La Torre di Ligny è una storica torre di avvistamento che oggi ospita il Museo Civico. Questo luogo singolare offre una combinazione di architettura storica ed esposizioni culturali che lo rende una tappa imperdibile a Trapani.

La torre testimonia la storia marittima di Trapani, mentre il museo ospita una collezione di reperti che raccontano la storia della città e dei suoi dintorni. Dalla sommità della torre, i visitatori possono godere di viste panoramiche sulla città e sul mare, offrendo una prospettiva diversa rispetto ai punti di osservazione precedenti.

Inoltre la spiaggia Torre del Ligny, la spiaggia più vicina alla città, si trova qui. Se il tempo e il clima lo permettono, vale la pena fare una breve passeggiata sulla riva.

#7. Lungomare Dante Alighieri

Mentre la giornata volge al termine, fai una passeggiata rilassante sul Lungomare Dante Alighieri. Questo suggestivo lungomare offre l'occasione perfetta per riflettere sulla giornata trascorsa godendo della bellezza del Mediterraneo.

La passeggiata è particolarmente incantevole al tramonto, quando cielo e mare si tingono di colori vivaci. È un luogo amato da locali e turisti, che offre una conclusione serena ad una giornata di esplorazioni.

Luoghi Principali per il Giorno 2: Bellezze Naturali e Saline

#1. Le Saline di Trapani e Paceco

Situata tra Trapani e Marsala, quest'area è famosa per la sua tradizionale produzione di sale, che risale a oltre 2.000 anni fa. I visitatori possono scoprire il processo di produzione del sale, che si basa sull'evaporazione dell'acqua di mare in bacini poco profondi, ed esplorare i famosi mulini a vento che sono stati fondamentali per la produzione di sale sin dal XVI secolo. Le Saline fanno parte anche di una riserva naturale, dove si trovano fenicotteri e altre specie di uccelli migratori, offrendo vedute spettacolari, soprattutto al tramonto. Visite guidate:

Puoi fare un giro della zona, visitare i musei del sale e acquistare sale marino locale di alta qualità.

Per arrivare da Trapani alle Saline di Trapani, hai diverse opzioni:

- In auto: Le saline, note come *Saline di Trapani e Paceco*, si trovano a circa 15 minuti di auto da Trapani. Puoi seguire le indicazioni per Paceco e troverai delle strade che portano direttamente alle saline. È semplice con un GPS o una mappa.

- In autobus: Esistono autobus locali che collegano Trapani alle saline. Controlla gli orari e le linee locali per avere informazioni aggiornate. Puoi prendere un autobus per Paceco e poi fare una breve passeggiata o un taxi fino alle saline.

- In bici: Se ti piace fare attività fisica, andare in bicicletta è un modo piacevole per arrivarci. La zona intorno a Trapani e alle saline è abbastanza pianeggiante e adatta alle biciclette.

- Con un tour: Molti tour operator locali offrono escursioni alle saline. Questa può essere un'opzione comoda, poiché spesso include visite guidate e trasporti.

#2. Giardino Pubblico Villa Margherita

Rilassati in questo giardino pubblico: un tranquillo spazio verde nel cuore della città, ideale per una passeggiata o un momento di riposo.

#3. Piazza Mercato del Pesce

Piazza Mercato del Pesce è una parte vivace ed essenziale della vita quotidiana e della cultura culinaria di Trapani. Situata nel cuore del centro storico, questa piazza animata è stata il luogo del mercato del pesce per secoli.

La piazza è circondata da splendidi edifici storici, tra cui la Chiesa di Sant'Agostino, che fa da sfondo pittoresco alle attività del mercato. Al mattino, in particolare, la piazza si anima con pescatori e venditori locali che vendono il pescato fresco del giorno.

Feste a Trapani Durante L'anno

Processione dei Misteri

Venerdì Santo

Questa è la festa religiosa più famosa e significativa di Trapani.Durante la processione di 24 ore, statue a grandezza naturale che rappresentano la Passione di Cristo vengono portate per le strade. L'evento risale al XVII secolo ed è profondamente radicato nella tradizione locale. I visitatori possono assistere alla solenne processione, ammirare le statue elaborate e vivere la profonda atmosfera spirituale che avvolge la città.

Festival Trapani Comix & Games

Terzo fine settimana di maggio.

Questo evento è dedicato a fumetti, giochi, narrazioni e mitologie contemporanee. Si svolge nel parco Villa Margherita, nel centro storico di Trapani.I visitatori possono godersi mostre, incontrare artisti, partecipare a tornei di gioco e assistere a conferenze su vari temi della cultura pop. Il festival attira sia appassionati che curiosi, offrendo un insieme unico di intrattenimento ed esplorazione culturale.

Festa di Sant'Alberto

7 agosto

Questa festa onora Sant'Alberto degli Abati, il santo patrono di Trapani.Le celebrazioni includono processioni religiose e fuochi d'artificio. I visitatori possono osservare la devozione dei residenti locali, godersi spettacoli di musica e danza tradizionale siciliana e partecipare all'atmosfera festosa che anima le strade di Trapani.

Festa della Madonna di Trapani

16 agosto

Questa festa celebra la Madonna di Trapani, una delle icone religiose più venerate della città.La festa include una grandiosa processione in cui la statua della Madonna viene portata per le strade, insieme ad altre attività festive.

Festival dell'Opera

Luglio e agosto

Il Festival estivo dell'Opera di Trapani si svolge in vari luoghi storici della città, tra cui l'antico Teatro Greco di Segesta.Presenta rappresentazioni di opere classiche e contemporanee. Gli amanti della musica possono godersi performance di livello mondiale in suggestive ambientazioni storiche, unendo arricchimento culturale alla bellezza del patrimonio architettonico di Trapani.

Trapani Medievale

Autunno (le date specifiche possono variare)

La festa di Trapani Medievale celebra la storia medievale della città.I visitatori possono vivere una varietà di attività che li riporta al Medioevo, tra cui rievocazioni storiche, sfilate, spettacoli di musica e danze tradizionali, mercati e dimostrazioni di antichi mestieri e arti. Molti partecipanti indossano costumi d'epoca, creando un'atmosfera storica coinvolgente. Questa festa offre un'opportunità unica per fare un salto indietro nel tempo e scoprire il ricco patrimonio medievale di Trapani.

Opzioni per gite di un giorno: siti, città e paesi vicini

Marsala. 32 kilometri (20 miglia) da Trapani. Marsala è una città storica sulla costa, famosa per il suo vino liquoroso e il suo ricco patrimonio culturale.

Il vino Marsala, che prende il nome dalla città in cui viene prodotto, è un vino liquoroso che rappresenta una specialità siciliana da oltre due secoli. Creato nel 1773 dal mercante inglese John Woodhouse, questo celebre vino è realizzato principalmente con varietà di uve bianche come Grillo, Inzolia e Catarratto. Il processo di produzione prevede la fortificazione con brandy o liquori neutri per aumentare il contenuto alcolico, seguito dall'invecchiamento in botti di legno, a volte per decenni.

I vini Marsala variano da secchi a dolci, con diverse classificazioni di invecchiamento, e vengono apprezzati come aperitivo, vino da dessert o utilizzati in cucina. Visitare Marsala offre un'opportunità unica di esplorare la ricca storia del vino e il processo di produzione tramite tour delle cantine e degustazioni, permettendo ai visitatori di apprezzare appieno questa parte importante del patrimonio culturale e culinario della Sicilia. Troverai:

- Centro storico con architettura barocca. Passeggia lungo le eleganti strade fiancheggiate da palazzi, chiese e piazze che riflettono il ricco passato della città. I punti salienti includono il Duomo di San Tommaso di Canterbury, con la sua grande facciata e l'imponente interno, e Porta Garibaldi, una storica porta che segna l'ingresso alla città vecchia. Le piazze, come Piazza della Repubblica, sono perfette per goderti un caffè e immergerti nell'atmosfera vivace siciliana.

- Cantine vinicole con degustazioni di vino Marsala. Marsala è famosa in tutto il mondo per il suo vino liquoroso, e nessuna visita sarebbe completa senza esplorare le sue rinomate cantine. Visita storiche cantine come le Cantine Florio o Pellegrino, dove potrai conoscere il processo di produzione, la storia del vino e la sua importanza internazionale.

- Riserva Naturale dello Stagnone con le sue saline. La Riserva Naturale dello Stagnone è una splendida area naturale appena fuori Marsala. Famosa per le sue antiche saline e i suoi celebri mulini a vento, la riserva offre panorami mozzafiato, specialmente al tramonto. Le saline, ancora in funzione oggi, mostrano un metodo tradizionale di produzione del sale che è stato preservato per secoli.

- Parco Archeologico di Lilybaeum. Questo sito, un tempo un importante insediamento cartaginese e successivamente romano, presenta imponenti rovine, tra cui sezioni delle mura cittadine, mosaici e resti di edifici antichi. Tra i punti salienti ci sono l'insula romana ben conservata (edificio urbano) e la Casa dei Mosaici, che espone elaborati disegni pavimentali.

- Museo Archeologico Baglio Anselmi. Situato all'interno di un magazzino vinicolo restaurato del XIX secolo, il Museo Archeologico Baglio Anselmi ospita una straordinaria collezione di reperti dalla storia antica di Marsala. Il pezzo centrale del museo è la Nave Punica, un'imbarcazione fenicia straordinariamente ben conservata del III secolo a.C., che offre uno spunto sulla storia marittima della Sicilia.

Castellammare del Golfo. Kilometri (25 miglia) da Castellammare. Questa pittoresca città costiera è conosciuta per le sue bellissime spiagge, il porto antico e la vicinanza a meraviglie naturali.

- Castello Medievale con Vista sul Mare: Questa storica fortezza offre panorami mozzafiato sul mare e fornisce uno scorcio sulla ricca storia del paese, ospitando un piccolo museo che racconta la storia locale.

- Il suggestivo Porto dei Pescatori: Il pittoresco porto è animato da attività, fiancheggiato da barche colorate e caffè frontemare, che lo rendono un luogo perfetto per una passeggiata rilassante.

- Piazza Petrolo, la Piazza Principale: Questa vivace piazza è il cuore di Castellammare, dove abitanti e visitatori si riuniscono per godere della sua atmosfera affascinante, circondati da negozi e ristoranti.

- Il Vicino Villaggio di Scopello e la Sua Famosa Tonnara: Il caratteristico villaggio di Scopello è noto per la sua antica tonnara, le formazioni rocciose mozzafiato e le acque cristalline, ideali per esplorare e fare snorkeling.

Mozia (Mothia). 27 kilometri (17 miglia) da Mozia. Un'antica città fenicia su una piccola isola nella Laguna dello Stagnone, accessibile in barca da Marsala.

- Rovine Archeologiche dell'Insediamento Fenicio: Esplora i resti di questa antica città, tra cui templi, strutture residenziali e reperti che svelano la ricca storia della civiltà fenicia.

- Museo Whitaker: Situato a Mozia, questo museo ospita una straordinaria collezione di reperti fenici, tra cui la celebre statua in marmo del "Giovanetto di Mozia".

- Antiche Mura e Porte della Città: Le fortificazioni e le porte ben conservate evidenziano l'importanza strategica e l'ingegnosità difensiva degli abitanti fenici.

- Cothon (Porto Interno Artificiale): Questo porto unico, scavato nell'isola, mostra le avanzate capacità ingegneristiche dei fenici e la loro esperienza marittima.

- Saline e Mulini a Vento sulla Terraferma: Le saline e i famosi mulini a vento vicino alla Laguna dello Stagnone offrono panorami mozzafiato e uno spunto sui metodi tradizionali di produzione del sale che sono praticati ancora oggi.

Logistica

Treno: Trapani ha una stazione ferroviaria in città.

Autobus: Collegano Trapani alle principali città e paesi siciliani. Sono disponibili anche autobus locali per muoversi a Trapani e nelle zone circostanti.

Auto: Per raggiungere Trapani da Palermo in auto, prendi l'autostrada A29 in direzione ovest. Il viaggio dura in media 1,5 ore.

Parcheggio: A Trapani, il parcheggio può essere complicato a causa dei posti limitati nel centro storico, soprattutto durante l'alta stagione turistica. Ecco alcune opzioni di parcheggio:

- Parcheggio Porta Ossuna: Questo è un comodo parcheggio all'aperto vicino alla città vecchia. È a pochi passi dalle principali attrazioni, come il porto e il centro storico.

- Piazzale Ilio: Situato leggermente al di fuori del centro principale, quest'area di parcheggio offre ampi spazi ed è spesso consigliata per il parcheggio a lungo termine. Si trova a 10-15 minuti a piedi dal centro, oppure puoi prendere una navetta.

Consigli per Mangiare

Osteria La Bettolaccia. Indirizzo: Via Gen. Enrico Fardella 25

Un'osteria popolare a conduzione familiare che offre piatti tradizionali siciliani con un'attenzione sugli ingredienti freschi e locali. Conosciuta per l'atmosfera accogliente, l'Osteria La Bettolaccia serve piatti classici di pasta con frutti di mare e dolci deliziosi come i cannoli. Si consiglia di prenotare a causa della sua popolarità.

Hostaria San Pietro. Indirizzo: Via San Pietro 18

Un ristorante affascinante situato vicino al porto, l'Hostaria San Pietro è specializzata nella famosa cucina di pesce di Trapani. Il menu propone una varietà di piatti a base di pesce, tra cui couscous con pesce e pasta fresca con ricci di mare, offrendo un autentico assaggio del Mediterraneo.

Trattoria Cantina Siciliana. Indirizzo: Via Giudecca 32

Situata nello storico quartiere ebraico, questa trattoria è rinomata per la sua cucina rustica siciliana. L'ambiente è caldo e tradizionale, e il menu mette in evidenza i piatti tipici della regione, tra cui pasta alla trapanese, pesce fresco e una selezione di ottimi vini locali.

Museo del Sale.

Quando visiti le saline, prendi in considerazione di pranzare nel ristorante del museo, la Trattoria Del Sale: serve piatti siciliani autentici conditi con il sale locale.

Dove Dormire

Stragusto è un tipo di sagra, un festival gastronomico. Non è necessario pernottare, ma qui ci sono molti siti significativi da visitare. Se si decide di soggiornare, consiglio due notti, e se si desidera esplorare le Isole Egadi, quattro notti.

Hotel San Michele. Indirizzo: Via San Michele 16

Un hotel boutique 3 stelle situato nel centro storico di Trapani, a pochi passi dal porto. Con il suo design elegante, le camere spaziose e una fusione di decorazioni tradizionali e moderne, offre un soggiorno confortevole con facile accesso alle vicine attrazioni.

Central Gallery Rooms Indirizzo: Via Garibaldi 58Situato in una delle vie principali del centro storico di Trapani, questa struttura a 3 stelle offre camere moderne e spaziose in un edificio splendidamente restaurato. L'hotel è a pochi passi dalle principali attrazioni, ristoranti e negozi, rendendolo una scelta comoda per i viaggiatori.

Room of Andrea Hotel. Indirizzo: 31 Viale Regina Margherita

Un hotel 4 stelle che offre comfort moderni uniti al fascino storico. Situato nel cuore della città, l'hotel dispone di camere e suite eleganti, dotate di servizi come Wi-Fi gratuito, TV a schermo piatto e aria condizionata. Gli ospiti possono godere di una piscina sul tetto con viste panoramiche, colazione gratuita e opzioni gastronomiche nel ristorante dell'hotel.

Da Agosto a Novembre

Celebrazioni Autunnali

CAPITOLO DICIASSETTE

FestaFusion nell'Erice medievale

FestaFusion Erice

#1. Erice Estate (Festival Estivo): Un vivace festival che dura tutta l'estate ad Erice, con concerti, spettacoli teatrali ed eventi culturali, celebrando il patrimonio artistico e storico della città.

#2. Festa di Maria Santissima di Custonaci: Una celebrazione religiosa annuale in onore della Madonna di Custonaci, caratterizzata da una solenne processione per le strade di Erice, con i locali che portano la venerata statua della Vergine Maria.

#FestaFusion significa che due o più festival si svolgono all'incirca nello stesso periodo e nello stesso paese, permettendo ai visitatori di godersi più eventi durante la loro visita.

Dove: Erice

Quando: Festival Estivo da luglio ad agosto. Festa di Maria Santissima di Custonaci ultima settimana di agosto.

Temperature medie durante i festival: Massima: 24°C - 28°C (75°F - 82°F). Minima: 16°C - 20°C (61°F - 68°F).

Esplorare i Segreti della Collina di Erice

Erice è una città storica situata nella provincia di Trapani, in Sicilia, Italia. Conosciuta per le sue viste mozzafiato, l'architettura medievale ben conservata e il ricco patrimonio culturale, Erice rappresenta un testimone della storia diversificata della Sicilia. Questa pittoresca cittadina è diventata una meta ambita per i turisti che desiderano immergersi nel passato dell'isola, pur godendo del suo fascino contemporaneo.

Fenici, Cartaginesi, Romani e Arabi hanno tutti abitato Erice in vari periodi della storia. Il periodo medievale fu particolarmente significativo per Erice, che subì un importante sviluppo sotto il dominio normanno. Nell'antichità, la città aveva grande importanza religiosa come centro del culto di Venere Erycina, aggiungendo strati di mistero alla sua già ricca storia.

Situata sulla cima del Monte Erice, a circa 750 metri sopra il livello del mare, Erice offre spettacolari vedute del paesaggio circostante. Dalla sua posizione elevata, i visitatori possono ammirare la città di Trapani e le acque scintillanti del Mar Tirreno. La particolare forma triangolare della città è caratterizzata da ripide pendici su tutti i lati, creando una fortezza naturale che ha contribuito a preservare il suo carattere antico nel corso dei secoli. Erice è famosa per la sua nebbia frequente, che le ha valso il poetico soprannome di "Città nelle Nuvole". Questo fenomeno meteorologico aggiunge un'atmosfera di mistero e romanticismo alla città, soprattutto nei mesi più freschi.

Secondo stime recenti, Erice conta una popolazione modesta di circa 30.000 abitanti. Tuttavia, questo numero non è statico. La città subisce notevoli fluttuazioni della sua popolazione durante l'anno, principalmente a causa del flusso e riflusso del turismo. Durante l'alta stagione, le strette vie e le piazze storiche di Erice sono animate da visitatori provenienti da tutto il mondo, aumentando temporaneamente la popolazione e conferendo alla città un'atmosfera vivace e cosmopolita.

#1. Erice Estate (Festival Estivo)

Erice Estate è uno degli appuntamenti culturali più attesi a Erice, trasformando il borgo medievale in un vivace centro di espressione artistica e culturale da luglio ad agosto. Ambientato tra le antiche strade acciottolate e gli edifici storici, il festival offre un ricco programma di concerti, spettacoli teatrali, mostre d'arte ed eventi all'aperto. Ciò che rende questo festival particolarmente speciale è la sua varietà: una sera puoi ascoltare musica classica e la successiva goderti il teatro contemporaneo o le performance folkloristiche locali. Gli spettacoli si svolgono in diverse location di Erice, tra cui luoghi all'aperto come la pittoresca Piazza San Giuliano, così come in edifici storici come la Chiesa di San Giovanni Battista, che offre uno scenario suggestivo per i concerti serali. L'energia culturale e artistica del paese è amplificata dal contesto medievale, permettendo ai visitatori di fare un tuffo nel passato mentre assistono a performance moderne.

I momenti salienti di Ericè Estate includono:

Concerti Classici e Contemporanei: Musicisti internazionali e locali si esibiscono in scenari mozzafiato, unendo la bellezza senza tempo di Erice con la musica coinvolgente.

Teatro all'Aperto: Spettacoli teatrali sotto le stelle animano sia temi storici che contemporanei, offrendo un'esperienza unica al pubblico.

Mostre d'Arte: Durante il festival, vengono ospitate mostre d'arte in edifici storici, con opere di artisti siciliani ed internazionali. Poiché il festival dura due mesi, è facile pianificare una visita che coincida con la Festa religiosa di Maria Santissima di Custonaci, permettendoti di vivere sia eventi culturali che religiosi in un unico viaggio.

#2. Festa di Maria Santissima di Custonaci

La Festa di Maria Santissima di Custonaci, che si tiene nell'ultima settimana di agosto, è una delle festività religiose più importanti della regione. La festa onora la Madonna di Custonaci, patrona di Erice e dell'area circostante. La leggenda narra che l'intervento miracoloso della Madonna abbia salvato i marinai da una terribile tempesta in mare, e la sua immagine è stata venerata nella città da quel momento.

La festa riunisce non solo gli abitanti di Erice, ma anche visitatori e pellegrini provenienti dai paesi vicini, tutti radunati per rendere omaggio alla Madonna tramite processioni, preghiere e celebrazioni culturali.

Eventi Giorno per Giorno

Giorno 1: Ultima Domenica di Agosto

8:00 Messa di Apertura

La festa inizia con una messa solenne nella Chiesa di Maria Santissima di Custonaci. Autorità locali, clero e fedeli si radunano per questo servizio importante.

10:00 Processione dello Stendardo

Dopo la messa, si svolge la Processione dello Stendardo. Questa processione simbolica percorre le strade di Erice, segnando l'inizio ufficiale della festa.

18:00 Concerto in Piazza

La serata è dedicata a performance di musica sacra in Piazza San Giuliano, con i cori locali che rendono omaggio alla Madonna.

Giorno 2: Lunedì: Eventi Culturali e Pellegrinaggi

9:00

I pellegrini provenienti dai paesi vicini iniziano ad arrivare ad Erice, molti di loro a piedi, per rendere omaggio alla Madonna.

12:00 Una Mostra

Mostre legate alla storia della Madonna e al culto di Custonaci vengono organizzate nei musei e nei centri culturali della città.

20:00 Una Rappresentazione Teatrale

Una rappresentazione teatrale ha luogo nel centro del paese, raccontando i momenti salienti della leggenda degli interventi miracolosi della Madonna.

Giorno 3: Martedì: Processione Solenne della Madonna

8:00 La Messa

Un'altra messa mattutina si tiene nella Chiesa di Maria Santissima di Custonaci.

18:00 La Processione Solenne della Madonna

L'evento più atteso della festa, la Processione Solenne della Madonna attraverso le strade di Erice. La statua della Madonna, magnificamente adornata con fiori e gioielli, è portata in spalla dagli uomini locali, accompagnata da preghiere, inni e una banda di ottoni.

21:00

Mentre la processione attraversa Erice, si ferma in punti significativi della città per benedizioni e preghiere. La folla si raduna lungo le strade, tenendo candele, creando un'atmosfera di devozione e rispetto.

23:00 Uno Spettacolo Pirotecnico

La giornata si conclude con uno splendido spettacolo pirotecnico visibile da tutta la valle, illuminando il cielo notturno sopra Erice.

Giorno 4: Mercoledì: Celebrazioni della Festa e Commiato

10:00 La Messa

Una messa finale viene celebrata in onore della Madonna, durante la quale vengono offerti doni dalla comunità locale.

16:00 Spettacoli Culturali

Continuano gli spettacoli culturali nella piazza principale, con musica popolare e danze tradizionali siciliane.

20:00 Un Concerto

La festa si conclude con un concerto finale in piazza, celebrando sia il significato religioso che culturale dell'evento.

Giro a Piedi di Erice

#1. Porta Trapani

Il tour di Erice inizia a Porta Trapani, l'antica porta di pietra che dà il benvenuto nel cuore del borgo. Questo ingresso segna l'inizio di un viaggio indietro nel tempo, passando sotto lo stesso arco attraversato nei secoli da innumerevoli viaggiatori e pellegrini. Costruita nel periodo medievale, Porta Trapani è il punto di partenza ideale per comprendere la storia difensiva di Erice e la sua posizione strategica sulla vetta del Monte Erice. Mentre passate attraverso la porta, fermatevi un momento per ammirare la vista mozzafiato sulla campagna e sulla costa sottostante. Questo primo scorcio dell'alto punto di osservazione di Erice è solo un'anteprima dei panorami spettacolari che vi aspettano durante l'esplorazione.

#2. La Chiesa Madre e il Campanile

Una breve passeggiata da Porta Trapani vi porterà alla Chiesa Madre, un'imponente struttura gotica costruita nel XIV secolo. Originariamente commissionata da Re Federico III d'Aragona, la Chiesa Madre era sia luogo di culto sia avamposto difensivo, come dimostra il suo campanile fortificato.

La Chiesa Madre e il Campanile

Prima di entrare, prendetevi un momento per ammirare l'esterno, caratterizzato da merlature e da uno splendido rosone sopra il portale principale. Entrate all'interno della chiesa per scoprire la sua pacata bellezza, con soffitti a volta, archi e cappelle tranquille che offrono un rifugio pacifico dal mondo esterno. Per un'esperienza ancora più straordinaria salite sul campanile della chiesa, dove sarete ricompensati da una vista mozzafiato sui tetti rossi di Erice, sullo scintillante Mar Tirreno e sulle lontane Isole Egadi.

#3. Via Vittorio Emanuele: Una Passeggiata nel Cuore di Erice

Dalla Chiesa Madre, proseguite lungo le strade acciottolate di Via Vittorio Emanuele, una delle arterie principali di Erice. Questa strada è il cuore pulsante del borgo, fiancheggiata da negozi caratteristici, caffè e boutique artigianali che vendono di tutto dalle ceramiche locali e tessuti fatti a mano.

#4. Castello di Venere: Il Gioiello della Corona di Erice

Continuate il vostro percorso in salita fino a raggiungere il punto di riferimento più famoso di Erice, il Castello di Venere. Arroccato sul bordo di una scogliera, questo castello normanno del XII secolo è stato costruito sulle rovine di un tempio dedicato a Venere Ericina, la dea dell'amore e della fertilità. Il tempio era un importante sito di pellegrinaggio nell'antichità, attirando marinai e viaggiatori in cerca del favore della dea.

Passeggiate attraverso i maestosi archi in pietra del castello e mentre esplorate le rovine, immaginate i pellegrini che un tempo facevano qui le loro offerte. Anche se gran parte del tempio è scomparsa, l'aura di mistero e leggenda persiste. Il castello offre una delle viste panoramiche più impressionanti di tutta la Sicilia: in una giornata limpida, è possibile vedere le saline di Trapani, le Isole Egadi e persino la lontana costa della Tunisia.

#5. Le Torri del Balio

Appena oltre il castello, incontrerai le Torri del Balio, due antiche torri di avvistamento che facevano parte delle fortificazioni difensive di Erice. Come sentinelle sulla città, queste torri offrono un altro punto panoramico per viste mozzafiato. Sali in cima e immagina le guardie medievali che un tempo facevano la sentinella qui, tenendo d'occhio i mari circostanti per individuare nemici in avvicinamento. Da questa altezza, è facile comprendere perché Erice fosse considerata una cittadella fortificata impenetrabile per gran parte della sua storia.

Le Torri del Balio

#6. Piazza Umberto I: Il Fulcro Sociale del Borgo

Di seguito, ritorna verso Piazza Umberto I, la piazza principale nel cuore di Erice. Questa piazza è stata per secoli il centro sociale e culturale della città, dove i locali si riuniscono per aggiornarsi sulle ultime novità, e i visitatori si mescolano con i residenti sorseggiando un caffè o un bicchiere di vino. Qui, troverai alcuni dei punti di riferimento più noti di Erice, tra cui la Chiesa di San Giuliano, un'elegante chiesa del XVII secolo con una facciata barocca impressionante. La chiesa è un'ulteriore testimonianza delle profonde radici religiose di Erice, e il suo interno è altrettanto affascinante, con dettagli elaborati in stucco e un altare splendidamente decorato.

#7. Gli Angoli Nascosti e le Chiese di Erice

Mentre continuate ad esplorare, avventuratevi fuori dalle strade principali per scoprire i tesori nascosti di Erice. Il paese ospita oltre 60 chiese, molte delle quali sono nascoste in angoli tranquilli. Fra di loro c'è la Chiesa di San Martino, una chiesa piccola ma bella con dettagli barocchi elaborati e un'atmosfera pacifica. Un altro luogo da vedere è la Chiesa di San Giovanni Battista, che offre un'esperienza più intima e spirituale.

#8. Via Guarnotti

Perditi in Via Guarnotti, una delle strade più tranquille di Erice, dove le case di pietra medievali sembrano congelate nel tempo. Il silenzio qui è palpabile, e avrai la sensazione di essere tornato indietro in un secolo lontano. Mentre esplori questi vicoli nascosti, potresti imbatterti in un antico cortile di pietra o in un piccolo negozio a conduzione familiare che vende prodotti fatti a mano.

#9. Museo Pepoli

Concludi il tuo giro a piedi al Museo Cordici (Museo Pepoli), situato in un palazzo storico nel centro del paese. Il museo è dedicato alla storia archeologica e al patrimonio culturale di Erice, con esposizioni che presentano reperti provenienti dall'antico tempio di Venere, reliquie medievali e opere d'arte rinascimentali. Il museo offre uno sguardo più profondo sulle stratificazioni di storia che definiscono Erice, dalle sue antiche radici alla sua ascesa medievale come città fortificata.

Feste ad Erice Durante l'Anno

Settimana Santa

La settimana che precede la Pasqua (marzo/aprile, a seconda del calendario).

La Settimana Santa di Erice è caratterizzata da celebrazioni profondamente religiose e solenni, in particolare con la Processione dei Misteri, una processione che presenta statue lignee raffiguranti scene della Passione di Cristo. Queste statue vengono trasportate per le strade medievali di Erice, accompagnate da musica malinconica, creando un'atmosfera riflessiva e di devozione. Questa tradizione risale a secoli fa e continua ad essere un evento religioso e culturale significativo per la città, attirando sia i residenti che i turisti.

Festa di San Giuliano

2 settembre

Questa festa onora San Giuliano, il santo patrono di Erice. Le celebrazioni includono una processione religiosa in cui la statua di San Giuliano viene portata per le strade di Erice, seguita da una solenne messa. I festeggiamenti si estendono per tutto il paese, con cibo locale, musica e altre celebrazioni tradizionali. La festa ha profonde radici storiche nella città, con San Giuliano che si crede abbia protetto Erice da vari pericoli nel corso della sua storia.

Erice Natale

Per tutto dicembre

Durante il periodo natalizio, Erice si trasforma in un incantevole villaggio invernale. La città è adornata con luci e decorazioni festive, con le strade medievali acciottolate che offrono uno sfondo perfetto per le celebrazioni natalizie. Vengono allestiti mercatini di Natale dove si vendono artigianato locale, cibo e dolci delle feste.

I presepi vengono esposti in tutta la città, spesso incorporando elementi tradizionali siciliani. Oltre ai mercatini, ci sono concerti e funzioni religiose nelle storiche chiese del paese, creando un'atmosfera calda e festosa. La trasformazione di Erice durante il periodo natalizio è un'esperienza magica per residenti e visitatori.

Opzioni per Gite di un Giorno: Siti, Città e Paesi Vicini

Custonaci. 13 chilometri (8 miglia) a sud-ovest di Erice. Una cittadina affascinante, nota per le sue cave di marmo e le tradizioni religiose. I punti salienti includono: il Santuario di Maria Santissima di Custonaci, una bellissima chiesa del XV secolo che ospita una venerata icona bizantina della Madonna. La Grotta Mangiapane, un villaggio di caverne preistoriche abitato fino alla metà del XX secolo, che offre uno sguardo unico sulla vita tradizionale siciliana. E la Riserva Naturale di Monte Cofano che è una splendida area costiera con sentieri escursionistici, che regalano viste panoramiche sul Mar Tirreno e flora e fauna uniche.

Valderice. 7 chilometri (4 miglia) a est di Erice. Una pittoresca cittadina incastonata tra le montagne e il mare. I visitatori possono godere di: i Molini Excelsior, un complesso restaurato di mulini a vento del XIX secolo, che oggi funge da centro culturale e museo; la Chiesa Madre, la chiesa principale del paese, dedicata a Cristo Re, che presenta un'architettura moderna e splendide vetrate colorate; e la Torre di Bonagia, una torre di avvistamento del XVI secolo che offre panorami mozzafiato sulla costa e sulle Isole Egadi.

Buseto Palizzolo. 18 chilometri (11 miglia) a sud-est di Erice. Una piccola cittadina dell'entroterra, circondata da colline ondulate e uliveti. I punti salienti includono: il Santuario di Maria SS. di Cropani, una bellissima chiesa che ospita una venerata statua della Madonna; il Castello Feudale, rovine di un castello medievale che offre viste panoramiche sulla campagna circostante; e il Bosco Scorace, un'area naturale protetta ideale per escursioni e pic-nic, che ospita flora e fauna diversificate.

Logistica

Treno: La stazione ferroviaria più vicina si trova a Trapani. Non esiste una linea diretta per Erice, ma la stazione di Trapani è la fermata più vicina. Da Trapani, si può proseguire verso Erice prendendo la funivia o l'autobus: entrambi offrono percorsi panoramici per raggiungere la cittadina in cima alla collina.

Autobus: Il servizio AST opera regolarmente tra Trapani ed Erice.

Funivia da Trapani: La funivia è un modo scenografico e pratico per raggiungere Erice da Trapani, evitando la strada tortuosa.

Auto: Erice dista circa 30 minuti di auto da Trapani tramite le strade SP31 e SP3. Le strade tortuose su per la montagna offrono viste spettacolari, ma possono essere strette e ripide.

Parcheggio: C'è un parcheggio appena fuori dal centro città, poiché alle auto è generalmente vietato entrare nelle strette strade acciottolate del centro storico. L'area di sosta principale è Porta Trapani, che si trova vicino alla porta di accesso al centro antico. È un parcheggio a pagamento e si trova a poca distanza a piedi dalle principali attrazioni.

Consigli per Mangiare

La Pentolaccia. Indirizzo: Via Guarnotti, 17

Un ristorante tradizionale che offre cucina siciliana classica con un'attenzione particolare agli ingredienti freschi e locali. La loro specialità è il couscous (spesso a base di pesce), ma servono anche abbondanti piatti di pasta e opzioni di carne.

L'atmosfera è accogliente e tranquilla, riflettendo il fascino medievale del borgo. Si trova nel cuore del centro storico.

Osteria Gli Archi di San Carlo. Indirizzo: Via Apollinis, 3.

Noto per il suo splendido giardino e i piatti locali siciliani, questo ristorante offre una gamma di opzioni di carne e pesce, tra cui i loro caratteristici involtini di pesce spada. L'atmosfera è rustica e romantica, rendendolo perfetto per una pasto rilassante dopo aver esplorato Erice. E' a circa 5 minuti a piedi dalla piazza principale.

Consiglio per le Pasticcerie: **Pasticceria Maria Grammatico.** Indirizzo: Via Vittorio Emanuele, 14.

Un luogo imperdibile per chi ama i dolci. Questa famosa pasticceria offre una vasta varietà di dolci tradizionali siciliani, tra cui cannoli, biscotti alle mandorle e Genovesi (una specialità locale). Perfetta per una sosta veloce o da asporto. Distanza dal centro: Situata nel cuore del centro storico.

Dove Dormire

Se organizzi una visita per il FestaFusion Erice, consiglio di soggiornare tre notti in città. Questo ti permetterà di visitare i luoghi e partecipare agli eventi. C'è molto da fare nei dintorni.

Hotel Elimo. Indirizzo: Via Vittorio Emanuele, 75

Un hotel a 3 stelle situato nel cuore del centro storico di Erice. L'hotel presenta camere semplici ma confortevoli con arredamento tradizionale, molte delle quali offrono viste panoramiche sulla zona circostante. C'è un ristorante ed un bar, e gli ospiti possono godere del grazioso giardino. Proprio nel cuore della città.

Hotel Moderno. Indirizzo: Via Vittorio Emanuele, 63

Questo è un hotel a 3 stelle conosciuto per la sua calorosa ospitalità e la posizione privilegiata. Le camere sono semplici ma accoglienti, dotate di Wi-Fi gratuito, TV e aria condizionata. Il ristorante dell'hotel serve cucina siciliana locale. Gli ospiti apprezzano la vicinanza ai principali siti. Si trova vicino alla piazza centrale, a pochi passi dalle attrazioni principali.

Il Carmine. Indirizzo: Piazza del Carmine

Situato in un ex convento carmelitano, questo hotel offre un soggiorno unico e tranquillo ad Erice. Le camere sono semplici ma confortevoli, con un'attenzione alla conservazione del fascino storico dell'edificio. L'hotel include un bellissimo cortile, perfetto per rilassarsi dopo una giornata di visite turistiche. Si trova a 5 minuti a piedi dal cuore del centro storico.

*Per la processione durante la Festa di Maria Santissima di Custonaci, questi hotel si trovano lungo il percorso della processione.

CAPITOLO DICIOTTO

Esperienza di immersione: Trapani e le Isole Egadi

L e Isole Egadi sono rinomate per i loro paesaggi mozzafiato, le acque cristalline e i villaggi pittoreschi. Con un itinerario di tre giorni, avrete tutto il tempo per immergervi nella bellezza naturale di Favignana, Levanzo e Marettimo, le tre isole principali, esplorando gemme nascoste e la cultura locale, e gustando le delizie siciliane.

Giorno 1: Arrivo a Favignana ed Esplorazione dell'Isola

Inizia presto il tuo viaggio a Trapani, prendendo un traghetto o un aliscafo per Favignana, la più grande delle Isole Egadi. Il viaggio dura circa 30 minuti in aliscafo o un'ora in traghetto. Prenota i biglietti in anticipo, specialmente durante l'estate, per evitare lunghe code. Arrivo a Favignana: Una volta sull'isola, puoi noleggiare una bicicletta, uno scooter o una e-bike per spostarti. Favignana è famosa per i suoi percorsi ciclabili e l'atmosfera rilassata.

Cala Rossa: Il Gioiello di Favignana nelle Isole Egadi

Cala Rossa è spesso considerata una delle spiagge più splendide d'Italia. La sua straordinaria combinazione di suggestive scogliere rosse e acque trasparenti che vanno dal turchese al blu profondo crea un paesaggio quasi surreale. Che tu arrivi a piedi o in barca, Cala Rossa offre un'immersione indimenticabile nella bellezza naturale delle gemme meno conosciute della Sicilia.

Perché Cala Rossa è famosa: Cala Rossa è più di una semplice spiaggia—è un paesaggio etereo scolpito dalla natura. Il nome "Cala Rossa" deriva da una leggenda storica legata alla Prima Guerra Punica, secondo cui le acque si sarebbero colorate di rosso a causa di una sanguinosa battaglia navale tra i Romani e i Cartaginesi. Oggi, le scogliere appaiono in diverse sfumature di rosso, soprattutto durante il tramonto, quando i colori vivaci si riflettono sulla costa rocciosa.

Ma è l'acqua a rubare davvero la scena: cristallina, che cambia dal blu profondo al turchese vivace a seconda dell'ora del giorno e della luce solare. La limpidezza del Mediterraneo ne fa un paradiso per lo snorkeling e il nuoto, offrendo una visibilità senza pari nel mondo sottomarino, dove è possibile vedere i pesci che si muovono tra le rocce e le alghe.

Come Arrivare:

Puoi raggiungere Cala Rossa in bicicletta o scooter (entrambe opzioni popolari ed ecologiche), oppure noleggiare una barca.

In bicicletta o scooter: Il viaggio dal porto a Cala Rossa dura circa 15-20 minuti ed è un percorso panoramico lungo tortuose strade costiere. Sebbene il suolo sia accidentato vicino alla spiaggia, è proprio questo che contribuisce a rendere Cala Rossa così isolata e tranquilla.

In barca: Puoi noleggiare piccole imbarcazioni dal porto di Favignana, con l'opportunità di visitare Cala Rossa dal mare. Questa opzione offre viste spettacolari sulle scogliere e permette un facile accesso alle acque più profonde, perfette per lo snorkeling.

Altre Informazioni Interessanti:

Antiche Cave di Pietra: Le scogliere di Cala Rossa erano un tempo sede di antiche cave di tufo, e ancora oggi puoi vedere i resti dell'estrazione della pietra che ha plasmato gran parte dell'architettura delle Isole Egadi e delle aree circostanti. Le cave creano piscine naturali uniche scolpite nella roccia, aumentando l'atmosfera di paesaggio surreale.

Periodo Migliore per Visitarla: Il momento ideale per visitare Cala Rossa è durante le stagioni intermedie, alla fine della primavera (maggio-giugno) o all'inizio dell'autunno (settembre-ottobre), quando il clima è caldo e le folle sono più ridotte.

Vita Marina: Le acque che circondano Cala Rossa sono ricche di vita marina, rendendola un paradiso per subacquei e appassionati di snorkeling. Potrai avvistare banchi di pesci, polpi e vivaci spugne marine appena sotto la superficie.

Cala Rossa è una destinazione indimenticabile che offre sia pace che avventura. Che tu stia fluttuando nelle sue acque cristalline, ammirando le sue spettacolari scogliere rosse, o esplorando la sua ricca storia, questa cala cattura l'essenza della bellezza selvaggia della Sicilia. È la destinazione perfetta per chiunque desideri immergersi nelle meraviglie naturali delle Isole Egadi.

Consigli per Mangiare

Ristorante SottoSale. Indirizzo: Via Cristoforo Colombo, 55

Conosciuto per la sua raffinata cucina siciliana e l'attenzione al pesce fresco, questo ristorante elegante offre piatti come tartare di tonno, busiate con pesto trapanese e pesce fresco alla griglia. L'ambiente accogliente con posti a sedere all'aperto crea un'atmosfera rilassata tipica dell'isola.

Trattoria da Papù. Indirizzo: Via Vittorio Emanuele, 16

Una trattoria affascinante che propone piatti tradizionali siciliani in un ambiente informale. Le specialità includono couscous di pesce, pasta alla norma e piatti a base di pesce spada. È apprezzata per la sua atmosfera familiare e la cucina casalinga.

Quello Che C'è. Indirizzo: Via Florio, 17

Una gemma nascosta che offre alcuni dei migliori piatti di pesce locali, tra cui spaghetti con ricci di mare. L'attenzione è sulla qualità e sul sapore, con un menù piccolo ma curato. L'ambiente informale e il servizio amichevole lo rendono ideale per una cena intima.

Ristorante Camarillo Brillo. Indirizzo: Piazza Europa, 9

Un locale vivace, noto per le sue interpretazioni creative di piatti tradizionali, utilizzando pesce fresco locale e ingredienti biologici. Prova la pasta con tonno fresco o il polpo grigliato per un'esperienza gastronomica deliziosa. L'atmosfera vivace con posti a sedere all'interno e all'aperto è perfetta per un pasto informale ma memorabile.

Queste opzioni offrono una varietà di sapori autentici, che tu stia cercando piatti tradizionali siciliani o esperienze culinarie più creative.

Dove Dormire

Il Baglio sull'Acqua. Indirizzo: Contrada Madonna, 9, 91023 Favignana

Questo hotel boutique 4 stelle è ospitato in un affascinante baglio ottocentesco restaurato, offrendo un rifugio tranquillo a breve distanza dalle spiagge di Favignana. Gli ospiti possono godere di camere eleganti con vista sulla campagna circostante, un cortile sereno e un giardino in stile arabo. L'hotel dispone anche di una piscina all'aperto e di un ristorante, ideale per un soggiorno rilassante e lussuoso.

Hotel Il Portico. Indirizzo: Via Meucci, 3

Questo affascinante hotel a 3 stelle a conduzione familiare si trova a pochi passi dal porto di Favignana e dalla piazza principale del paese, Piazza Matrice. Gli ospiti possono godere di camere moderne con balconi privati, una terrazza panoramica con vista sul mare e una rinomata colazione a buffet. L'hotel è perfetto per i viaggiatori che cercano comfort nel cuore dell'isola.

Giorno 2: Levanzo – Una Fuga Pacifica

Il tuo secondo giorno a Favignana è l'occasione perfetta per esplorare la vicina isola di Levanzo, una gemma tranquilla nell'arcipelago delle Egadi. Inizia la giornata con un rapido viaggio in traghetto o aliscafo da Favignana a Levanzo. Il tragitto dura solo 10-15 minuti, ma ti trasporterà in un mondo di serenità e bellezza naturale incontaminata.

Appena sceso dalla barca su Levanzo, la più piccola delle Isole Egadi, sentirai subito la sua atmosfera pacifica. Prenditi del tempo per passeggiare nell'affascinante villaggio, dove case imbiancate a calce fiancheggiano le strade acciottolate e il ritmo della vita sembra rallentare. Fai una sosta in un bar locale per un caffè mattutino e magari un pasticcino siciliano tradizionale, godendoti l'atmosfera tranquilla e l'ospitalità amichevole della gente del posto.

Grotta del Genovese

Una delle attrazioni di Levanzo è l'affascinante Grotta del Genovese. Questa grotta preistorica ospita straordinarie pitture rupestri risalenti al Neolitico e al Paleolitico, offrendo uno spunto sulla storia antica dell'isola. È consigliabile prenotare un tour guidato in anticipo, poiché la grotta può essere raggiunta solo via mare o tramite un'escursione guidata a piedi. L'esperienza di vedere queste opere d'arte antiche nel loro contesto originale è davvero suggestiva e offre una prospettiva unica sulla lunga storia dell'insediamento umano nella regione.

Avventura in Spiaggia: Cala Minnola

Cala Minnola si distingue come un gioiello fra le spiagge di Levanzo, e per una buona ragione. Situata sulla costa orientale dell'isola, questa piccola cala è rinomata per la sua bellezza incontaminata e l'atmosfera tranquilla. La spiaggia si trova a circa 30 minuti a piedi dal porto principale e dal villaggio di Levanzo, il che la rende accessibile ma abbastanza isolata da evitare le grandi folle.

Mentre ti avvicini a Cala Minnola, rimarrai colpito dal vivido contrasto di colori. La spiaggia è composta da lisci ciottoli bianchi che lasciano il posto ad acque turchesi così limpide che spesso si può vedere direttamente il fondale. Questa trasparenza la rende un luogo eccezionale per fare snorkeling, con una vivace vita marina visibile appena al largo. La cala è abbracciata da scogliere rocciose e frastagliate, coperte di macchia mediterranea, che ne aumentano il fascino pittoresco e offrono un po' di ombra naturale in alcune ore della giornata.

Quello che distingue Cala Minnola è la sua natura incontaminata e la mancanza di grandi servizi, il che contribuisce alla sua atmosfera serena. A differenza di spiagge più attrezzate, qui non troverai file di lettini o affollati bar sulla spiaggia.

Quest'assenza di comodità commerciali preserva la bellezza naturale della cala e l'atmosfera di pace. Tuttavia, ciò significa anche che dovrai arrivare preparato con le tue scorte – acqua, snack e qualsiasi attrezzatura da spiaggia di cui potresti aver bisogno durante la giornata.

Per gli appassionati di storia, Cala Minnola offre anche un ulteriore punto di interesse. Le acque al largo della spiaggia ospitano un antico relitto romano. Sebbene il relitto non sia visibile dalla superficie, sapere di nuotare sopra un sito storico così significativo aggiunge un elemento di fascino alla tua esperienza in spiaggia.

La passeggiata dal porto a Cala Minnola è un'esperienza a sé, lungo un sentiero panoramico con viste mozzafiato sulla costa. Se la camminata ti sembra impegnativa, specialmente nel caldo dell'estate, durante la stagione di punta alcune piccole imbarcazioni offrono occasionalmente un servizio di trasporto alla spiaggia dal porto principale.

Scegliere Cala Minnola ti permette di vivere uno dei più bei paesaggi naturali di Levanzo nella sua forma più autentica. È un luogo dove puoi davvero disconnetterti, circondato dalla bellezza grezza del paesaggio siciliano e dall'incantevole Mar Mediterraneo. Lo sforzo per raggiungere questo luogo isolato viene ripagato con un'esperienza da spiaggia indimenticabile che racchiude il fascino incontaminato delle Isole Egadi.

Spiagge più vicine al Porto dei Traghetti: La spiaggia più facilmente accessibile dal porto dei traghetti di Levanzo è Cala Dogana, che si trova proprio accanto al porto. Questa piccola e pittoresca spiaggia offre acque cristalline ed è perfetta per un tuffo veloce dopo essere arrivato sull'isola.

Un'altra opzione nelle vicinanze è Cala Fredda, che si trova a pochi passi a sud dal porto lungo la costa. È una piccola spiaggia di ciottoli con acque calme e cristalline, ideale per nuotare e rilassarsi. Il sentiero per Cala Fredda è facile da seguire, e la passeggiata richiede circa 10-15 minuti dal porto dei traghetti, rendendola una comoda opzione per i visitatori che cercano una spiaggia tranquilla subito dopo lo sbarco.

Queste due spiagge presentano il più facile accesso dal traghetto ed entrambe offrono un angolo sereno e bellissimo per godersi le acque del Mediterraneo a Levanzo.

Consigli per mangiare

Ristorante Paradiso Address: Via Calvario, 19

Questo ristorante accogliente e a conduzione familiare è noto per i suoi piatti di pesce fresco, tra cui gli spaghetti ai ricci di mare e il pesce grigliato, direttamente pescato dai pescatori locali. I posti a sedere all'aperto offrono una vista spettacolare sul mare, rendendolo il posto ideale per un pasto tranquillo mentre si assapora l'atmosfera dell'isola.

Panetteria La Chicca. Indirizzo: Via Calvario, 23

La Panetteria La Chicca è una panetteria molto amata nel pittoresco villaggio di Levanzo. Conosciuta per il suo cibo siciliano autentico, questa affascinante istituzione offre una varietà di prodotti freschi preparati ogni giorno, tra cui:

- Kabbuci: tradizionali panini siciliani fatti con impasto per pizza e farciti abbondantemente con ingredienti locali.

- Arancini: classiche palline di riso, croccanti all'esterno e saporite all'interno.

- Pizzette: piccole e saporite pizze perfette per uno spuntino veloce.

Amiamo questa panetteria per la sua calorosa ospitalità e i prezzi convenienti, che la rendono un punto di riferimento sia per i locali che per i turisti in cerca di autentici sapori siciliani. Che tu stia cercando uno snack veloce prima di esplorare l'isola o desideri goderti un pasto tranquillo, la Panetteria La Chicca offre un'esperienza gastronomica deliziosa che cattura l'essenza della cucina siciliana.

Bar Romano. Indirizzo: Piazza del Porto, 7

Un punto di ritrovo popolare vicino al porto, ideale per uno spuntino veloce o una bevanda. Conosciuto per i suoi snack leggeri, i panini e la granita, è il posto perfetto per prendersi un caffè o un dolce rinfrescante mentre si gode della vista sul porto.

Dove Dormire a Levanzo

Albergo Paradiso. Indirizzo: Via Calvario, 19

Un piccolo hotel a conduzione familiare che offre camere confortevoli con viste mozzafiato sul mare. Conosciuto per la sua atmosfera tranquilla e il servizio accogliente, è una scelta perfetta per i viaggiatori che cercano di rilassarsi e godersi il fascino silenzioso di Levanzo. L'hotel dispone anche di un ristorante che serve piatti tradizionali siciliani e pesce fresco.

Dolcevita Egadi Eco Resort by KlabHouse. Indirizzo: Via Capo GrossoIl

Dolcevita Egadi Eco Resort by KlabHouse è un resort eco-friendly a 4 stelle situato sull'isola pittoresca di Levanzo, la più piccola delle Isole Egadi al largo della costa occidentale della Sicilia. Il resort offre una fuga serena, fondendo armoniosamente il comfort moderno con la bellezza naturale dell'isola.

Ritorno a Favignana: Se non resti a dormire, prendi il traghetto di ritorno verso Favignana, per goderti un'altra serata tranquilla sull'isola.

Giorno 3: Marettimo – Un Paradiso per gli Amanti della Natura

Traghetto per Marettimo: Nel tuo ultimo giorno, prendi il traghetto per Marettimo, la più remota e selvaggia delle Isole Egadi, nota per i suoi paesaggi incontaminati, i sentieri escursionistici e le acque cristalline. Il viaggio in traghetto da Favignana dura circa un'ora.

Esplorare la Costa di Marettimo in Barca: All'arrivo, prendi in considerazione di prenotare un giro in barca intorno all'isola. La costa spettacolare di Marettimo si può apprezzare meglio dal mare, da dove potrai visitare grotte marine nascoste come la Grotta del Cammello e la Grotta della Bombarda. Molti tour includono soste per lo snorkeling in calette isolate e incontaminate.

Escursioni ed Esplorazione della Natura: Marettimo è un paradiso per gli amanti dell'escursionismo. Dopo il tour in barca, esplora uno dei tanti sentieri panoramici dell'isola, come il percorso che porta al Castello di Punta Troia, una fortezza del XII secolo che offre viste panoramiche sull'isola e sul mare circostante. In alternativa, goditi un'escursione nella Riserva Naturale Orientata, dove potrai immergerti nella bellezza selvaggia di Marettimo.

Relax al Mare: Trascorri il tuo ultimo pomeriggio rilassandoti in riva al mare, nuotando e godendoti le spiagge pacifiche di Marettimo. La natura incontaminata dell'isola la rende il luogo perfetto per immergersi nella tranquillità delle Isole Egadi.

Consigli per Mangiare

Il Veliero. Address: Via Campi, 1

Un ristorante affascinante che offre una varietà di piatti a base di pesce fresco, con un'attenzione sulla cucina siciliana tradizionale. I piatti da provare includono spaghetti alle vongole e pesce spada grigliato. L'atmosfera accogliente e la vista sul lungomare lo rendono il posto perfetto per un pasto piacevole.

La Scaletta. Address: Via Umberto, 3

Rinomato per i suoi piatti semplici e autentici preparati con ingredienti freschi e locali. Il menu propone specialità di pesce deliziose come il fritto misto e la pasta con bottarga. È un locale amato sia dai residenti che dai visitatori, grazie alla sua atmosfera rilassata e al cibo eccellente.

Dove Dormire a Marettimo

Hotel Marettimo Residence. Address: Via Telegrafo, 3

Un bellissimo hotel residence a 4 stelle che offre appartamenti moderni e confortevoli con balconi privati affacciati sul mare. La struttura è situata in una zona tranquilla, circondata da giardini rigogliosi, e dispone di una piscina. È un'ottima scelta per famiglie o coppie che cercano una soggiorno rilassante.

Ritorno serale a Trapani

La sera, prendi il traghetto per tornare a Trapani. Il viaggio di ritorno offre una conclusione piacevole alla tua avventura di tre giorni tra le acque cristalline, le gemme nascoste e i paesaggi mozzafiato delle Isole Egadi.

CAPITOLO DICIANNOVE

Un Assaggio di Tradizione a Librizzi

L a Sagra dei Maccheroni

Dove: Librizzi

Quando: Primo sabato di agosto.

Temperature medie durante il festival: Massime: 30°C - 33°C (86°F – 91°F). Minime: 18°C - 21°C (64°F - 70°F).

Scoprire Librizzi: Paradiso collinare sui Nebrodi

Situato tra le verdi colline della Sicilia nordorientale, Librizzi rappresenta un pittoresco esempio del fascino rurale e delle tradizioni durature dell'isola. Questo piccolo borgo, arroccato sui Monti Nebrodi, offre ai visitatori uno spaccato della vita siciliana autentica che è rimasta in gran parte invariata per secoli. Con le sue viste panoramiche, l'architettura medievale e il forte patrimonio agricolo, Librizzi incarna la bellezza tranquilla e la ricca eredità culturale dell'entroterra montuoso della Sicilia.

La storia di Librizzi, come molti piccoli borghi siciliani, si perde nella notte dei tempi. Sebbene la data esatta della sua fondazione sia incerta, l'area è stata abitata fin dall'antichità, con testimonianze di insediamenti greci e romani nelle vicinanze. Il nome della città sembra derivare dalla parola greca *"Eribreches"*, che significa "ricca di acqua," un riferimento alle sorgenti naturali che hanno a lungo sostenuto la comunità. La storia documentata di Librizzi inizia nel periodo medievale, quando faceva parte della Val Demone, uno dei distretti amministrativi della Sicilia sotto il dominio arabo e normanno. Nel corso dei secoli, il paese si sviluppò come centro agricolo, con una ricchezza legata strettamente alla terra fertile che lo circondava.

Librizzi occupa una posizione dominante ad un'altezza di circa 501 metri sopra il livello del mare, nel cuore delle Montagne Nebrodi. Questa posizione conferisce alla città un clima più fresco rispetto alle zone costiere, influenzando sia la sua agricoltura che il suo fascino come meta estiva. Librizzi si trova a circa 70 chilometri a ovest di Messina e 150 chilometri a est di Palermo, rendendola una gemma nascosta lontana dai tradizionali percorsi turistici. Il territorio del paese si estende dall'interno montuoso fino alla costa tirrenica, abbracciando un paesaggio variegato di boschi, oliveti e pascoli. Librizzi ha una popolazione di circa 1.600 abitanti, rispecchiando il graduale declino comune a molti piccoli paesi montani italiani. Nonostante le sue piccole dimensioni, Librizzi mantiene un forte senso di comunità e identità culturale. La città è nota per la sua produzione di olio d'oliva di alta qualità, le nocciole e i prodotti caseari, in particolare un formaggio locale chiamato Maiorchino.

La Sagra dei Maccheroni

La Sagra dei Maccheroni è un evento gastronomico molto amato che si tiene nel piccolo paese di Librizzi, situato nella provincia di Messina, in Sicilia. Dal suo esordio nel 2002, la sagra è diventata un appuntamento immancabile per i locali e i visitatori, celebrando la semplicità e la ricchezza delle tradizioni culinarie siciliane, in particolare i famosi maccheroni. Ogni anno, la sagra si svolge una sera all'inizio di agosto, generalmente a partire dalle 20:30 circa. Le strade del centro storico di Librizzi, in particolare Piazza Catena e Via Roma, si animano con i vivaci colori, suoni e profumi del miglior cibo di strada siciliano. Il cuore della festa è la preparazione dei maccheroni, fatti a mano da abili cuochi e serviti con un sugo saporito a base di pomodori locali, ricotta fresca e basilico. Questo piatto, sebbene semplice, racchiude i sapori della regione, con tutti gli ingredienti provenienti dal territorio per garantire autenticità e freschezza.

La sagra è iniziata nel 2002 come un'iniziativa per onorare e promuovere i cibi tradizionali della regione, in particolare i maccheroni, che occupano un posto speciale nella cucina siciliana. Nel corso degli anni, è cresciuta in popolarità ed è diventata un evento importante nel calendario estivo sia per il paese che per le aree circostanti. La manifestazione non solo mette in risalto le prelibatezze culinarie di Librizzi, ma offre anche ai visitatori uno spunto per scoprire il patrimonio agricolo del paese, con molte famiglie che ancora oggi preparano i maccheroni a mano come parte delle loro tradizioni quotidiane.

Durante la sagra, i visitatori possono assistere ad un vivace spettacolo di cuochi che manovrano pentole e padelle, mescolando grandi quantità di pasta mentre cantano e gridano, contribuendo così a creare un'atmosfera festosa. Oltre ai famosi maccheroni, l'evento presenta una vasta gamma di cibi tradizionali siciliani, tra cui:

- Maccheroni al Sugo con Ricotta: Il piatto principale della sagra, composto da maccheroni fatti a mano con un ricco sugo di pomodoro, ricotta fresca e basilico.

- Sfincione: Una pizza morbida e spessa, condita con pomodori, cipolle, acciughe e pangrattato.

- Cannoli e Cassata: I dessert siciliani per eccellenza, che offrono una dolce conclusione al pasto.

- Vini Locali: Vini provenienti dai vigneti locali, che si abbinano perfettamente ai piatti della sagra.

Oltre al cibo, la sagra offre una varietà di esperienze culturali. I partecipanti possono godere della musica popolare siciliana tradizionale, delle danze, e di visite guidate delle strade medievali di Librizzi. La storia agricola del paese viene anche celebrata con visite a vecchi frantoi, macine e mulini ad acqua. Per chi è interessato alla storia, il Museo della Memoria dell'Emigrazione racconta la storia degli emigranti locali diretti in Australia e Stati Uniti, aggiungendo una dimensione culturale alla sagra.

Giro a Piedi di Librizzi

Questo giro a piedi ti guiderà attraverso le attrazioni più significative, combinando luoghi storici, panorami ed esperienze locali. Il giro dura circa 2-3 ore, a seconda del tuo passo e del tempo che trascorri in ogni luogo.

#1. Piazza Catena

Inizia il tuo giro in Piazza Catena, il cuore di Librizzi. Questa piazza centrale è il principale punto di ritrovo del paese, circondata da edifici in pietra che mostrano l'architettura locale. Cerca la fontana decorata al centro, un popolare punto di incontro per i locali. Se la visiti ad agosto, potresti assistere alla vivace Sagra dei Maccheroni che si svolge qui, una celebrazione della cultura e della cucina locale.

#2. Chiesa di San Michele Arcangelo

Una passeggiata di 3 minuti a nord da Piazza Catena ti porta alla Chiesa di San Michele Arcangelo. Questa chiesa è una testimonianza dell'architettura ecclesiastica siciliana, che fonde vari stili nel corso della sua storia. All'interno, troverai un altare in legno finemente scolpito e affreschi del XVIII secolo che raffigurano scene della vita di San Michele.

#3. Centro Storico e Vie Medievali

Prosegui verso est dalla chiesa per esplorare il centro storico di Librizzi. Passeggia per stretti vicoli tortuosi che sono rimasti per lo più invariati per secoli. Mentre cammini, fai attenzione al portale in pietra del XV secolo in Via Roma, un segno del passato medievale del paese.In Via Garibaldi, troverai una piccola bottega artigianale dove potrai vedere gli artigiani locali al lavoro, mantenendo vivi i mestieri tradizionali. La mattina presto è il momento migliore per questa passeggiata, quando i locali aprono i loro negozi e iniziano le loro routine quotidiane.

#4. Belvedere di San Nicolò

Una passeggiata di 10 minuti in salita a nord-est del centro del paese ti porta al Belvedere di San Nicolò. Questo punto panoramico offre uno dei migliori panorami di Librizzi. Da qui, potrai godere di una vista mozzafiato sul Mar Tirreno, e in giornate limpide, potrai scorgere le Isole Eolie all'orizzonte. La campagna circostante si estende davanti a te, un mosaico di uliveti e vigneti. Per un'esperienza davvero spettacolare, programma la tua visita al tramonto, quando il paesaggio si tinge di una calda luce dorata.

#5. Museo della Memoria dell'Emigrazione

Situato nel restaurato Palazzo Comunale, a solo 5 minuti a piedi dal Belvedere di San Nicolò, troverai il Museo della Memoria dell'Emigrazione. Questo piccolo ma toccante museo racconta la storia dell'emigrazione da Librizzi. Lettere personali degli emigranti e una ricostruzione di una cucina di inizio '900 di Librizzi danno vita alle storie di chi ha lasciato la propria terra in cerca di nuove opportunità.

#6. Antico Frantoio Carcione

Una passeggiata di 15 minuti a sud-ovest del museo ti porta al Frantoio Carcione, un esempio ben conservato di frantoio tradizionale siciliano. Qui potrai vedere le antiche macine e le attrezzature per la pressatura, offrendo uno spunto sul secolare processo della produzione dell'olio d'oliva. Sono disponibili visite guidate che spiegano ogni fase del processo, dalla raccolta al confezionamento. Per un vero assaggio di Librizzi, prenota in anticipo (+39 123 456 7890) una degustazione di oli d'oliva locali.

#7. Passeggiata nella Natura sul Sentiero Madonna del Tindari

Concludi il tuo giro con una passeggiata nella natura sul Sentiero Madonna del Tindari, che inizia al limite sud del paese. Questo piacevole sentiero di 2 chilometri si snoda tra uliveti e macchia mediterranea, offrendo l'opportunità di vivere la bellezza naturale della regione. Mentre cammini, sarai premiato con viste panoramiche sulla costa e, in primavera, potresti avvistare orchidee selvatiche tra la variegata flora locale.

Questo giro comprende le principali attrazioni di Librizzi, offrendo un insieme di esperienze storiche, culturali e naturali. Ricorda di rispettare i costumi locali e la proprietà privata mentre esplori questo affascinante paese siciliano.

Le Feste di Librizzi Durante L'anno

Festa della Madonna della Catena

La domenica successiva al 15 agosto (Ferragosto)

La Festa della Madonna della Catena a Librizzi incarna una profonda connessione con una delle tradizioni mariane più suggestive della Sicilia. Il nome "Madonna della Catena" deriva da una leggenda medievale siciliana, secondo la quale la Vergine Maria liberò miracolosamente dei prigionieri che errano stati condannati ingiustamente. Quando arriva la festa, nei giorni successivi al 15 agosto, le strade di Librizzi si animano di fervore devozionale.

Festa di San Michele Arcangelo

29 settembre

La Festa di San Michele Arcangelo, celebrata il 29 settembre, ha un significato ancora più profondo a livello locale in quanto onora il santo patrono di Librizzi. La celebrazione si concentra attorno alla Chiesa Madre, dalla quale la statua di San Michele esce per la sua processione annuale per le vie del paese. Il santo è raffigurato nel suo aspetto tradizionale di angelo guerriero, completo di spada e bilancia della giustizia. Vengono eseguite le tradizionali danze con la spada, collegando la festa alle antiche espressioni culturali siciliane.

Sagra della Mostarda di Uva

Fine settembre

La Sagra della Mostarda di Uva si tiene a Colla Maffone, una frazione del comune di Librizzi nella provincia di Messina, Sicilia. Questa festa celebra la preparazione tradizionale della mostarda di uva, una prelibatezza locale, e solitamente si svolge a fine settembre. Organizzata dall'Associazione Culturale "U Schiticchiu", la festa offre degustazioni della mostarda di uva insieme ad altre specialità regionali, accompagnati da mostre di artigianato locale e intrattenimento dal vivo. L'evento ha l'obiettivo di immergere i visitatori nei sapori autentici e nelle tradizioni della zona.

Opzioni per Gite di un Giorno: Siti, Città e Paesi vicini

Montalbano Elicona. A 25 chilometri (15 miglia) da Librizzi. Nominato uno dei Borghi più belli d'Italia, Montalbano Elicona è un antico paese collinare con un castello ben conservato, il Castello di Montalbano.

Gioiosa Marea. A 20 chilometri (12 miglia) da Librizzi. Gioiosa Marea è una pittoresca cittadina costiera, conosciuta per le sue splendide spiagge, come Capo Calavà e la vicina riserva naturale di Capo Milazzo. La città offre anche meravigliose viste sulla costa e opportunità per praticare sport acquatici e fare escursioni.

Logistica

Treno: La stazione ferroviaria più vicina si trova a Patti, a circa 15 chilometri di distanza. La stazione di Patti-San Piero Patti è sulla linea principale che collega Messina e Palermo, rendendola la stazione più comoda per raggiungere Librizzi.

Servizi di autobus regionali: Ci sono servizi di autobus regionali, ma gli autobus sono poco frequenti, quindi è importante verificare gli orari in anticipo. I servizi collegano solitamente Librizzi con le città più grandi, come Patti, dove è possibile fare il cambio per altre tratte.

Auto: Per arrivare a Librizzi da Messina, si prende l'autostrada A20 in direzione Palermo.

Parcheggio: Per quanto riguarda il parcheggio a Librizzi, la città dispone di limitati posti disponibili, soprattutto vicino al centro storico, dove le strade strette e l'accesso limitato possono rendere difficile il parcheggio. È consigliabile parcheggiare appena fuori dal centro, nelle aree di sosta pubbliche designate.

Consigli per Mangiare

Il Rosmarino Ristotipico. Indirizzo: Via Generale Carlo Alberto Dalla Chiesa, 222

Non nel centro storico.Il Rosmarino è un ristorante molto apprezzato che offre cucina tradizionale siciliana con un'attenzione particolare agli ingredienti locali.

Dove Dormire

Librizzi è un paese molto piccolo. Non ho raccomandazioni per alloggi in loco. La sagra potrebbe essere una buona idea per una gita in giornata da Messina.

Capitolo Venti

Festa Fusion Piazza Armerina

FestaFusion Piazza Armerina

#1 Il Palio dei Normanni

La festa commemora i Normanni, guidati dal Conte Ruggero I, che liberarono la Sicilia dal controllo arabo nell'XI secolo. Nel cuore della Sicilia, Piazza Armerina divenne il simbolo della vittoria normanna e della riconquista cristiana dell'isola.

#2 La Festa di Maria Santissima delle Vittorie

Questa festa onora Maria Santissima delle Vittorie, la protettrice di Piazza Armerina.

#FestaFusion: Significa che due o più feste si svolgono circa nello stesso periodo nella stessa città, permettendo ai visitatori di godere di più eventi durante la loro visita. Queste feste sono **#Back2Back**, ovvero uno seguito dall'altro.

Dove: Piazza Armerina

Quando: Il Palio è dal 12 al 14 agosto, la Festa di Maria Santissima delle Vittorie è il 15 agosto.

Sito web del festival: https://www.piazza-armerina.it/palio-dei-normanni/

Temperatura media durante il festival: Massima: 26 - 30°C (79 – 86°F). Minima: 20 - 23°C (68 – 73°F).

Scoprire Piazza Armerina: Un mosaico senza tempo di storia e arte

Nascosta nel cuore della Sicilia, Piazza Armerina è una città affascinante nota per il suo straordinario connubio di storia, arte e cultura. Situata nella provincia di Enna, questa città collinare si trova ad un'altitudine di circa 721 metri, offrendo viste panoramiche sulla campagna circostante. Con le sue radici antiche e l'architettura medievale e barocca ben conservata, Piazza Armerina offre una finestra sul ricco passato della Sicilia, mettendo in mostra al contempo le sue vivaci tradizioni.

La storia di Piazza Armerina risale all'epoca romana e bizantina. Il suo gioiello è la Villa Romana del Casale, un sito patrimonio dell'UNESCO famoso per i suoi mosaici romani. Costruita tra il III e il IV secolo d.C., riflette il lusso dell'élite romana e la cultura del tardo Impero Romano. La città fiorì poi in epoca medievale, specialmente sotto il dominio normanno e svevo. La sua posizione strategica la rese cruciale per il governo e la difesa. Con una popolazione di circa 20.000 abitanti, Piazza Armerina è una comunità vivace che prospera grazie ad un insieme di agricoltura, turismo e artigianato.

#1 Il Palio dei Normanni

Il Palio dei Normanni è un'importante festa storica che si tiene a Piazza Armerina. Commemora la conquista normanna della Sicilia e la liberazione dell'isola dal dominio arabo. È una delle più antiche e rinomate rievocazioni medievali della regione, con origini che risalgono al XII secolo.

Questo evento di tre giorni si svolge ogni anno dal 12 al 14 agosto, mescolando tradizioni storiche e religiose. Sebbene il termine *palio* a volte si possa riferire ad una corsa di cavalli o ad altri eventi competitivi, in questo contesto indica specificamente una serie di rievocazioni storiche medievali.

Giorno 1 – 12 agosto: La Consegna dello Stendardo

La festa inizia con una rievocazione religiosa e cerimoniale nel centro storico di Piazza Armerina. L'evento di questa giornata è conosciuto come la Consegna delle Chiavi, che simboleggia la cessione delle chiavi della città al Conte Ruggero.

Parata storica: I quattro quartieri della città (noti come Contrade)—Canali, Casalotto, Castellina e Monte—prendono parte alla parata con i partecipanti che indossano elaborati costumi medievali rappresentanti soldati normanni, nobili e popolani.

Benedizione dello stendardo: Il momento culminante della giornata è la presentazione e la benedizione dello stendardo della Madonna delle Vittorie nella Cattedrale di Piazza Armerina, seguita da una grande processione in cui lo stendardo viene portato per le strade.

Giorno 2 – 13 agosto: Il Corteo Storico

In questa giornata, le strade di Piazza Armerina si animano di sontuosi festeggiamenti medievali.

La Processione del Conte Ruggero I: Una grandiosa processione caratterizzata da cavalieri, soldati a piedi, nobili e popolani, percorre la città, rievocando l'ingresso del Conte Ruggero e delle sue forze normanne. Una lunga processione di soldati a piedi, la cavalleria normanna, e il Conte Ruggero che porta il vessillo papale di "Maria Santissima delle Vittorie", entra solennemente in città attraverso Porta Castellina. La processione percorre le vie principali, arrivando infine in Piazza del Duomo. Lì, accompagnato dal suono di trombe e tamburi, il Conte Ruggero è accolto dai rappresentanti della città, tra cui il Priore, il Magistrato di Distretto, i Notabili, le Dame, il Gran Magistrato con la Gran Dama, e i cavalieri sfidanti delle quattro Contrade, i quartieri storici.

Le Prove del Torneo: Le quattro Contrade si preparano al Palio partecipando a prove che testano l'abilità e la precisione dei loro cavalieri. Queste prove sono fondamentali per determinare l'ordine della competizione finale del giorno successivo.

Nella Basilica Cattedrale, il Gran Magistrato, accompagnato dai suoi paggi, dal Maestro delle Cerimonie e dal Banditore, consegna simbolicamente le chiavi.

Dopo la cerimonia, l'intera processione si riforma e attraversa le vie principali del centro storico, giungendo infine alle logge del quartiere di San Pietro.

Giorno 3 – 14 agosto: Il Palio e il Torneo della Giostra

Il terzo ed ultimo giorno è il momento culminante del Palio dei Normanni.

Il Torneo della Quintana: Il fulcro della giornata è il torneo della giostra della Quintana, in cui cavalieri rappresentanti le quattro Contrade si sfidano in una serie di prove pensate per testare la loro forza, la velocità e l'agilità a cavallo. L'evento si svolge nel Campo Sant'Ippolito, un grande stadio all'aperto. I cavalieri devono lanciarsi contro i bersagli (che rappresentano i saraceni) con una lancia e cercare di colpire una serie di anelli o scudi mentre galoppano a tutta velocità.

La Consegna del Palio: Il Palio, uno stendardo riccamente decorato, viene assegnato al cavaliere e alla Contrada che dimostrano maggiore abilità nella competizione. Questa vittoria simbolica rappresenta il trionfo normanno sui saraceni.

#2 Festa di Maria Santissima delle Vittorie

La Festa di Maria Santissima delle Vittorie, celebrata il 15 agosto, coincide con la Festa dell'Assunzione della Vergine Maria ed ha un profondo significato storico e religioso per la gente di Piazza Armerina.

La festa commemora il ruolo della Vergine Maria nella vittoria dei Normanni, guidati dal Conte Ruggero I, sui Saraceni nell'XI secolo. Secondo la tradizione, il Conte Ruggero I dedicò il suo successo militare alla Vergine Maria, credendo che la sua intercessione fosse fondamentale per assicurarsi la vittoria. Di conseguenza, la Madonna delle Vittorie divenne un simbolo venerato di protezione ed intervento divini per la popolazione locale. Questa devozione è rappresentata dalla statua della Madonna, che si trova nella Cattedrale di Maria Santissima delle Vittorie.

La Festa di Maria Santissima delle Vittorie viene celebrata da oltre 900 anni, risalendo ai tempi della conquista della Sicilia da parte del Conte Ruggero I alla fine dell'XI secolo. Rimane un evento annuale fondamentale, che intreccia sia la devozione religiosa che l'orgoglio locale. La tradizione è stata tramandata nel corso dei secoli, con ogni generazione che onora il ruolo della Vergine nella storia, continuando ancora oggi con un forte senso di partecipazione della comunità. L'evento non è solo un'osservanza religiosa, ma anche una celebrazione del patrimonio culturale di Piazza Armerina.

Eventi e Processioni della Festa di Maria Santissima delle Vittorie

Solenne Messa Religiosa

La festa inizia con una messa solenne celebrata nella Cattedrale di Piazza Armerina (Cattedrale di Maria Santissima delle Vittorie). Durante questa funzione, la comunità si riunisce per onorare la Madonna e rendere grazie per la sua protezione. La messa è un importante momento spirituale sia per i locali che per i pellegrini, con preghiere dedicate alla Vergine Maria e all'Assunta. La cattedrale è splendidamente decorata per l'occasione, con fiori e candele.

La Grande Processione della Madonna delle Vittorie

Portata per le strade di Piazza Armerina, la processione della statua della Madonna è la parte più significativa della celebrazione. La statua di Maria Santissima delle Vittorie, adornata di oro, gioielli e decorazioni elaborate, viene portata su una base da un gruppo di forti devoti noti come portatori. Partendo dalla cattedrale, la processione attraversa le strade storiche della città, accompagnata da clero, ordini religiosi e migliaia di fedeli. Lungo il percorso, le bande suonano musica solenne e sulle strade si radunano persone che offrono preghiere, cantano inni e lanciano petali di fiori in onore della Madonna. La processione solitamente dura diverse ore, snodandosi per il centro storico.

Lungo il percorso della processione, molti residenti e pellegrini pongono offerte, come fiori e candele, davanti alla statua della Madonna. Queste offerte simboleggiano gratitudine per i favori ricevuti dalla Vergine Maria e richieste di protezione e benedizioni future.In alcune aree, le famiglie possono erigere piccole edicole o altari per onorare la Madonna mentre passa. Queste edicole spesso contengono icone religiose, candele e altri oggetti simbolici.

Fuochi d'Artificio ed Eventi Serali

Dopo gli eventi religiosi e le processioni, la festa assume un tono più celebrativo con spettacolari fuochi d'artificio in serata. I fuochi, solitamente lanciati nelle piazze principali o vicino alla cattedrale, illuminano il cielo notturno e sono visibili da diverse parti della città. I vivaci spettacoli pirotecnici rappresentano un segno di celebrazione e gioia, aggiungendo un'atmosfera festosa alla solennità delle processioni religiose. Musica e attività festose, tra cui bande locali e musica popolare siciliana tradizionale, seguono i fuochi d'artificio. La gente si raduna nelle piazze della città, godendosi il cibo, la musica e il senso di comunità che la festa favorisce.

Attività Culturali e Tradizionali

Oltre agli aspetti religiosi, la festa include spesso vari eventi culturali, come concerti, rappresentazioni teatrali e mostre. Questi eventi si svolgono nelle piazze pubbliche e in luoghi culturali sparsi per Piazza Armerina. I venditori che offrono cibo di strada tradizionale, come arancini, cannoli e pane cunzatu, contribuiscono a creare l'atmosfera festiva. Le bancarelle di cibo, l'artigianato locale e i prodotti tradizionali offrono ai visitatori l'opportunità di vivere i sapori e le tradizioni siciliane.

Connessione con il Palio dei Normanni

La Festa di Maria Santissima delle Vittorie coincide con l'ultimo giorno del Palio dei Normanni, una rievocazione medievale di tre giorni che celebra la vittoria normanna sui saraceni. Il Palio si conclude con la presentazione dello stendardo della Madonna delle Vittorie, simbolo della gratitudine della città per la protezione della Vergine Maria durante la conquista.

Il 14 agosto, i cavalieri che partecipano al Palio rendono omaggio alla Vergine Maria presentando lo stendardo del Palio presso la cattedrale, mentre il 15 agosto, gli aspetti religiosi della festa dominano con la grande processione e la messa solenne.

Giro a Piedi di Piazza Armerina

#1. Piazza Garibaldi

Inizia il tuo giro a Piazza Garibaldi, la piazza centrale di Piazza Armerina. Troverai caffè e negozi che circondano la piazza, rendendola un punto di partenza perfetto per iniziare la tua esplorazione. Qui puoi visitare la Chiesa di San Rocco e ammirare la Fontana Garibaldi, una fontana del XVIII secolo.

#2. La Cattedrale di Maria Santissima delle Vittorie (Cattedrale di Piazza Armerina)

Dirigiti in salita verso la Cattedrale di Piazza Armerina, una magnifica cattedrale barocca del XVII secolo. La cattedrale si distingue per la sua splendida cupola e la facciata decorata. All'interno si trova la statua della Madonna delle Vittorie, santa patrona della città; il Conte Ruggero I donò la statua della Madonna delle Vittorie dopo la sua vittoria sugli Arabi nel 1061.

#3. Il Castello Aragonese

A pochi passi dalla cattedrale si trova il Castello Aragonese, una fortezza del XIV secolo. Il castello offre viste mozzafiato sulla campagna circostante e un tempo ha svolto un ruolo cruciale nella protezione della città. I sovrani aragonesi fortificarono il castello per difendere Piazza Armerina, che resistette a numerose battaglie e assedi.

#4. Chiesa di San Pietro

Passeggia attraverso le strette vie del centro storico fino a raggiungere la Chiesa di San Pietro, una piccola ma affascinante chiesa barocca del XVII secolo. Entra all'interno per ammirare le sue decorazioni elaborate e l'atmosfera tranquilla.

#5. Palazzo Trigona

Visita il Palazzo Trigona, situato vicino alla cattedrale. Questo palazzo nobiliare del XVIII secolo ospita oggi un museo. La famiglia Trigona costruì il palazzo come residenza di prestigio, mettendo in mostra l'architettura barocca. La famiglia Trigona esercitava un grande potere in Sicilia, e il loro palazzo riflette la loro ricchezza e la loro influenza. Gli allestimenti museali offrono un'analisi approfondita della ricca storia di Piazza Armerina.

Rovine romane alla Villa

#6. La Villa Romana del Casale

Dopo aver esplorato il centro città, fai un breve tragitto in auto fino alla Villa Romana del Casale, sito Patrimonio dell'Umanità UNESCO, poco fuori dalla città. Costruita nel IV secolo d.C., questa villa romana conserva alcuni dei mosaici meglio preservati al mondo, che rappresentano scene della mitologia romana, della vita quotidiana e dello sport.

La villa apparteneva probabilmente a un ricco aristocratico romano. I suoi mosaici, come le famose "Ragazze in Bikini" e la "Grande Caccia", testimoniano lo stile di vita opulento dell'élite romana in Sicilia durante il tardo Impero. Una colata di fango coprì la villa per migliaia di anni, proteggendo i mosaici.

I mosaici romani della Villa Romana

#7. Via Umberto I

Dopo aver visitato la villa, ritorna nel centro storico e fai una passeggiata lungo Via Umberto I, la via principale della città. Fiancheggiata da caffè, negozi ed edifici storici, questa strada offre uno scorcio sulla vita locale, oltre a numerose opportunità per goderti l'ospitalità siciliana.

#8. Chiesa di San Giovanni Evangelista

Concludi il tuo giro con una visita alla Chiesa di San Giovanni Evangelista, un altro esempio di splendida architettura barocca. Questa chiesa, costruita nel XVII secolo, presenta stucchi elaborati, altari sfarzosi e affreschi raffinati che illustrano la maestria artigianale dell'epoca.

Feste e Sagre a Piazza Armerina Durante l'Anno

Infiorata di Piazza Armerina

Giugno

Celebrata la domenica del Corpus Domini, che cade la seconda domenica dopo la Pentecoste (solitamente a giugno).L'Infiorata è una festa dei fiori che ha radici nella Roma del XIII secolo, tuttavia è diventata popolare in molte città italiane nel XVII e XVIII secolo. A Piazza Armerina questa tradizione è stata accolta come un modo per unire devozione religiosa ed espressione artistica.

Artisti locali e volontari creano elaborati "tappeti" interamente fatti di petali di fiori, semi ed altri materiali naturali lungo le strade della città. Questi capolavori floreali raffigurano spesso scene religiose, eventi storici locali o motivi geometrici. I disegni vengono pianificati e realizzati con cura nei giorni che precedono la festa.

Festa di Sant'Anna

26 luglio

La Festa di Sant'Anna celebra Santa Anna, madre della Vergine Maria e nonna di Gesù Cristo. La venerazione di Santa Anna risale ai primi tempi della Chiesa cristiana, con la sua festa ufficialmente inserita nel calendario cattolico romano nel XVI secolo. La festa è un momento in cui le famiglie si riuniscono per onorare il concetto di maternità e il ruolo importante dei nonni nella vita familiare. Inoltre, offre alla comunità l'opportunità di riflettere sulla propria fede e sul patrimonio culturale.

Festa di San Lorenzo

10 agosto

La Festa di San Lorenzo onora San Lorenzo, uno dei santi patroni di Piazza Armerina. San Lorenzo fu un martire cristiano del III secolo, che servì come diacono a Roma. Secondo la tradizione, fu bruciato vivo su una graticola, ed è per questo che viene spesso rappresentato con questo strumento. La festa unisce devozione religiosa e celebrazione comunitaria. Inizia con una Messa solenne nella Cattedrale, seguita da una processione che porta la statua di San Lorenzo per le strade.

Durante la giornata, il paese è animato da varie attività, tra cui rievocazioni storiche della vita di San Lorenzo, fiere di strada e concerti di musica tradizionale. Quando cala la notte, la celebrazione culmina con uno splendido spettacolo di fuochi d'artificio.

Opzioni per Gite di un Giorno: Siti, Città e Paesi Vicini

Enna. Circa 30 chilometri (18 miglia) a nord di Piazza Armerina. Conosciuta come il "Belvedere di Sicilia", Enna offre viste panoramiche mozzafiato grazie alla sua posizione elevata, ed è ricca di storia e mitologia.

- Castello di Lombardia: Uno dei castelli medievali più grandi e importanti della Sicilia, questa fortezza risale al periodo normanno. Il castello possiede diversi cortili, torri e viste spettacolari dalla Torre Pisana, la più alta torre rimasta. Esplorare le sue antiche mura offre uno scorcio sul passato medievale della Sicilia e vedute impareggiabili della campagna circostante.

- Duomo di Enna: Questa imponente cattedrale barocca è dedicata a Nostra Signora Assunta. Costruita sulle fondamenta di una chiesa precedente, la cattedrale vanta un magnifico soffitto a cassettoni in legno, affreschi dettagliati e una splendida facciata.

- Rocca di Cerere: Questo sito antico è associato alla dea Demetra, e sono ancora visibili i resti di un altare sacro. La Rocca offre una prospettiva spirituale e storica sui legami di Enna con l'antica religione greca.

Morgantina e il Parco Archeologico di Aidone. 22 chilometri (13 miglia) a nord-est di Piazza Armerina. Un tempo una fiorente città greca, Morgantina offre uno spunto sulla vita antica con i suoi resti ben conservati. I punti salienti includono l'Agorà, dove si tenevano gli incontri pubblici, l'Ekklesiasterion (edificio delle assemblee), vari templi e il teatro greco, che viene ancora oggi utilizzato per gli spettacoli. I mosaici elaborati trovati sul sito mostrano l'abilità artistica dell'epoca.

Museo Archeologico di Aidone: Situato nella vicina cittadina di Aidone, questo museo ospita importanti reperti provenienti dagli scavi di Morgantina, tra cui la Venere di Morgantina, una splendida statua del V secolo a.C. Altri tesori includono argenteria pregiata, ceramiche e una collezione di figurine in terracotta. Il museo fornisce contesto e spessore ad una visita di Morgantina, dando vita alle sue antiche rovine. Questi escursioni giornaliere da Piazza Armerina abbinano storia, mitologia e bellezza scenica, offrendo una ricca esplorazione della regione centrale della Sicilia.

Logistica

Treni: La stazione ferroviaria più vicina si trova a Enna, che è a 30 chilometri (19 miglia) di distanza.

Autobus locali: Piazza Armerina dispone di un servizio di autobus locali che collega diverse zone della città, così come i villaggi circostanti. Gli autobus locali sono una buona opzione per spostarsi in città senza una macchina, anche se gli orari possono essere limitati.

Autobus regionali: Il servizio di autobus AST (Azienda Siciliana Trasporti) offre collegamenti tra Piazza Armerina e le principali città siciliane come Catania, Enna e Palermo.

Auto: La strada principale per arrivare a Piazza Armerina è la SS117bis, che si collega all'autostrada A19 (Catania-Palermo). Quando ti avvicini alla città, entrerai probabilmente tramite Viale Generale Muscarà, che porta nel centro storico.

Parcheggio: Ci sono diverse opzioni per parcheggiare: ad esempio, a Piazza Falcone e Borsellino trovi un ampio parcheggio vicino al centro città, mentre a

Piazza Garibaldi è disponibile un'altra soluzione centrale, anche se potrebbe essere più affollata. Inoltre, per la visita alla Villa Romana del Casale c'è un'area di sosta dedicata vicino al sito archeologico, a circa 5 chilometri a sud-ovest del centro città.

Consigli per Mangiare

Ristorante Trattoria Da Gianna. Indirizzo: Piazza Umberto I, 9

Questo ristorante a conduzione familiare è molto amato per la sua atmosfera accogliente e familiare. La Trattoria Da Gianna serve piatti tipici siciliani preparati con ingredienti freschi e stagionali. I piatti caratteristici includono pasta fatta in casa, caponata siciliana, fettuccine al limone e la loro famosa parmigiana di melanzane. L'ospitalità calorosa dei proprietari, Gianna e suo marito, crea un'esperienza gastronomica familiare, rendendolo un luogo preferito sia dai locali che dai turisti.

Trattoria Del Goloso. Indirizzo: Via Monte, 32

Situata nel centro storico, la Trattoria Del Goloso offre un'esperienza gastronomica siciliana semplice e autentica. Conosciuta per le ricette tradizionali tramandate di generazione in generazione, questa trattoria è orgogliosa dei suoi piatti caserecci e sostanziosi. L'atmosfera affascinante, unita a piatti locali eccellenti, la rende una tappa imperdibile per chiunque desideri scoprire i veri sapori della Sicilia.

Osteria del Conte. Indirizzo: Via Garibaldi, 77

Questa incantevole osteria è situata vicino alla Chiesa di San Giovanni Evangelista ed è apprezzata per la sua atmosfera accogliente e la cucina siciliana tradizionale. I piatti tipici includono una ricca parmigiana di melanzane, pesce fresco e salse di carne sostanziose, tutti serviti con una selezione eccellente di vini locali. I dolci fatti in casa, in particolare il gelato, sono un punto forte. Con porzioni abbondanti e un servizio attento, l'Osteria del Conte è tra i preferiti fra locali e visitatori che cercano un'esperienza gastronomica autentica.

Ristorante Amici Miei. Indirizzo: Via Monte, 6

Un gemma nascosta a Piazza Armerina, il Ristorante Amici Miei offre un ambiente caldo e accogliente per gustare i sapori siciliani. Conosciuto per la sua attenzione ai dettagli e per i piatti splendidamente presentati, questo ristorante propone un menù che include specialità come l'agnello in crosta di pistacchi, pasta fatta in casa e squisiti cannoli. Il personale cordiale e l'arredamento accogliente lo rendono il posto ideale per una cena intima o per un'occasione speciale.

Dove Dormire

Per un viaggio durante le feste, consiglio tre notti a Piazza Armerina. Ci sono molti luoghi da visitare in città, la Villa Romana e gli eventi di FestaFusion.

*Hotel Villa Romana. Indirizzo: Piazza Alcide De Gasperi, 18

Fondato negli anni '80, l'Hotel Villa Romana unisce comfort moderni con una lunga tradizione di ospitalità. La sua posizione centrale offre un facile accesso alle principali attrazioni di Piazza Armerina, tra cui il centro storico e la Villa Romana del Casale. Gli ospiti apprezzano le camere confortevoli e la dedizione dell'hotel all'accoglienza, rendendolo una scelta affidabile per i visitatori che esplorano la zona.

*B&B Villa Romana. Indirizzo: Via Benedetto Croce

Questo delizioso bed-and-breakfast offre un'esperienza accogliente e personalizzata per i viaggiatori. Situato vicino alla celebre Villa Romana del Casale, è la base ideale per chi visita i famosi mosaici. Conosciuto per il servizio amichevole e l'attenzione ai dettagli, il B&B Villa Romana offre un'atmosfera accogliente e un'eccellente ospitalità, garantendo un soggiorno indimenticabile.

GH Hotel. Indirizzo: Via Roma, 19

Il GH Hotel è posizionato comodamente nel cuore di Piazza Armerina, vicino ai luoghi storici e alla piazza centrale. La sua posizione strategica lo rende una base ideale per esplorare la ricca storia della città e partecipare agli eventi di FestaFusion. Gli ospiti apprezzano la comoda sistemazione e la facile accessibilità alle attrazioni culturali della zona.

*Posizione più centrale per gli eventi delle feste.

CAPITOLO VENTUNO

Esperienza di immersione Caltagirone

Nella provincia di Catania, Caltagirone è uno dei centri più importanti della Sicilia per la ceramica. La sua ricca storia risale ai tempi antichi, influenzata dalle culture araba, normanna e spagnola. La fama della città per la ceramica risale al periodo arabo, IX e X secolo, quando l'isola era sotto il dominio islamico. Gli arabi introdussero tecniche avanzate di lavorazione della ceramica, come la smaltatura e la decorazione delle piastrelle, che i locali adottarono ed ampliarono.

Nel corso dei secoli, gli artigiani di Caltagirone divennero maestri in quest'arte, fondendo le influenze delle varie culture che governarono la Sicilia nella loro produzione ceramica. La bellezza architettonica e artistica della città è evidenziata dalla famosa Scala di Santa Maria del Monte, una monumentale scalinata con 142 gradini in ceramica, ciascuno caratterizzato da piastrelle uniche e colorate.

Parte del Sito Patrimonio Mondiale dell'Umanità UNESCO Val di Noto, Caltagirone è rinomata per la sua splendida architettura barocca. I visitatori vengono ad ammirare le sue chiese storiche, i palazzi e, naturalmente, l'artigianato locale della ceramica, che è stato per secoli una pietra miliare dell'identità della città.

Le ceramiche di Caltagirone sono famose non solo per la loro bellezza, ma anche per il loro uso pratico, con una tradizione di produzione di oggetti come vasi, piastrelle e piatti, che sono sia artistici che funzionali. Feste come la Festa di San Giacomo e le esposizioni di presepi natalizi mettono ulteriormente in risalto il vivace patrimonio culturale di Caltagirone.

Immergiti nella tradizione con un corso di ceramica

Caltagirone offre numerose opportunità per i visitatori di partecipare a corsi di ceramica. Molti laboratori locali di ceramica (botteghe) offrono esperienze pratiche in cui i partecipanti possono imparare le tecniche tradizionali, tra cui modellare, smaltare e dipingere ceramiche.

Opzioni popolari sono:

- **Ceramiche Sofia:** Un laboratorio rinomato dove i partecipanti possono creare i propri pezzi in ceramica sotto la guida di abili artigiani.

- **Bottega del Tornio:** I visitatori possono partecipare a sessioni di lavorazione della ceramica, apprendere la storia di questo mestiere e portare a casa le proprie creazioni finite (o farle spedire).

Per gli appassionati di ceramica e i visitatori curiosi, Caltagirone offre anche l'opportunità di esplorare un laboratorio ceramico dove è possibile partecipare a corsi di ceramica. Sono disponibili opzioni per corsi individuali o il "Laboratorio Didattico", un progetto speciale destinato a gruppi scolastici o a chiunque sia interessato a scoprire l'arte della ceramica.

Queste esperienze pratiche offrono un'opportunità eccellente per entrare in contatto con le rinomate tradizioni ceramiche di Caltagirone. Per maggiori informazioni, contatta Sicily in Travel al numero +39 333 9458579.

CAPITOLO VENTIDUE

FestaFusion Messina: Giganti e Ferragosto

FestaFusion Messina: Giganti, Grazia e Ferragosto

FestaFusion Messina

#1. La Parata dei Giganti a Messina: Questa vivace processione vede protagonisti i giganteschi personaggi di Mata e Grifone, leggendari fondatori di Messina, che sfilano per le strade con musica e festeggiamenti.

#2. Ferragosto: Festeggiato il 15 agosto, il Ferragosto è una festa nazionale in Italia, che segna il culmine dell'estate con feste, sagre e celebrazioni religiose.

#3. Festa dell'Assunzione di Maria: Una celebrazione profondamente religiosa il 15 agosto, che onora la credenza nell'Assunzione della Vergine Maria in cielo, caratterizzata da Messe speciali e processioni a Messina.

#FestaFusion significa che due o più festività si svolgono contemporaneamente nella stessa città, offrendo così ai visitatori la possibilità di godere di più eventi durante la loro visita.

Dove: Messina. Ferragosto e la Festa dell'Assunzione di Maria sono celebrati in tutta Italia, non solo a Messina.

Quando: La Parata dei Giganti dal 10 al 14 agosto. Ferragosto e la Festa dell'Assunzione di Maria il 15 agosto.

Temperature medie del festival: Massima: 26 – 30°C (79-86 °F). Minima: 20 – 23°C (68-73°F).

Scoprire Messina: Guardiana dello Stretto

Messina, la terza città più grande della Sicilia, si erge come una resiliente sentinella all'estremità nordorientale dell'isola, a protezione del piccolo stretto che porta il suo nome. Conosciuta nell'antichità come Zancle per il suo porto a forma di falce, Messina ha avuto un ruolo cruciale nella storia del Mediterraneo per oltre due millenni e mezzo. Nonostante abbia affrontato numerosi disastri naturali e sconvolgimenti storici, la città si è sempre risollevata dalle ceneri, incarnando lo spirito indomito della Sicilia e del suo popolo.

La storia di Messina risale ai tempi antichi, fondata dai coloni greci nell'VIII secolo a.C. La sua posizione privilegiata tra la Sicilia e la terraferma italiana la rese un obiettivo per diverse potenze, tra cui i Cartaginesi, i Romani, i Bizantini, gli Arabi e i Normanni. I Normanni la trasformarono in un importante centro commerciale ed in un elemento vitale delle Crociate. Il Rinascimento segnò il suo apice, facendola diventare uno dei porti più importanti del Mediterraneo. Tuttavia, nel 1908 un devastante terremoto e tsunami colpirono la città, uccidendo circa metà della sua popolazione. La Seconda Guerra Mondiale aggiunse distruzione. Eppure, Messina è sempre stata ricostruita, anche se gran parte della sua architettura storica è andata perduta.

Messina occupa una posizione unica all'estremità nordorientale della Sicilia, separata dalla terraferma italiana dallo Stretto di Messina, che è largo solo 3 chilometri nel punto più stretto. Questa posizione è stata sia una benedizione che una maledizione: ha fornito alla città un porto naturale e un'importanza strategica, ma l'ha anche esposta all'attività sismica. La città si estende lungo la costa e sale sulle colline circostanti, offrendo viste mozzafiato sullo Stretto e oltre sulla terraferma. Le vicine montagne Peloritane offrono uno sfondo scenografico e influenzano il clima locale, che è tipicamente mediterraneo ma leggermente più mite rispetto ad altre zone della Sicilia grazie all'influenza moderatrice del mare.

Messina ha una popolazione di circa 220.000 abitanti nel centro città, con oltre 600.000 abitanti nella sua area metropolitana. Nonostante la distruzione di molti edifici storici a causa di terremoti e colate laviche, Messina vanta ancora impressionanti monumenti architettonici e culturali.

#1 La Parata dei Giganti a Messina

La Parata dei Giganti a Messina, o I Giganti di Messina, è una delle tradizioni più famose e culturalmente significative della città, celebrata ogni agosto. L'evento presenta due enormi statue, Mata e Grifone, rappresentazioni imponenti della complessa storia di miti e conquiste di Messina. Queste figure giganti sono radicate profondamente sia nella leggenda che nella storia, simboleggiando la fusione delle culture che ha plasmato Messina nel corso dei secoli.

La tradizione dei Giganti risale al XVI secolo, quando il Senato di Messina commissionò la creazione delle statue originali in legno e tela. Le figure di Mata, una donna locale di leggendaria bellezza, e Grifone, un guerriero moro, incarnano il mito della fondazione di Messina. Secondo la leggenda, Grifone, che rappresenta gli invasori mori, si innamora di Mata, che inizialmente resiste alle sue avances ma alla fine lo converte al cristianesimo, simboleggiando il trionfo del bene sul male e la riconciliazione tra culture diverse.

I Giganti di Messina

Mata (che cavalca un cavallo bianco) e Grifone (su un cavallo nero) sono visti come rappresentazioni degli opposti: il bene contro il male, la terra contro il cielo, e il cristiano contro il moro. La loro storia riflette non solo le tensioni storiche tra le popolazioni cristiane e musulmane durante il periodo medievale siciliano, ma anche una più ampia allegoria per la riconciliazione e l'unità umana. Gli studiosi discutono sulle precise origini delle figure, anche se molti concordano nel dire che derivano da una fusione di miti siciliani, storia medievale e probabilmente tradizioni antiche, come quelle trovate nella cosmogonia di Esiodo.

Nel XVII secolo, l'uso di queste statue nelle cerimonie religiose fu limitato, ma continuarono a svolgere un ruolo importante nelle feste laiche, specialmente intorno a Ferragosto (la Festa dell'Assunzione). Durante la Seconda Guerra Mondiale le statue originali furono distrutte, ma successivamente furono ricostruite in gesso e posizionate su basi di ferro con ruote per continuare la tradizione della parata.

La Parata

La Parata dei Giganti di solito si svolge a metà agosto, come parte delle celebrazioni più ampie del Ferragosto a Messina. Mata e Grifone sono statue colossali, ciascuna alta più di 8 metri (circa 26 piedi), paragonabili ad un edificio di tre piani. Queste non sono sculture statiche, ma figure mobili che vengono fatte sfilare per le strade su delle basi, creando uno spettacolo veramente impressionante.

Grifone, che guida la processione, è rappresentato con indosso un'armatura scura e imponente che gli conferisce un aspetto formidabile. La sua armatura presenta probabilmente disegni e motivi elaborati tipici dell'arte araba, con incisioni raffinate e lavorazioni in metallo che riflettono la luce mentre si muove per le strade. I tratti del viso di Grifone potrebbero rispecchiare una fusione di caratteristiche europee e nordafricane, incarnando la fusione culturale che ha plasmato la storia di Messina.

Dietro a Grifone c'è Mata, altrettanto impressionante in statura. In netto contrasto con l'armatura scura di Grifone, Mata è vestita di bianco splendente, probabilmente simile ad un abito da sposa o ad un nobile abito femminile di un'epoca passata. Potrebbe indossare una corona o altri accessori regali per enfatizzare la sua importanza e il suo ruolo simbolico. I tratti del viso di Mata probabilmente rappresentano la bellezza siciliana idealizzata, con un'espressione serena che contrasta con l'aspetto più guerriero di Grifone.

Entrambe le figure sono realizzazioni meravigliose, progettate per essere mobili nonostante la loro enorme dimensione. Probabilmente sono realizzate con materiali leggeri come la cartapesta su una struttura di legno o metallo, permettendo loro di essere manovrate per le strade senza compromettere la loro imponente statura. Dipinte con colori vivaci, questi giganti prendono vita mentre si muovono, forse con meccanismi che permettono movimenti sottili della testa o delle braccia, aumentando il senso di stupore che suscitano.

Mentre Mata e Grifone sfilano per Messina, svettano sopra la folla, creando uno spettacolo davvero magnifico. La loro enorme dimensione, combinata con musica vivace, danze entusiasmanti e il sonoro rintocco delle campane delle chiese, crea un'esperienza immersiva che coinvolge tutti i sensi. Il forte contrasto visivo tra le due figure serve come potente rappresentazione della narrazione storica di Messina, fatta di conquista e conversione.

Le folle si radunano per assistere a questa scenografica processione, che attraversa le storiche strade della città ed è intervallata da varie rappresentazioni culturali. La parata culmina con uno straordinario spettacolo di fuochi d'artificio sulla città, simboleggiando il trionfo della luce sull'oscurità e il rinnovamento dello spirito culturale di Messina.

#2 Ferragosto

Dopo la grande Parata dei Giganti, le celebrazioni del Ferragosto a Messina proseguono con una serie di eventi che mescolano tradizioni antiche e festeggiamenti moderni. Questa festa di metà agosto, profondamente radicata nella cultura italiana, assume un carattere unico nella città siciliana di Messina.

La Storia del FerragostoIl 15 agosto segna la celebrazione del Ferragosto, che ha le sue origini nella storia dell'antica Roma ed è diventata una festa pubblica di grande importanza in Italia, con significato religioso e culturale.Il nome "Ferragosto" deriva dal termine latino Feriae Augusti, che significa "Feste di Augusto". L'imperatore Augusto lo istituì nel 18 a.C. come periodo di riposo e celebrazione dopo i duri lavori della raccolta. Le celebrazioni durante la festa, che comprendevano sia usanze religiose che laiche, includevano corse di cavalli, giochi e banchetti. I padroni tradizionalmente davano premi ai servitori in questo giorno di riposo per i lavoratori e gli animali.

Le vacanze di agosto si mescolavano con le tradizioni romane più antiche, come le Vinalia Rustica e le Consualia, che celebravano il ciclo agricolo e il raccolto. Durante il Medioevo e il Rinascimento, il Ferragosto continuò a mantenere un significato come festa. Era un momento in cui la gente si riuniva per eventi comunitari, pratiche religiose e fiere locali.

Nella tradizione cristiana, il 15 agosto è anche la festa dell'Assunzione di Maria, aggiungendo una dimensione religiosa alla festa. Questa combinazione di tradizioni romane antiche, significato cristiano e festeggiamenti moderni durante la festa di mezza estate, rende il Ferragosto una celebrazione unica e duratura nella cultura italiana.

Le Celebrazioni del Ferragosto a Messina

A Messina, il Ferragosto è caratterizzato da una serie vivace di eventi che mettono in mostra l'importante patrimonio culturale della città e lo spirito festivo:

1. **Processioni religiose:** La giornata inizia spesso con solenni processioni religiose in onore dell'Assunzione di Maria. La Madonna Vara, un monumentale carro votivo, viene portata per le strade, accompagnata da preghiere e inni.

2. **Festività sulla spiaggia:** Essendo una città costiera, le spiagge di Messina si animano durante il Ferragosto. Residenti e turisti si riversano sul litorale per picnic, nuotate e per prendere il sole. Molti ristoranti e stabilimenti balneari organizzano eventi speciali e feste.

3. **Eventi culturali:** La città ospita vari eventi culturali, tra cui concerti all'aperto, mostre d'arte e rappresentazioni teatrali. Questi eventi si svolgono spesso in luoghi storici, unendo il ricco passato di Messina con le celebrazioni contemporanee.

4. **Tradizioni culinarie:** Il cibo gioca un ruolo centrale nelle celebrazioni del Ferragosto a Messina. Specialità locali come arancini (palline di riso), pasta alla Norma e granita vengono gustate in abbondanza. Molte famiglie si riuniscono per grandi banchetti, spesso a base di piatti tradizionali siciliani.

5. **Spettacolo pirotecnico:** Il culmine della celebrazione del Ferragosto a Messina è lo straordinario spettacolo di fuochi d'artificio. Quando cala la sera, il cielo sopra lo Stretto di Messina si illumina con uno straordinario spettacolo pirotecnico, che spesso dura oltre un'ora. I fuochi d'artificio vengono solitamente lanciati da chiatte nello stretto, creando riflessi mozzafiato sull'acqua ed offrendo un perfetto punto di osservazione dal lungomare della città.

6. ***Processione in barca:** Unica a Messina è la tradizionale processione in barca nello Stretto. Imbarcazioni decorate, che vanno dalle piccole barche da pesca a yacht più grandi, sfilano lungo la costa, spesso portando effigi di santi o della Vergine Maria.

7. **Mercati e fiere di strada:** Le piazze e le strade principali della città ospitano mercati e fiere vivaci, dove gli artigiani locali vendono prodotti tradizionali, cibi e souvenir.

8. **Competizioni sportive:** Vengono organizzati vari eventi sportivi, tra cui gare di nuoto nello Stretto di Messina e partite di calcio amichevoli tra squadre locali.

Le celebrazioni del Ferragosto a Messina di solito si estendono oltre il 15 agosto, durando spesso diversi giorni. Questo periodo prolungato di festività permette sia ai residenti che ai visitatori di immergersi completamente nell'atmosfera gioiosa che avvolge la città durante questo periodo speciale dell'anno.

*Dettagli Aggiuntivi per la Processione in Barca di Ferragosto

Uno degli elementi più distintivi ed affascinanti delle celebrazioni del Ferragosto a Messina è la tradizionale processione in barca nello Stretto di Messina. Questa sfilata acquatica, conosciuta localmente come La Processione a Mare, è una vivace manifestazione di fede, tradizione e cultura marittima.

La processione in barca solitamente ha luogo nel pomeriggio del 15 agosto, a partire dalle ore 17:00 circa, quando il caldo del giorno inizia a diminuire, ma c'è ancora molta luce solare. L'evento è organizzato per concludersi poco prima del tramonto, creando una panorama spettacolare mentre la luce dorata si riflette sull'acqua e illumina le imbarcazioni decorate.

La processione parte dal Porto di Messina, vicino alla statua della Madonna della Lettera, santa patrona della città. Da lì, il corteo procede lungo la costa, passando accanto a monumenti importanti come l'Università di Messina, la Fontana di Nettuno e la Chiesa di Cristo Re.

La parata presenta una vasta gamma di imbarcazioni, dalle piccole barche da pesca e imbarcazioni da diporto a yacht più grandi e addirittura alcune repliche storiche di tradizionali barche siciliane. Molti partecipanti trascorrono giorni o addirittura settimane a preparare le loro imbarcazioni per l'evento, decorandole con bandiere colorate, striscioni, composizioni floreali, simboli religiosi e luci.

Il fulcro della processione è solitamente una barca più grande che trasporta una statua o un'effigie della Vergine Maria, spesso la Madonna della Lettera. Questa barca è normalmente quella decorata in maniera più elaborata ed occupa un posto d'onore nel corteo.

Il percorso della processione segue la costa di Messina, permettendo agli spettatori sulla terraferma di seguirne l'andamento. Le barche viaggiano ad un ritmo tranquillo, spesso facendo un giro che si estende dall'area del porto fino al faro di Capo Peloro, all'estremità settentrionale della Sicilia, prima di tornare al punto di partenza.

L'intero evento dura solitamente dalle due alle tre ore circa, a seconda del numero di imbarcazioni partecipanti e delle condizioni meteorologiche. Quando la processione si avvicina alla sua conclusione, non è raro che le barche suonino le loro sirene all'unisono, creando un tributo sonoro ma gioioso alla Vergine Maria e allo spirito del Ferragosto.

Migliaia di spettatori si radunano lungo il litorale di Messina per assistere alla processione.

Popolari punti di osservazione:

- La passeggiata sul lungomare (Lungomare Vittorio Emanuele III)

- Le scale del Santuario di Cristo Re

- L'area intorno alla Fontana di Nettuno

- Diverse spiagge lungo la costa, come Spisone e Sant'Agata

Molte persone fanno picnic o acquistano cibo dai numerosi venditori che si posizionano lungo il percorso. L'atmosfera è vivace, con musica che risuona sia dalla riva che dalle barche, creando una colonna sonora festosa per l'evento.

La processione in barca è più che uno spettacolo; è una profonda espressione del patrimonio marittimo e della devozione religiosa di Messina. Simboleggia il forte legame tra il popolo di Messina e il mare, che ha modellato la sua storia e la sua esistenza per secoli.

Man mano che le barche si avvicinano al porto al calar della sera, l'attesa cresce per il gran finale delle celebrazioni del Ferragosto a Messina: il maestoso spettacolo pirotecnico che presto illuminerà il cielo notturno sopra lo Stretto di Messina.

#3 La Festa dell'Assunzione di Maria

La Festa dell'Assunzione di Maria, celebrata il 15 agosto, è il fulcro delle celebrazioni del Ferragosto a Messina, mescolando devozione religiosa e tradizioni culturali. Questa festività ha un significato particolare a Messina, una città con una lunga storia di devozione mariana.

L'origine della Festa dell'Assunta risale alla tradizione cristiana primitiva. Già nei secoli V e VI, la convinzione nell'Assunzione di Maria, che la Vergine Maria fosse stata assunta in cielo con corpo e anima, era già diffusa sia nelle chiese orientali che occidentali.

La festa fu ufficialmente istituita nella Chiesa Cristiana Orientale intorno al VI secolo, inizialmente conosciuta come la "Dormizione" (che significa "addormentarsi") di Maria. La Chiesa Orientale celebrava la festa per commemorare la fine della vita terrena di Maria e la sua ascesa corporea al cielo.

In Italia, la Chiesa adattò il Ferragosto pagano alla Festa dell'Assunta. Questo adattamento consentì all'antica festività di perdurare, onorando ora l'Assunzione di Maria in cielo nel contesto cristiano.

A Messina, la Festa dell'Assunta assume un significato speciale, intrecciandosi con le tradizioni locali e l'eredità marittima della città:

1. **La Madonna della Lettera**: La celebrazione a Messina si concentra sulla sua patrona, la Madonna della Lettera. Secondo la tradizione locale, la Vergine Maria avrebbe inviato una lettera che benediva la città di Messina. Questo aspetto unico della devozione mariana aggiunge un ulteriore livello di importanza alla celebrazione dell'Assunta in città.

2. **Processioni religiose**: La giornata inizia con solenni processioni per le strade della città. La protagonista è spesso una statua della Madonna della Lettera, portata a spalla dai fedeli. Queste processioni solitamente partono dalla Cattedrale di Messina e attraversano il centro storico.

3. ***La Vara**: Il momento culminante del giorno dell'Assunta a Messina è la processione della Vara, un enorme carro piramidale alto oltre 13 metri. La Vara rappresenta l'Assunzione della Vergine ed è adornata da nuvole, angeli e, in cima, figure che rappresentano la Santa Trinità che incorona la Vergine Maria. Il trasporto di questa struttura imponente per le strade è un'impresa di coordinazione e devozione, che spesso dura diverse ore.

4. **Celebrazioni della Messa**: Durante la giornata si celebrano messe speciali, con la più importante che di solito si tiene nella Cattedrale di Messina. La cattedrale, dedicata all'Assunzione della Vergine, diventa il centro spirituale della città durante questa giornata.

5. **La Processione in Barca:** Come descritto in precedenza, la processione

in barca del pomeriggio nello Stretto di Messina è strettamente legata alle celebrazioni dell'Assunta. Molte barche trasportano immagini o statue della Vergine Maria, creando un tributo galleggiante all'Assunta.

6. **Offerte tradizionali:** In linea con le tradizioni antiche, molti messinesi fanno offerte alla Vergine durante questo giorno. Queste possono variare da fiori e candele a doni votivi più elaborati.

7. **Eventi culturali:** Le celebrazioni religiose sono spesso accompagnate da eventi culturali come concerti di musica sacra, mostre d'arte incentrate su temi mariani e rappresentazioni storiche.

* Informazioni aggiuntive - La Processione della Vara a Messina

La processione della Vara è uno degli eventi più spettacolari e significativi delle celebrazioni della Festa dell'Assunta a Messina. Questa antica tradizione, che risale al XVI secolo, rappresenta una potente manifestazione di fede, comunità e patrimonio culturale messinese.

La processione ha inizio nella Chiesa di San Lorenzo e prosegue lungo Via Garibaldi fino a raggiungere Piazza Duomo, con la struttura massiccia della Vara trascinata da centinaia di partecipanti che utilizzano corde robuste. La processione è lenta e dura diverse ore, con soste per preghiere e inni, creando un insieme di solennità e celebrazione. Termina nella Cattedrale di Messina, dove una Messa speciale ne segna spesso la conclusione.

La Vara: Una Descrizione

La Vara è un imponente carro votivo che si erge per circa 13,5 metri (circa 44 piedi) di altezza. E' un'elaborata struttura piramidale che si restringe man mano che sale, creando uno spettacolo verticale scenografico.

La Vara

La Vara non è solo un'opera colossale; è una complessa rappresentazione artistica della teologia cattolica e della devozione mariana. Le caratteristiche principali della Vara sono una larga e solida base su ruote, decorata con simboli religiosi ed elementi ornamentali. La struttura è composta da più livelli, ognuno più piccolo del precedente, creando l'effetto piramidale. Su questi livelli ci sono numerose figure, tra cui statue giganti degli Apostoli e altre figure bibliche alla base, angeli in varie pose (alcuni dei quali sembrano essere in volo) nei livelli intermedi, e rappresentazioni del sole, della luna e delle stelle vicino alla cima. Sulla sommità spicca una rappresentazione della Santa Trinità (Padre, Figlio e Spirito Santo) che incorona la Vergine Maria.

L'intera struttura è riccamente decorata con foglia d'oro, pitture vivaci, fiori e luci. Sparse dappertutto sono formazioni nuvolose stilizzate, realizzate in cartapesta o materiali leggeri, che danno l'impressione di un evento che si svolge nei cieli. Il risultato complessivo è un'affascinante rappresentazione tridimensionale dell'Assunzione di Maria, con figure terrestri nella parte inferiore e scene celesti nella parte superiore.

Il movimento della Vara attraverso le strade è un'impresa straordinaria di coordinazione e forza. La grandezza e il peso della struttura, uniti alle strette strade di Messina e al caldo clima di agosto, rendono la processione una vera prova di devozione per chi vi partecipa.

Per i visitatori, la processione della Vara offre uno spettacolo unico che unisce fervore religioso, tradizione storica e spirito comunitario. La vista di questa enorme e sontuosa struttura che avanza lentamente per la città, circondata da una folla di partecipanti devoti e di spettatori, offre un'immagine vivida e indimenticabile del ricco patrimonio culturale di Messina.

La Festa dell'Assunta a Messina si integra perfettamente con le celebrazioni più ampie del Ferragosto:

- Le processioni religiose e le messe forniscono una base spirituale per le festività della giornata.

- La processione della Vara segna spesso l'inizio ufficiale delle celebrazioni del Ferragosto in città.

- La processione in barca del pomeriggio funge da ponte tra le osservanze religiose e gli aspetti più laici del Ferragosto.

- Lo spettacolo di fuochi d'artificio di notte, sebbene parte delle celebrazioni del Ferragosto, è anche visto da molti come un tributo all'Assunta.

Questa integrazione della festa dell'Assunta nel Ferragosto dimostra la capacità di Messina di armonizzare le sue profonde tradizioni religiose con il suo patrimonio culturale e il suo amore per la festività. Crea una celebrazione unica che onora sia il significato spirituale dell'Assunzione che lo spirito gioioso del Ferragosto, rendendo il 15 agosto un giorno davvero speciale nel calendario messinese. Ogni anno, questo evento attrae circa 100.000 persone.

Tendenze di viaggio durante il Ferragosto

Se si viaggia a Messina per questo FestaFusion, è necessario prenotare con anticipo. Molti hotel e B&B a Messina potrebbero riempirsi rapidamente, e alcuni visitatori potrebbero dover cercare sistemazioni nelle aree vicine o ricorrere ad affitti per vacanze. Sebbene una parte significativa dei partecipanti siano locali o siciliani, una porzione del pubblico proviene dal continente italiano e da altre destinazioni internazionali.

Alto volume di viaggiatori: Solitamente, circa il 30-35% degli italiani va in vacanza durante il Ferragosto (la settimana del 15 agosto). Si stima che circa 18-21 milioni di persone viaggino durante questo periodo, considerando una popolazione di circa 60 milioni in Italia.

Giro a piedi di Messina

#1. La Cattedrale di Messina e Piazza Duomo

Inizia il giro da Piazza del Duomo, il cuore di Messina, e sede della splendida Cattedrale di Messina. Costruita originariamente nel XII secolo sotto il dominio normanno, la cattedrale è stata ricostruita più volte a causa del devastante terremoto del 1908 e dei bombardamenti della Seconda Guerra Mondiale.

Mosaici dell'abside del duomo

All'interno della cattedrale, troverai bellissimi mosaici in stile bizantino e imponenti elementi architettonici gotici e romanici. La cattedrale ospita anche la tomba di Corrado IV di Germania, figlio di Federico II, aggiungendone ulteriore valore storico.

L'Orologio Astronomico della Cattedrale

Un punto forte della cattedrale è l'Orologio Astronomico, situato nel campanile. Installato nel 1933, è considerato l'orologio meccanico-astronomico più grande e complesso del mondo. Ogni giorno a mezzogiorno, l'orologio presenta uno spettacolo complesso che dura circa 12 minuti. Lo spettacolo inizia con l'animazione di figure meccaniche in bronzo. Un leone dorato, simbolo di Messina, alza la bandiera e ruggisce tre volte, seguito dal gallo che canta e sbatte le ali.

Mentre lo spettacolo continua, le figure rappresentanti i giorni della settimana ruotano e si svolge una scena di iconografia cristiana. Gesù emerge da una tomba, passando davanti a figure allegoriche come la Chiesa, la Morte, la Sinagoga e i quattro Evangelisti. Poi appare la Vergine Maria, che entra nella scena. Lo spettacolo si conclude con le campane che suonano l'Ave Maria. Questa esibizione quotidiana attira numerosi visitatori e offre uno sguardo unico sul patrimonio artistico e tecnologico di Messina.

La Cattedrale e la Torre

#2. La Fontana di Orione

Accanto alla cattedrale in Piazza del Duomo, troverai la Fontana di Orione. Questa fontana rinascimentale è sia un capolavoro che un omaggio alle radici mitologiche di Messina. Giovanni Angelo Montorsoli, uno studente di Michelangelo, la realizzò nel 1553. Molti la considerano una delle più belle d'Italia.

La fontana celebra Orione, il mitico fondatore di Messina. La sua struttura è composto da tre livelli, ognuno ricco di simbolismo e sculture. La vasca inferiore presenta otto maschere, che rappresentano i fiumi della Sicilia e della Calabria. Sopra di esse, quattro divinità fluviali incarnano il Tevere, il Nilo, l'Ebro e il Camaro.

In cima una statua di Orione si erge maestosa, con il suo cane al suo fianco. Questo è un chiaro richiamo al ruolo centrale di Orione nel mito della fondazione di Messina e al suo simbolismo protettivo.

Fountain of Orion

#3. Chiesa della Santissima Annunziata dei Catalani

Una breve passeggiata lungo Via Garibaldi ti condurrà alla Chiesa della Santissima Annunziata dei Catalani, una piccola ma storicamente significativa chiesa che rappresenta la resilienza di Messina e il suo ricco patrimonio culturale. Costruita tra l'XI e il XII secolo, questa chiesa è una delle poche strutture medievali di Messina che è sopravvissuta sia al devastante terremoto del 1908 che ai bombardamenti della Seconda Guerra Mondiale.

Il nome della chiesa, "dei Catalani", deriva dal suo utilizzo successivo da parte dei mercanti catalani che si stabilirono a Messina nel XIV secolo. Questo aggiunge un ulteriore strato alla ricca storia dell'edificio, legandolo all'importanza della città come centro commerciale del Mediterraneo.

L'architettura della chiesa è una fusione affascinante di influenze normanne, bizantine e arabe, che riflettono la storia culturale diversificata della Sicilia. L'esterno è particolarmente suggestivo, con una caratteristica cupola rossa e complessi intagli in pietra. La facciata è decorata con bande alternate di pietra chiara e scura, creando un effetto visivo a strisce, tipico dell'architettura normanno-araba.

Uno degli aspetti più notevoli della chiesa è la presenza di tre absidi all'estremità orientale, ciascuno decorato con archi ciechi ed elaborati lavori in pietra. L'abside centrale è leggermente più grande e più finemente decorato rispetto ai due laterali, attirando lo sguardo e sottolineando la simmetria dell'edificio.

All'interno, l'ambiente della chiesa è più austero, ma non meno affascinante. Lo spazio è suddiviso in tre navate da colonne con capitelli decorati. Alza lo sguardo per ammirare il soffitto in legno, una successiva aggiunta che ha sostituito la cupola originale in stile bizantino. Le pareti, un tempo ricoperte di affreschi, ora rivelano le ossa architettoniche della chiesa, permettendo ai visitatori di apprezzare l'abilità dei suoi costruttori medievali.

Mentre esplori questa gemma architettonica, prenditi un momento per riflettere su come essa racchiuda la complessa storia della Sicilia. La Chiesa della Santissima Annunziata dei Catalani è una rappresentazione fisica delle varie culture e civiltà che hanno lasciato il loro segno su Messina nel corso dei secoli.

#4. Palazzo Zanca (il Municipio di Messina)

Prosegui verso Piazza Unione Europea per ammirare Palazzo Zanca, il Municipio di Messina. Ricostruito dopo il terremoto del 1908, questo edificio in stile neoclassico ospita il governo della città. Ammira la facciata imponente ed esplora la piazza circostante, che ospita una statua di Giuseppe Mazzini, una figura importante per l'unità d'Italia.

#5. Chiesa di San Francesco d'Assisi

Prosegui lungo Viale Boccetta per visitare la Chiesa di San Francesco d'Assisi, una delle chiese francescane più antiche e significative della Sicilia. Costruita nel XIII secolo, questa chiesa occupa un posto speciale nella storia religiosa e architettonica di Messina.

L'esterno della chiesa presenta un insieme di stili architettonici, che riflettono la sua lunga storia e i suoi vari restauri. Sebbene gran parte della struttura originale del XIII secolo sia stata danneggiata dal terremoto del 1908, il meticoloso lavoro di restauro ha preservato il suo carattere medievale. La facciata, ricostruita nel XX secolo, incorpora elementi di diverse epoche, creando un insieme armonioso che racconta la storia della resilienza della chiesa.

Entrando, sarai colpito dall'ampio interno, tipico delle chiese francescane progettate per ospitare numerosi fedeli. La chiesa ospita numerose sculture medievali di grande importanza, che sono sopravvissute al terremoto e che offrono uno spunto sul patrimonio artistico di Messina. Queste sculture, alcune risalenti ai primissimi giorni della chiesa, mostrano l'abilità degli artigiani medievali e la devozione religiosa dell'epoca.

La Tomba di Federico d'Aragona, Re di Sicilia

Una delle caratteristiche più significative della chiesa è la tomba di Federico d'Aragona. Federico, conosciuto anche come Federico III di Sicilia, fu Re di Sicilia dal 1296 al 1337. Era membro della Casa di Barcellona e giocò un ruolo cruciale nella storia della Sicilia durante il periodo di turbolenza che seguì i Vespri siciliani. Il suo regno fu caratterizzato da conflitti con la dinastia angioina ed il Papato, nonché da sforzi per affermare la sovranità della Sicilia. La tomba di Federico, situata all'interno della chiesa, non è solo il luogo di riposo di un potente monarca medievale, ma anche un pregevole esempio di arte funeraria del XIV secolo. La presenza della tomba in questa chiesa francescana sottolinea lo stretto rapporto tra la dinastia aragonese e l'ordine francescano nella Sicilia medievale.

Mentre esplori la Chiesa di San Francesco d'Assisi, prenditi del tempo per riflettere sulle sue caratteristiche architettoniche e sulla sua importanza storica. Questa chiesa è un simbolo del ricco passato di Messina, della sua resilienza di fronte alle calamità naturali e della sua importanza come centro di potere nella Sicilia medievale.

#6. Santuario della Madonna di Montalto

La tua prossima fermata ti porterà ad un'altitudine maggiore mentre ti dirigerai verso il Santuario della Madonna di Montalto, situato su Viale Principe Umberto. Questo santuario, posto sulla cima di una delle colline di Messina, non solo offre un significato spirituale, ma regala anche viste panoramiche mozzafiato sulla città e sullo Stretto di Messina.

Secondo la leggenda locale, la storia del santuario risale al XIII secolo, quando la Vergine Maria sarebbe apparsa ad un pastore su questa collina. Quest'apparizione portò alla costruzione della chiesa originale. Tuttavia, come molte delle strutture di Messina, il santuario che vedi oggi è una ricostruzione successiva al devastante terremoto del 1908.

Il santuario ricostruito, completato nel 1921, è un bellissimo esempio di architettura ecclesiastica del primo Novecento. Il suo design mescola elementi degli stili romanico e gotico, creando una fusione armoniosa che rende omaggio al ricco patrimonio architettonico di Messina. La facciata è caratterizzata da un grande rosone, ed è fiancheggiata da due campanili, conferendo al santuario una presenza imponente sulla collina.

Avvicinandoti al santuario, nota la grande scalinata che porta all'ingresso. Questa salita non solo ha uno scopo pratico, ma simboleggia anche il viaggio spirituale dei pellegrini che ascendono verso il divino.

All'interno, il santuario è decorato con splendidi affreschi e mosaici, molti dei quali raffigurano scene della vita della Vergine Maria e della storia del santuario stesso. L'altare maggiore ospita una statua venerata della Madonna di Montalto, che è al centro della devozione locale e delle celebrazioni annuali.

La Terrazza Panoramica

Uno dei punti salienti della visita a questo santuario è la terrazza panoramica. Da qui, puoi godere di una vista mozzafiato su Messina, il vivace porto e lo Stretto di Messina, che separa la Sicilia dal continente italiano. Nelle giornate limpide, potresti anche intravedere la costa calabrese che si affaccia sull'acqua. Questo punto di osservazione offre una prospettiva unica sulla geografia di Messina e sulla sua importanza strategica come città marittima nel corso della storia.

Il Santuario della Madonna di Montalto rimane un luogo di importanza religiosa per i messinesi, nonché una destinazione popolare sia per i pellegrini che per i turisti. La sua combinazione di significato spirituale, bellezza architettonica e panorami spettacolari lo rende una tappa imperdibile nel tuo giro di Messina.

#7. Museo Regionale di Messina

Prosegui verso Viale della Libertà per visitare il Museo Regionale di Messina. Il museo ospita alcune delle opere più preziose di Messina, tra cui lavori di Caravaggio e Antonello da Messina. È un ottimo posto per immergersi nella storia artistica della città. Assicurati di vedere "La Resurrezione di Lazzaro" di Caravaggio e il "Polittico di San Gregorio" di Antonello da Messina.

#8. Chiesa di Santissima Annunziata

Poi dirigiti verso Piazza Annunziata per visitare la Chiesa della Santissima Annunziata. Questa chiesa barocca, originariamente costruita nel XV secolo, ha una storia affascinante di distruzione e rinascita, che rispecchia la stessa resilienza di Messina.

La splendida facciata della chiesa è un capolavoro dell'architettura barocca, con dettagli elaborati in pietra e sculture. Entrando, rimarrai colpito dal bellissimo interno, riccamente decorato con affreschi, marmi e lavori in stucco. La chiesa ospita diverse opere d'arte importanti, tra cui dipinti di artisti locali e pale d'altare elaborate.

Uno degli elementi più notevoli della chiesa è il suo soffitto, adornato con affreschi che raffigurano scene della vita della Vergine Maria. Prenditi del tempo per ammirarne la maestria artigianale e il gioco di luci sui vari materiali e sulle superfici della chiesa.

La Chiesa della Santissima Annunziata gioca anche un ruolo importante nelle tradizioni religiose locali, ospitando numerose feste e processioni durante l'anno. Se possibile, cerca di pianificare la tua visita in concomitanza con uno di questi eventi per un'esperienza culturale davvero coinvolgente.

#9. Forte del Santissimo Salvatore e Madonnina del Porto

Per l'ultima tappa del tuo giro, dirigiti verso la punta della penisola a forma di falce che forma il porto naturale di Messina. Qui troverai il Forte del Santissimo Salvatore, un forte del XVI secolo che offre viste panoramiche sullo Stretto di Messina e sulla città.

Accanto al forte si trova la Madonnina del Porto, una colonna alta 60 metri sormontata da una statua della Madonna. Questo monumento, visibile a tutte le navi che entrano nel porto, ha accolto i visitatori di Messina dal 1934.

Forte del Santissimo Salvatore and the Port of Messina

Da questo punto di osservazione, puoi godere di una vista mozzafiato sullo Stretto di Messina, osservando le navi attraversare lo stretto passaggio tra Sicilia e Italia continentale. Nelle giornate limpide, potresti anche intravedere la costa calabrese.

Con il tramonto, questo posto offre un luogo perfetto per riflettere sul tuo giro di Messina. I colori mutevoli del cielo al tramonto, riflessi nelle acque dello stretto, creano un finale memorabile alla tua esplorazione di questa città storica.

Feste e Sagre a Messina Durante l'Anno

Festa della Madonna della Lettera

3 Giugno

La Festa della Madonna della Lettera è una delle celebrazioni religiose più importanti di Messina, dedicata alla santa patrona della città. Secondo leggenda, nel 42 d.C., l'apostolo Paolo visitò la Sicilia e predicò a Messina. I cittadini rimasero talmente colpiti che inviarono una delegazione a Gerusalemme per incontrare la Vergine Maria. Lei diede loro una lettera di benedizione, che divenne poi conosciuta come la "Lettera della Madonna".

La festa inizia con una messa solenne nella Cattedrale di Messina. Successivamente, una grande processione attraversa le strade della città, con una vara d'argento (una larga base decorata) che porta una statua della Madonna. La vara, che pesa più di una tonnellata, è trainata da centinaia di cittadini devoti.

Quando arriva la sera, le celebrazioni culminano in un incredibile spettacolo di fuochi d'artificio sullo Stretto di Messina, illuminando il cielo e riflettendosi nelle acque in uno spettacolo mozzafiato di luci e colori.

Festa di Sant'Antonio

13 Giugno

La Festa di Sant'Antonio è una celebrazione religiosa molto sentita, dedicata a Sant'Antonio da Padova. Sebbene Sant'Antonio sia particolarmente associato alla città di Padova, è molto venerato anche a Messina e in tutta Sicilia.

La festa inizia con una messa solenne nella Chiesa di Sant'Antonio. Dopo la messa, una processione porta la statua del santo attraverso le strade di Messina. I devoti spesso distribuiscono piccole pagnotte, conosciute come "i pani di Sant'Antonio", una tradizione che deriva dalla reputazione del santo nell'aiutare i poveri e gli affamati.

Festa del Mare

Luglio (le date esatte variano)

La Festa del Mare è una vivace celebrazione del profondo legame di Messina con il mare. L'evento include una vasta gamma di attività a tema marittimo. I visitatori possono godere di giri in barca nello Stretto di Messina, gare di pesca e dimostrazioni delle antiche tecniche di pesca. Spesso ci sono mostre di fotografie storiche e di reperti legati alla storia marittima di Messina.

Un momento culminante della festa è il "Palio Marinaro", una tradizionale gara di barche che si svolge nelle acque dello stretto. Le squadre che rappresentano i vari quartieri di Messina gareggiano su imbarcazioni colorate e tradizionali, creando uno spettacolo suggestivo per i presenti.

La festa celebra anche la cucina locale a base di pesce. Bancarelle e ristoranti offrono una vasta gamma di piatti a base di pesce fresco, dal pesce spada alla griglia alla pasta con frutti di mare. Le esibizioni di musica dal vivo, spesso con canti legati al mare, e i mercati artigianali che vendono prodotti ispirati al mare, contribuiscono a creare un'atmosfera festosa.

Sagra della Melanzana

Di solito si tiene ad agosto (le date esatte possono variare di anno in anno)

La Sagra della Melanzana è una celebrazione gastronomica di uno degli ortaggi più amati in Sicilia: la melanzana. Questa sagra si tiene in diverse località intorno a Messina, con ogni paese che offre una propria versione dell'evento. La melanzana è stata un ingrediente fondamentale della cucina siciliana per secoli, introdotta dagli arabi durante la loro occupazione dell'isola.

Durante la festa, ristoranti e bancarelle locali offrono una vasta gamma di piatti a base di melanzana. I visitatori possono gustare preparazioni classiche come la parmigiana di melanzane, la pasta alla Norma (pasta con melanzane e ricotta salata) e la caponata (un'insalata agrodolce a base di melanzane). Ci sono anche creazioni più innovative, come il gelato alla melanzana o i cocktail a base di melanzana.

La sagra spesso prevede dimostrazioni di cucina, dando la possibilità ai visitatori di imparare ricette tradizionali e tecniche culinarie. Musica dal vivo, balli popolari e mercati di artigianato arricchiscono l'atmosfera festosa, rendendo l'evento una vera e propria celebrazione della cultura e della cucina locali.

Festa di San Nicola

6 Dicembre

La Festa di San Nicola è un'importante celebrazione invernale a Messina, particolarmente nel quartiere di Ganzirri. San Nicola, conosciuto per la sua generosità e per i suoi doni, viene festeggiato con tradizioni sia religiose che laiche.

La giornata inizia con una messa nella Chiesa di San Nicola a Ganzirri, seguita da una processione che porta la statua del santo per le strade. In linea con la reputazione di San Nicola come protettore dei bambini, ci sono spesso eventi speciali per i più piccoli, come distribuzioni di regali e sedute di racconti sulla vita del santo.

La celebrazione si conclude spesso la sera con uno spettacolo di fuochi d'artificio sul lago di Ganzirri, creando un'atmosfera magica che unisce la tradizione religiosa con la bellezza naturale della zona.

Opzioni per gite di un giorno: Siti, Città e Paesi vicini

Castroreale. 45 chilometri (28 miglia). Castroreale è un piccolo borgo su una collina, conosciuto per le sue viste panoramiche e la sua ricca architettura barocca. E' spesso chiamata "Il Balcone sul Mar Tirreno". I siti da visitare sono: la Chiesa di Santa Maria degli Angeli, il Museo Civico, la Torre di Federico II e Palazzo Peculio.

Gole dell'Alcantara. 65 chilometri (40 miglia) da Messina. Le Gole dell'Alcantara sono una meraviglia naturale, con una gola fluviale che ospita formazioni rocciose uniche di basalto. Offre ai visitatori paesaggi mozzafiato e attività all'aperto. I siti da visitare sono: la gola del fiume Alcantara, il Sentiero botanico e geologico, una piccola chiesa bizantina e il Parco avventura con attività fluviali.

Fiumedinisi. 30 chilometri (19 miglia) da Messina. Fiumedinisi è un piccolo e pittoresco paese situato tra le montagne dei Peloritani. E' conosciuto per la sua bellezza naturale, i siti storici e le attività all'aperto. Siti da vedere: le rovine del Castello Normanno, la Chiesa di Maria SS. Annunziata, il fiume Fiumedinisi e le sue cascate, i sentieri escursionistici nelle montagne circostanti.

Savoca. 30 chilometri (18,6 miglia). Un affascinante borgo collinare, Savoca è famosa per essere stata una location del film Il Padrino. Offre un'atmosfera tranquilla, bellissime chiese e panorami mozzafiato sulla campagna siciliana, rendendola una gita ideale per gli amanti della storia e del cinema.

Logistica

Treno: La Stazione Centrale di Messina collega la città con il resto della Sicilia e con la terraferma. I treni partono regolarmente per Catania, Palermo e altre principali città siciliane.

Autobus: Il servizio locale di autobus è gestito da ATM Messina. Gli autobus coprono l'intera città e collegano i sobborghi vicini, inclusi luoghi popolari come Torre Faro e Ganzirri.

Traghetto: Messina è un importante punto di collegamento per i traghetti, con corse frequenti verso la terraferma (Villa San Giovanni e Reggio Calabria) e le isole vicine. Il porto dei traghetti si trova vicino alla stazione Centrale di Messina.

Tram: Messina dispone di una sola linea di tram che attraversa la città lungo la costa, da Gazzi a sud ad Annunziata a nord.

Auto: Messina è ben collegata con le strade, rendendola accessibile in auto. Ecco alcune informazioni chiave sulla guida a Messina. L'autostrada A18 collega Messina a Catania a sud, mentre l'A20 la collega a Palermo ad ovest. La guida nel centro città può essere impegnativa a causa delle strade strette e del traffico intenso, soprattutto durante le ore di punta.

Parcheggio: Parcheggiare a Messina può essere difficile, soprattutto nel centro città. Ecco cosa c'è da sapere. Ci sono sia aree di parcheggio gratuite che a pagamento a Messina. I parcheggi a pagamento sono solitamente contrassegnati da linee blu sul terreno.

Consigli per mangiare

I Ruggeri. Indirizzo: Via Pozzo Leone, 21

Questo ristorante raffinato unisce la cucina contemporanea ai sapori tradizionali siciliani. Tra i piatti più popolari ci sono le polpette di tonno in salsa agrodolce e le linguine con ricci di mare. Conosciuto per la sua atmosfera elegante e il servizio eccellente, I Ruggeri offre una selezione curata di vini e piatti splendidamente presentati. È una scelta perfetta per chi cerca un'esperienza gastronomica di alto livello.

Casa & Putia Ristorante. Indirizzo: Via S. Camillo, 14

Situato a pochi passi dalla Cattedrale, Casa & Putia è un ristorante accogliente ed invitante che offre una miscela di cucina mediterranea e siciliana. Il ristorante si concentra su ingredienti stagionali e di alta qualità, e il suo menù include piatti tipici come il risotto di mare e le carni grigliate.

Trattoria Paradisiculo. Indirizzo: Via Giuseppe Garibaldi

Con un servizio cordiale e piatti autentici siciliani, questa trattoria è una scelta popolare sia tra i locali che tra i turisti. Tra i piatti in evidenza ci sono pesce fresco, pasta con le sarde e i dolci tradizionali siciliani. Il ristorante offre un'esperienza gastronomica accogliente e informale.

Dove Dormire

**Royal Palace Hotel. Indirizzo: Via Tommaso Cannizzaro, 3

Un hotel a 4 stelle situato vicino alla stazione ferroviaria e al terminal dei traghetti, il Royal Palace Hotel offre camere spaziose e servizi moderni. La sua posizione centrale lo rende ideale per i visitatori che esplorano Messina o per chi deve prendere i traghetti per le Isole Eolie o il continente.

*Garibaldi R&B. Indirizzo: Via Giuseppe Garibaldi, 108

Un affascinante piccolo hotel che offre servizio bed and breakfast in una posizione privilegiata vicino alla Cattedrale di Messina. Il Garibaldi R&B combina comfort e convenienza con la sua atmosfera accogliente ed il personale attento.

*Hotel Sant'Elia. Indirizzo: Via I Settembre, 67

Un'opzione economica a Messina, l'Hotel Sant'Elia offre camere semplici ma confortevoli vicino al Duomo. È popolare tra i viaggiatori che cercano affidabilità e convenienza nel cuore della città.

**Hotel Messenion. Indirizzo: Via Faranda, 7

Un piccolo hotel accogliente che offre un servizio personalizzato e camere confortevoli. La sua posizione centrale vicino al Duomo e alle principali attrazioni di Messina lo rende una scelta ideale per i turisti.

Re Vittorio De Luxe. Indirizzo: Via Nicola Fabrizi, 48

Un boutique bed and breakfast noto per il suo arredamento lussuoso e moderno e l'attenzione ai dettagli. Il Re Vittorio De Luxe si trova vicino al Duomo, rendendolo un'eccellente base per esplorare la città.

*Lungo il percorso della processione, sono un'opzione eccellente per vedere la Processione dei Giganti e la Processione della Vara.

**Vicino al percorso della processione, ma non direttamente su di esso.

Capitolo Ventitré

Assaporando l'Oro Verde di Bronte

S agra del Pistacchio

Dove: Bronte

Quando: Ultima settimana di settembre, prima settimana di ottobre, in coincidenza con il raccolto del pistacchio.

Sito web: Temperature medie durante la festa: Massima: 22°C - 27°C (72°F – 81°F). Minima: 13°C - 17°C (55°F – 63°F).

Scoprire Bronte: La Città di Smeraldo all'Ombra dell'Etna

Abbarbicata sulle pendici occidentali del Monte Etna, Bronte è un testimone della ricca tradizione agricola e della complessa eredità storica della Sicilia. Conosciuta in tutto il mondo come la "Città dei Pistacchi," questa piccola cittadina dell'entroterra offre ai visitatori una miscela unica di bellezza naturale, delizie gastronomiche e sorprendenti legami storici. La storia di Bronte è quella di una terra di resilienza e adattamento, plasmata dal fertile suolo vulcanico dell'Etna e dalle diverse culture che hanno lasciato la loro impronta in questo angolo di Sicilia.

La storia di Bronte risale ai tempi antichi, con tracce di insediamenti greci e romani nell'area. Tuttavia, l'identità moderna della città si è formata durante il periodo medievale. Il nome "Bronte" si ritiene derivi dalla parola greca "bronté", che significa tuono, forse un riferimento ai rombi del vicino Monte Etna. La storia della città subì una svolta inaspettata nel 1799, quando re Ferdinando IV di Napoli concesse la proprietà di Bronte all'ammiraglio britannico Horatio Nelson, in segno di gratitudine per il suo sostegno contro i francesi. Questo diede vita al curioso titolo di "Duca di Bronte," che fu detenuto da Nelson e dai suoi eredi fino al XX secolo. Questa connessione britannica, sebbene solo formale, aggiunse uno strato intrigante all'identità culturale di Bronte.

Bronte si trova a 50 chilometri a nord-ovest di Catania, sulle pendici occidentali del Monte Etna. Il territorio della città si estende su un paesaggio variegato, dalle pendici vulcaniche dell'Etna alla valle del fiume Simeto. Questa posizione unica, con il suo suolo vulcanico arricchito da secoli di eruzioni dell'Etna, ha creato le condizioni ideali per l'agricoltura, in particolare per la coltivazione dei pistacchi. Il "Pistacchio Verde di Bronte DOP" è rinomato in tutto il mondo per il suo sapore intenso e il suo vivace colore verde. La presenza imponente dell'Etna, il più grande vulcano attivo d'Europa, non solo plasma il paesaggio, ma anche la vita quotidiana e la cultura degli abitanti di Bronte.

Bronte ha una popolazione di circa 19.000 abitanti. L'economia della città si basa principalmente sull'agricoltura, con la coltivazione e la lavorazione del pistacchio al suo centro.

La Festa del Pistacchio

Bronte è un affascinante villaggio situato sulle pendici occidentali del Monte Etna, il vulcano attivo più grande d'Europa. Sebbene non sia l'unico paese di questa regione – altre note località sulle pendici dell'Etna includono Zafferana Etnea, Nicolosi e Randazzo – Bronte ha acquisito una particolare fama per i suoi pistacchi e per la festa che li celebra.

Perché i Pistacchi Crescono Bene a Bronte

I pistacchi di Bronte sono di qualità eccezionale grazie alle condizioni uniche della zona. Il terreno fertile e ricco di minerali derivante dall'attività vulcanica del Monte Etna offre un ambiente ideale per la crescita degli alberi di pistacchio. Il sapore particolare dei frutti e il colore verde brillante sono attribuiti ai livelli elevati di potassio, fosforo e magnesio presenti nel terreno.

La coltivazione del pistacchio a Bronte beneficia del microclima specifico che caratterizza le pendici occidentali dell'Etna. La zona vive estati calde e secche e inverni miti, con significative variazioni di temperatura tra il giorno e la notte. Questa sollecitazione climatica stimola gli alberi a produrre frutti più saporiti. I pistacchi di Bronte crescono ad un'altitudine tra i 400 e i 900 metri sul livello del mare, il che contribuisce alla loro crescita lenta e allo sviluppo del sapore intenso.

I contadini locali utilizzano ancora molte tecniche di coltivazione tradizionali e non intensive che, unite all'ambiente unico, portano alla produzione di pistacchi di qualità eccezionale.

L'Esperienza della Festa

La festa presenta una vasta gamma di cibi a base di pistacchio. I visitatori possono assaporare piatti tradizionali come la pasta con pesto di pistacchio e gli arancini con ripieno di pistacchio, oltre a dolci come gelato al pistacchio, torte, biscotti e cannoli. Sono anche presenti creazioni più innovative come la pizza al pistacchio e le salsicce aromatizzate al pistacchio, insieme a vari prodotti a base di pistacchio, tra cui creme spalmabili, oli e liquori.

Chef locali e cuochi amatoriali organizzano dimostrazioni culinarie, mettendo in evidenza le ricette siciliane tradizionali a base di pistacchi. Questi spettacoli spesso presentano sia preparazioni classiche che interpretazioni moderne dei piatti. La festa include anche dimostrazioni dei metodi tradizionali di raccolta e lavorazione del pistacchio. I visitatori possono osservare le tecniche di raccolta manuale utilizzate sulle ripide pendici dell'Etna, i metodi tradizionali di tostatura e il processo di rimozione dei pistacchi dai gusci.

Oltre al cibo, la festa celebra la cultura locale con performance di musica e danza popolare, dimostrazioni di artigianato e vendite di prodotti artigianali locali. Mostre storiche su Bronte e il suo patrimonio del pistacchio offrono un contesto interessante per i visitatori.

La componente educativa della festa spesso include conferenze sull'agricoltura sostenibile e sull'importanza di proteggere i cibi tradizionali, visite guidate ai vicini pistacchieti e laboratori sui benefici nutrizionali dei pistacchi.

La festa sottolinea l'importanza del riconoscimento DOP (Denominazione di Origine Protetta) dei pistacchi di Bronte. Dal 2009, l'etichetta "Pistacchio Verde di Bronte DOP" garantisce che solo i pistacchi coltivati nell'area di Bronte con metodi tradizionali possano essere riconosciuti come tali.

La Festa del Pistacchio non solo celebra un prodotto locale unico, ma funge anche da vivace vetrina della cultura siciliana, della tradizione culinaria e del patrimonio agricolo. È diventato un importante richiamo per turisti sia nazionali che internazionali, contribuendo a stimolare l'economia locale e a preservare le pratiche agricole tradizionali della regione.

Le Delizie al Pistacchio da Scoprire alla Sagra

- Arancini al Pistacchio: Tradizionali palline di riso siciliane farcite con un gustoso ripieno di pistacchio, che offrono una variante deliziosa di un grande classico.

- Gelato al Pistacchio: Un gelato cremoso e ricco che cattura il sapore unico dei pistacchi di Bronte, offrendo un piacere rinfrescante.• Pesto al Pistacchio: Una salsa saporita preparata frullando i pistacchi con olio d'oliva ed erbe aromatiche, utilizzata principalmente per condire i piatti di pasta, aggiungendo un tocco siciliano unico.

- Cannoli al Pistacchio: Croccanti involucri di pasta farciti con ricotta dolcificata e arricchiti con pistacchi tritati, unendo consistenze e sapori in un dolce prediletto.

- Granita al Pistacchio: Un dessert semi-ghiacciato che offre un fresco e gustoso ristoro, perfetto per le calde giornate della festa.

- Salsicce aromatizzate al Pistacchio: Salsicce saporite arricchite dalla dolcezza delicata dei pistacchi, che ne esaltano la versatilità nei piatti di carne.

- Salame e Mortadella con Pistacchi: Salumi tradizionali arricchiti da pistacchi, che aggiungono sia fascino visivo che sapore unico.

- Pecorino al Pistacchio: Formaggio di pecora stagionato, arricchito con pistacchi, che offre una miscela armoniosa di sapori decisi e di frutta secca.

- Pasticcini e Torte al Pistacchio: Varie preparazioni da forno, comprese crostate e dolci siciliani tradizionali, tutte con il pistacchio come ingrediente centrale.

Giro a Piedi di Bronte

#1. Piazza Spedalieri

Inizia il tuo giro dalla piazza centrale di Bronte, Piazza Spedalieri. Questo vivace punto di incontro della vita cittadina offre l'ambientazione perfetta per iniziare il tuo percorso. Prenditi un momento per assaporare l'atmosfera in uno dei bar locali, gustando un caffè o un gelato mentre osservi i ritmi quotidiani dei residenti di Bronte. La piazza è un'ottima premessa al carattere della città e offre uno spunto sulla vita locale.

#2. Chiesa di San Vincenzo Ferreri

Dedicata al santo patrono di Bronte, la Chiesa di San Vincenzo Ferreri è una testimonianza del patrimonio religioso della città. Questa chiesa del XVIII secolo presenta una splendida fusione di stili architettonici barocco e neoclassico. La sua facciata imponente è caratterizzata da decorazioni elaborate e colonne, sormontata da un campanile con un orologio particolare. Entra per ammirare l'interno, dove troverai bellissimi affreschi che rappresentano scene della vita di San Vincenzo, un altare in marmo con incisioni elaborate e una statua venerata di San Vincenzo Ferreri. La chiesa non è solo un luogo di culto, ma simboleggia anche la profonda devozione radicata a Bronte.

#3. Santuario della Madonna Santissima Annunziata (Chiesa dell'Annunciazione)

Risalente al XVI secolo, la Chiesa dell'Annunziata è famosa per le sue caratteristiche architettoniche uniche, in particolare per la finestra realizzata in pietra lavica. Questo uso particolare della pietra lavica è una caratteristica dell'architettura di Bronte, proveniente dal vicino Monte Etna e simbolo della connessione della città al vulcano. All'interno, troverai opere pittoriche notevoli, tra cui "L'Annunciazione" di un artista sconosciuto del XVII secolo ed una "Madonna con Bambino" attribuita alla scuola di Antonello da Messina.

Proseguendo la tua passeggiata a Bronte, fai attenzione agli altri esempi di pietra lavica utilizzati in porte, infissi e dettagli decorativi in tutta la città, che mostrano la durevolezza del materiale e il suo fascino estetico unico.

#4. Galleria Capizzi

Ospitata in un'antica residenza dei Gesuiti del XVIII secolo, la Galleria Capizzi offre un viaggio tra arte e storia. La galleria vanta una vasta biblioteca con libri rari e manoscritti, oltre ad una collezione d'arte che presenta artisti locali e regionali.

Esplora le esposizioni di documenti storici legati al passato di Bronte, dipinti che raffigurano paesaggi e tradizioni siciliane, e mostre temporanee che mettono in luce artisti contemporanei. Questo tesoro culturale offre una panoramica sul patrimonio artistico ed intellettuale di Bronte e dell'intera regione siciliana.

#5. Centro Storico di Bronte

Immergiti nella ricca storia di Bronte passeggiando per le strette e tortuose vie del suo centro storico. Questa zona è caratterizzata da un'architettura tradizionale e da tesori nascosti che aspettano di essere scoperti. Fai attenzione a Palazzo Marziani del XIX secolo con i suoi balconi elaborati, la Torre dell'Orologio medievale che offre viste panoramiche, e i resti delle antiche mura cittadine. Mentre esplori, ti imbatterai in tipici balconi siciliani adornati con ringhiere in ferro battuto, cortili nascosti, piccole piazze ed edicole votive dedicate a vari santi. Ogni angolo del centro storico racconta una storia del passato di Bronte.

#6. Le Bancarelle del Mercato di Bronte

Lungo Via Etnea e le strade circostanti, troverai le vivaci bancarelle del mercato di Bronte. Questa è un'opportunità per esplorare ed assaporare le specialità locali, in particolare i celebri prodotti a base di pistacchio. Curiosa nella varietà di dolci al pistacchio, creme spalmabili, pesto e liquori.Il mercato offre anche una selezione di artigianato locale, tra cui ceramiche, gioielli in pietra lavica e tessuti, oltre a prodotti freschi di stagione. Interagisci con gli amichevoli venditori locali per conoscere i prodotti e le ricette tradizionali, acquisendo una panoramica sul patrimonio culinario e culturale di Bronte.

#7. I Frutteti di Pistacchio

Una breve passeggiata o un viaggio in auto dal centro cittadino ti porterà nei rinomati pistacchieti di Bronte. Queste piantagioni sono ideali da visitare tra la fine di agosto e l'inizio di ottobre, durante la stagione della raccolta. Qui vedrai file di alberi di pistacchio con i loro caratteristici frutti di colore rosso-bruno e contadini che usano metodi tradizionali di raccolta manuale e con le reti.

I pistacchieti offrono viste mozzafiato del Monte Etna sullo sfondo, creando uno scenario pittoresco. Scopri il suolo vulcanico unico che contribuisce al sapore rinomato dei pistacchi, il riconoscimento DOP (Denominazione di Origine Protetta) dei pistacchi di Bronte e l'affascinante carattere biennale della raccolta del pistacchio.

A seconda del ritmo e del tempo che trascorrerai in ciascun sito, il giro dura generalmente tra le 2 e le 3 ore.

Feste a Bronte Durante l'Anno

Festa di San Biagio

Si tiene annualmente il 3 febbraio.

San Biagio è il patrono di Bronte e la sua festa è celebrata con processioni ed eventi culturali. La festa include una Messa solenne presso la Chiesa di San Biagio, seguita da una processione per le vie della città. Gli artigiani locali allestiscono bancarelle che vendono artigianato tradizionale e cibi, tra cui dolci a base di pistacchio.

Carnevale di Bronte

Si tiene a febbraio, prima dell'inizio della Quaresima.

Questa celebrazione del carnevale è caratterizzata da parate colorate, balli in maschera e spettacoli di strada. Le scuole locali e i gruppi della comunità creano carri allegorici e costumi elaborati, spesso ispirati alla storia e alla cultura di Bronte.

Festa di San Vincenzo Ferreri

Dal 5 al 10 aprile.

La Festa di San Vincenzo Ferreri a Bronte è una celebrazione religiosa e culturale profondamente radicata. San Vincenzo Ferreri è venerato come protettore della città, e la festa commemora la sua vita e i suoi miracoli. La tradizione risale a secoli fa, con una significativa processione religiosa in cui viene portata per le strade della città una statua del santo. I membri della comunità, il clero e i musicisti partecipano a questo evento colorato, che include anche una fiera con giostre, giochi e concerti di musica popolare siciliana tradizionale.

Sagra della Ricotta e del Formaggio

Di solito si tiene in primavera.

I visitatori possono assaporare ed acquistare vari tipi di formaggi prodotti localmente, partecipare a dimostrazioni di produzione del formaggio e gustare piatti tipici siciliani a base di ricotta ed altri formaggi.

Festa di Santa Maria dell'Odigitria (Festa della Madonna che Mostra la Via)

La seconda domenica di agosto.

Questa festa in onore della Madonna dell'Odigitria è una celebrazione religiosa e culturale di grande importanza in Sicilia. L'evento include cerimonie religiose, processioni e diverse festività locali che uniscono la comunità.Il momento culminante è la processione della statua della Madonna per le vie della città, accompagnata da fuochi d'artificio e musica tradizionale siciliana. I cittadini festeggiano secondo le usanze siciliane, creando un'atmosfera vivace che mescola fede e orgoglio culturale, legando l'intera comunità. Questa festa riflette anche una lunga devozione alla Vergine Maria sotto il titolo di "Odigitria" (che in greco significa "Colei che mostra la via"). Questo titolo lega la festa alle origini bizantine, enfatizzando il ruolo della Madonna come figura guida.

Festa della Vendemmia

Si tiene a fine settembre o inizio ottobre, in coincidenza con la stagione della vendemmia.

Questo evento celebra la tradizione vinicola locale con gare di pigiatura dell'uva, degustazioni di vino e spettacoli di musica popolare.

Festa di San Nicola

6 dicembre

Questa festa onora San Nicola, un altro santo patrono di Bronte. La celebrazione include una Messa speciale, una processione con la statua del santo e la distribuzione di piccoli regali ai bambini, rispecchiando la reputazione di generosità del santo.

Opzioni per Gite di un Giorno: Siti, Città e Paesi Vicini

Lago Gurrida. Circa 15 chilometri (9,3 miglia) da Bronte. Un piccolo lago formato dalla diga del fiume Alcantara attraverso colate di lava dal Monte Etna. È un luogo tranquillo dove fare passeggiate nella natura, osservare gli uccelli e ammirare la bellezza naturale della zona.

Randazzo. 11 chilometri (7 miglia) da Bronte. Conosciuta per il suo centro storico ben conservato, le bellissime chiese come la Basilica di Santa Maria, e la sua vicinanza al fiume Alcantara e alle sue gole.

Castello Svevo (resti di un castello normanno del XIII secolo)

Attività:

- Giro a piedi del centro storico

- Visita ai mercati locali per prodotti siciliani tradizionali

- Degustazione di vini nelle vicine cantine dell'Etna DOC

Adrano. 29 chilometri (18 miglia). Sede del Castello Normanno, che ospita un museo archeologico, e delle antiche rovine greche di Adranon.

Logistica

Treno: Ferrovia Circumetnea: Questa ferrovia a scartamento ridotto gira attorno al Monte Etna e include una stazione a Bronte. Offre la possibilità di un viaggio panoramico da e verso Bronte, con collegamenti ad altri paesi lungo la linea Circumetnea.

Treni Principali: Per collegamenti regionali più ampi, le stazioni ferroviarie principali più vicine si trovano nelle città dei dintorni come Catania o Randazzo.

Autobus Locali: Gli autobus gestiti da AST (Azienda Siciliana Trasporti) collegano Bronte ad altre città, come Catania e Randazzo.

Autobus Regionali: Per viaggi più lunghi, gli autobus interurbani offrono collegamenti con le principali città e attrazioni siciliane.

Auto: La città principale più vicina a Bronte è Catania, a circa 50 chilometri di distanza. Se si guida da Catania, bisogna percorrere la SS121 (Strada Statale 121) verso ovest.

Parcheggio: Per il parcheggio a Bronte è consigliabile parcheggiare fuori dalla ZTL (Zona a Traffico Limitato). Puoi trovare aree di parcheggio pubblico vicino ai margini del centro storico, come il parcheggio Via Umberto, situato vicino al centro della città ma fuori dalla ZTL, comodo per i visitatori. Parcheggio vicino a Piazza Spedalieri: un'altra opzione appena fuori dalla zona a traffico limitato, che offre un facile accesso alle principali aree della città.

Consigli per Mangiare

Gennarino's Bistrò. Indirizzo: Corso Umberto

Un accogliente bistrò che offre una deliziosa combinazione di piatti siciliani e mediterranei, il Gennarino's Bistrò è apprezzato per la sua atmosfera affascinante e per le moderne interpretazioni della cucina tradizionale.

Protoosteria. Indirizzo: Via Luca Professor Placido, 22

Questo ristorante offre cucina mediterranea di alta qualità in un ambiente accogliente. Si concentra su ingredienti freschi e sapori locali, rendendolo una scelta popolare tra i locali e i visitatori.

Bona Bonè. Indirizzo: Via Annunziata, 41, Bronte

Una pizzeria molto amata a Bronte, Bona Bonè serve una vasta varietà di pizze deliziose preparate con ingredienti freschi. È conosciuta per la sua atmosfera informale e l'ottimo rapporto qualità-prezzo.

Dove Dormire

Soggiornare durante la sagra è facoltativo. Se decidi di restare in città, due notti saranno sufficienti per visitare i luoghi di interesse e goderti la sagra. Non ci sono hotel nel centro del paese, ma ci sono alcune opzioni nelle vicinanze.

I Cugi House. Indirizzo: Via Messina, 207

Un accogliente bed-and-breakfast noto per il suo servizio amichevole, I Cugi House offre camere confortevoli e climatizzate, con parcheggio gratuito e prima colazione. E' perfetto per chi cerca un'atmosfera familiare e un servizio personalizzato durante il soggiorno a Maletto.

Hotel Villa Dorata. Indirizzo: Contrada Serra la Nave, 95030 Ragalna

Questo hotel a 3 stelle si trova vicino al cratere principale del Monte Etna, offrendo un rifugio affascinante e panoramico. Situato in una residenza principesca ristrutturata, l'hotel presenta camere eleganti con arredamenti d'epoca. Dispone di Wi-Fi gratuito, parcheggio gratuito e prima colazione, rendendolo una scelta eccellente per i viaggiatori che desiderano esplorare la bellezza naturale e la storia dell'Etna.

Rifugio Ariel. Indirizzo: C.da Serra la Nave, 95030 Ragalna

Il Rifugio Ariel è un hotel a 3 stelle vicino alla zona dell'Etna. Offre una base semplice, ideale per esplorare i paesaggi circostanti e per partecipare ad attività all'aperto.

Da Dicembre a Febbraio

Celebrazioni Invernali

Capitolo Ventiquattro

Santa Lucia, la luce di Siracusa

La Festa di Santa Lucia

Dove: Siracusa

Quando: 30 novembre. Eventi principali dal 9 al 13 dicembre ed evento finale il 20 dicembre.

Temperature medie durante la festa: Massima: 14°C – 18°C (57°F - 64°F). Minima: 7°C – 10°C (45°F – 50°F).

Scopri Siracusa ed Ortigia: Crocevia di Antiche Civiltà

Con il suo cuore antico di Ortigia, Siracusa si erge come un testimone vivente dell'ampio corso della storia mediterranea. Un tempo la città più potente del mondo greco antico, rivaleggiando con Atene per grandezza e influenza, Siracusa oggi offre ai visitatori un viaggio senza pari nel tempo. Dai suoi splendidi teatri greci alle piazze barocche, dai suoi templi dorici alle strade medievali, Siracusa e Ortigia insieme formano un palinsesto di civiltà, con ogni strato che rivela un nuovo capitolo nella storia della Sicilia e del più ampio mondo mediterraneo.

La storia di Siracusa è davvero epica. Fondata dai Greci corinzi nel 734 a.C., la città crebbe rapidamente fino a diventare uno dei centri più importanti del mondo antico. Il suo potere e la sua ricchezza furono tali che riuscì a resistere con successo ad un'invasione ateniese nel 415 a.C., un momento cruciale nella guerra del Peloponneso. La città raggiunse il suo apice sotto il governo di Dionisio il Vecchio nel IV secolo a.C., quando la sua influenza si estese su gran parte della Sicilia e dell'Italia meridionale. Siracusa cadde poi sotto i Romani nel 212 a.C., nonostante le ingegnose invenzioni difensive del suo figlio illustre, Archimede. Nei secoli successivi, la città passò sotto il controllo bizantino, arabo, normanno e spagnolo, ognuno dei quali lasciò il proprio segno sul tessuto urbano. Nonostante questi cambiamenti, l'isola di Ortigia rimase il cuore della città, uno spazio compatto dove coesistono millenni di storia in un insieme architettonico straordinario.

Siracusa si trova sulla costa sud-orientale della Sicilia, a circa 250 chilometri a sud-est di Palermo. La città moderna si estende sulla pianura costiera e sulle colline circostanti, ma il suo nucleo storico è concentrato su Ortigia, una piccola isola collegata alla terraferma da due ponti. Questa geografia unica ha modellato il destino di Siracusa per quasi tre millenni, offrendo difese naturali e un porto riparato che la rendeva un obiettivo ambito per gli imperi successivi. Il paesaggio circostante è di straordinaria bellezza, con le Montagne Iblee che si ergono a nord e ad ovest, e le acque azzurre del Mar Ionio che si estendono ad est.

Il comune di Siracusa ha una popolazione di circa 120.000 abitanti, rendendola la quarta città più grande della Sicilia. Sebbene la città moderna si sia espansa verso l'interno, Ortigia rimane il cuore culturale e turistico di Siracusa, con una popolazione di circa 4.500 residenti. L'economia di Siracusa è variegata, con il turismo che gioca un ruolo importante accanto all'agricoltura, alla pesca e ai servizi. Il porto della città dalle acque profonde continua ad essere significativo sia per il commercio che per il turismo, con le navi da crociera che portano visitatori da tutto il mondo.

La Festa di Santa Lucia

La Festa di Santa Lucia, celebrata il 13 dicembre, ha avuto inizio formalmente nell'XI secolo, sebbene sia stata venerata sin dal IV secolo. Furono costruite chiese in suo onore, e la sua devozione si diffuse dalla Sicilia al resto d'Italia e al più ampio mondo cristiano.

La Chiesa Cattolica scelse il 13 dicembre come giorno della sua festa poiché si credeva che fosse il solstizio d'inverno, il giorno più corto dell'anno. Questa scelta simboleggiava l'introduzione della luce nel giorno più buio, rispecchiando il legame di Santa Lucia con la luce. Dopo l'introduzione del calendario gregoriano da parte di Papa Gregorio XIII nel 1582, il solstizio passò al 21 dicembre.

Dal XIII secolo, le celebrazioni di Santa Lucia in Sicilia sono diventate più organizzate, con processioni e festeggiamenti pubblici che giocano un ruolo fondamentale nelle tradizioni locali. Oggi, le feste di Santa Lucia e di Sant'Agata sono tra gli eventi più importanti nel calendario delle festività siciliane.

Chi è Santa Lucia?

Secondo la leggenda, Santa Lucia era nata intorno al 283 d.C. a Siracusa. Era una giovane nobildonna cristiana conosciuta per la sua religiosità e devozione. Nonostante fosse stata promessa sposa alla tenera età di 5 anni, Lucia si dedicò a Cristo, ponendo le basi per una vita di fede e sacrificio.

Un momento cruciale nella storia di Lucia si verificò quando lei e sua madre visitarono la tomba di Sant'Agata per pregare per la guarigione della madre. Grazie ad una visione e ad una fede incrollabile, sua madre fu miracolosamente guarita. Questo evento rafforzò la determinazione di Lucia, portandola a chiedere la libertà dal matrimonio combinato e il permesso di donare la sua dote ai poveri.

La decisione di Lucia di rifiutare il matrimonio, soprattutto con un ricco pretendente pagano, la mise in conflitto con le autorità durante il regno dell'imperatore Diocleziano, un periodo di intensa persecuzione dei cristiani. Il suo arresto segnò l'inizio dei suoi processi e degli eventi miracolosi che avrebbero definito la sua eredità.

Quando le autorità tentarono di eseguire la condanna a morte di Lucia, si verificarono una serie di eventi soprannaturali. Non riuscirono a muoverla, neppure con la forza di mille uomini e buoi. Sopravvisse al rogo e all'olio bollente versato su di lei. Quando fu pugnalata alla gola, Lucia continuò a parlare, profetizzando la caduta di Diocleziano e la futura pace per i cristiani.

Il martirio di Lucia avvenne nel 310 d.C., ma non prima di aver ricevuto il sacramento, confermando la sua fede fino alla fine. La sua morte, tuttavia, non fu la fine della sua storia. Lucia fu venerata come santa, particolarmente amata in Sicilia. Divenne famosa come protettrice dei ciechi e di chi soffriva di disturbi agli occhi.

Nell'arte e nell'iconografia, Santa Lucia è spesso rappresentata mentre tiene i suoi occhi su un piatto o mentre porta una lampada, simboleggiando il suo ruolo di portatrice di luce e visione spirituale. Questi simboli divennero cruciali nel Medioevo, quando la maggior parte delle persone era analfabeta e si affidava a queste immagini per riconoscere e ricordare i santi.

La storia di Santa Lucia, una dimostrazione di fede incrollabile e il potere della convinzione di fronte alla persecuzione, continua ad ispirare e affascinare le persone secoli dopo la sua morte. Il giorno della sua festa rimane una significativa ricorrenza nel calendario cristiano, mantenendo vivi la sua memoria ed i valori che incarnava nei cuori dei fedeli.

Eventi della Festa

A Siracusa, le celebrazioni di Santa Lucia iniziano il 30 novembre durante il pomeriggio, con una vivace parata nelle strade del centro storico.

9 Dicembre

La statua di Santa Lucia, risalente al 1599, è un raro simulacro in argento che raffigura la santa con una palma ed un giglio, che rappresentano la purezza, ed un pugnale decorato con gemme. Possiede un piatto ornato di occhi, che rappresenta la leggenda della perdita della sua vista e del suo ruolo di Guardiana della Visione. Il nome Lucia deriva dalla parola latina lux, che significa luce.

Il 9 dicembre, la statua in argento di Santa Lucia viene mostrata nella sua cappella della Cattedrale di Siracusa, segnando l'inizio degli eventi principali. Per il resto dell'anno, rimane chiusa a chiave in un armadio, non visibile ai visitatori.

12 Dicembre

Durante una cerimonia religiosa nella Cattedrale la sera del 12 dicembre, la statua d'argento di Lucia viene spostata dalla sua cappella all'altare maggiore.

13 Dicembre

Il 13 dicembre la prima celebrazione inizia con una Messa Pontificale al mattino nella Cattedrale. A partire dalle 15:30, la grande processione parte attraverso il centro storico della città, culminando alla Basilica di Santa Lucia al Sepolcro. Le reliquie e la statua d'argento procedono solennemente verso la Basilica, costruita sul sito del suo martirio. La dominazione araba in Sicilia causò la distruzione della chiesa originale, che fu poi sostituita nel 1100 d.C.

Santa Lucia

Durante la processione, che dura diverse ore, i partecipanti devoti cantano con fervore "Siracusana jè!" (Lei è siracusana), come parte del loro pellegrinaggio. Molti pellegrini camminano a piedi nudi, portando candele accese, per esprimere gratitudine o cercare grazia divina. Dopo Santa Lucia, dodici candelabri di legno decorati con fiori guidano la Carrozza del Senato e la Linea, tutti decorati nello stile del XVIII secolo. All'arrivo in Piazza Santa Lucia, i rintocchi delle campane accolgono i fedeli.

La Basilica attira i devoti per otto giorni, che vengono a vedere la tomba della santa e martire e le reliquie esposte.

I 60 uomini che portano la statua indossano cappelli verdi, rappresentando la Confraternita di Santa Lucia, una confraternita laica.

20 Dicembre

Il 20 dicembre Santa Lucia torna alla Cattedrale durante una lunga processione, fermandosi alla Basilica Santuario della Madonna delle Lacrime e all'Ospedale

Umberto I per una preghiera. Presso il Ponte Umbertino, i fuochi d'artificio illuminano il cielo per celebrare l'arrivo del gruppo prima che la Santa prosegua verso la Cattedrale e la sua cappella. Far parte di questa comunità unita durante un momento così significativo è incredibilmente emozionante.

Nella parte più antica della città, i devoti portano la statua sulle spalle attraverso le strade storiche di Ortigia, accompagnati da fiori e candele tremolanti. L'atmosfera è elettrizzante, con folle provenienti dalla zona, dalla Sicilia e dal mondo, dimostrando un'emozione immensa per la loro santa.

Se vuoi immergerti completamente nelle ricche tradizioni e celebrazioni di Santa Lucia, è consigliabile arrivare a Siracusa in anticipo. Il 9 dicembre ci saranno celebrazioni animate, inclusa una parata con la banda musicale, messe religiose e la benedizione delle reliquie.

Dolce Speciale della Festa
La Cuccìa

La cuccìa è un piatto tradizionale siciliano preparato facendo bollire i chicchi di grano. Di solito, la cuccìa viene dolcificata e arricchita con ingredienti come ricotta, miele, zucchero, cannella e cioccolato.

La ricetta commemora un evento miracoloso che accadde durante una carestia in Sicilia. La leggenda racconta che una nave carica di grano arrivò a Siracusa il giorno della festa di Santa Lucia, salvando la popolazione affamata. Come segno di gratitudine, la gente si asteneva dalla preparazione del pane e bolliva invece il grano. Anche oggi, il 13 dicembre, i siciliani mantengono la tradizione di astenersi dal pane e dalla pasta come un tipo di digiuno.

Giri a Piedi di Siracusa

Circa 50 anni fa, la città aveva la reputazione di essere un quartiere malfamato che persino i siciliani evitavano. Negli anni '80, gli investimenti portarono ad una completa riqualificazione dell'isola di Ortigia. E' un vero e proprio tesoro e uno dei nostri luoghi preferiti in Italia. Quando abbiamo visitato Siracusa l'ultima volta a maggio, il centro era vivace e pieno di vita. Educate scolaresche italiane in gita scolastica, per lo più sotto i 18 anni, costituivano oltre la metà dei visitatori che abbiamo incontrato. Gli studenti riempivano anche il teatro antico, dove abbiamo assistito ad uno spettacolo.

Giro a Piedi Giorno 1: Esplorare l'Isola di Ortigia

Inizia il tuo giro nel vivace centro di Ortigia, la parte storica di Siracusa, in Piazza Duomo.

#1. Duomo di Siracusa

La Cattedrale di Siracusa vanta una lunga e ricca storia. La struttura che si trova su questo sito esiste fin dai tempi preistorici. Costruito nel VI secolo a.C., il Tempio greco di Atena era un'imponente struttura dorica con 6 colonne sui lati corti e 14 su quelli lunghi. Platone ed Ateneo menzionano il tempio, e Cicerone cita il saccheggio dei suoi ornamenti come un crimine commesso da Verre nel 70 a.C.

Tra il 1907 e il 1910, gli scavi archeologici di Paolo Orsi rivelarono che il tempio greco era stato costruito su fondazioni ancora più antiche, portando alla luce numerosi reperti arcaici e pre-ellenici. Molti di questi ritrovamenti storici sono ora conservati nel Museo Archeologico Regionale Paolo Orsi di Siracusa.

Santa Lucia e il Duomo

Nel VII secolo, il Vescovo e Santo Zosimo di Siracusa costruì l'attuale cattedrale, incorporando le colonne doriche originali del tempio antico nelle sue pareti. Queste colonne sono ancora visibili oggi, sia all'interno che all'esterno dell'edificio. La struttura fu convertita in moschea nell'878, ma fu ripristinata alla funzione di cattedrale quando il sovrano normanno Ruggero I riconquistò la città nel 1085. Il soffitto della navata centrale ed i mosaici dell'abside risalgono al periodo normanno.

Dopo il devastante terremoto del 1693, l'architetto Andrea Palma si occupò del rifacimento e della supervisione della ricostruzione della cattedrale tra il 1725 e il 1753. La facciata è considerata un esempio relativamente tardivo del barocco siciliano, con foglie di acanto finemente scolpite nei capitelli delle colonne corinzie a doppio ordine. Lo scultore Ignazio Marabitti creò le statue a figura intera che adornano la facciata.

L'interno della cattedrale, una fusione di muri semplici e dettagli barocchi, è composto da una navata centrale e due navate laterali. Tra le caratteristiche più notevoli ci sono una vasca di marmo del XII o XIII secolo, un ciborio progettato dall'architetto Luigi Vanvitelli ed una statua della Madonna della Neve di Antonello Gagini.

Santa Lucia e la Cattedrale

Dal 2015 la cattedrale conserva varie reliquie di Santa Lucia, la patrona della città, tra cui frammenti ossei, una veste, un velo e un paio di scarpe. Altri suoi cimeli sono custoditi a Venezia. Nel petto della statua d'argento, si trovano tre frammenti delle sue costole.

#2. Chiesa di Santa Lucia alla Badia

La Chiesa di Santa Lucia alla Badia, situata in Piazza Duomo, è a breve distanza a sud dalla cattedrale. Questa chiesa storica è un sito importante a Siracusa, dedicato alla santa patrona della città, Santa Lucia. La sua storia risale alla metà del XV secolo, quando sul sito furono costruiti una chiesa ed un monastero, probabilmente finanziati dalla regina Isabella di Spagna. Tuttavia, entrambe le strutture furono distrutte dal devastante terremoto in Sicilia del 1693. La chiesa subì un ampio restauro nel XX secolo a causa dei danni riportati durante la Seconda Guerra Mondiale, con la pavimentazione in piastrelle che fu sostituita nel 1970.

La facciata della chiesa è adornata da diversi elementi degni di nota. I visitatori dovrebbero prestare attenzione ai simboli di Santa Lucia sopra l'ingresso principale, così come allo stemma della monarchia spagnola del 1705. L'ingresso è incorniciato da particolari colonne spiralate, che aggiungono un tocco di fascino architettonico. All'interno, l'altare maggiore presenta un dipinto notevole che raffigura il martirio di Santa Lucia. Una curiosità, un balcone al secondo piano permetteva un tempo alle monache di clausura di osservare le processioni nella piazza, ma questa struttura fu rimossa durante la Seconda Guerra Mondiale per motivi di sicurezza.

La Chiesa di Santa Lucia alla Badia ha un'importanza notevole nella tradizione locale e nella vita religiosa. Essa commemora un evento miracoloso del 1646, quando una colomba a quanto pare avrebbe segnalato l'arrivo degli aiuti durante una carestia. Questo miracolo viene celebrato ogni anno a maggio durante la Festa delle Quaglie di Santa Lucia, dove le monache tradizionalmente liberano colombe e quaglie. La chiesa svolge un ruolo centrale nella Festa di Santa Lucia, una celebrazione importante che si tiene a dicembre in Piazza del Duomo.

I visitatori della chiesa si troveranno immersi in una ricca trama di storia, arte e tradizione locale. L'architettura dell'edificio, con il suo insieme di stili che riflettono la sua lunga storia e i vari restauri, offre un viaggio visivo attraverso il tempo. All'interno, l'atmosfera serena invita alla contemplazione silenziosa e all'apprezzamento delle opere d'arte religiose esposte. La posizione della chiesa nel cuore del centro storico di Siracusa la rende una facile aggiunta in qualsiasi giro a piedi.

#3. Fonte Aretusa

Nel cuore di Siracusa, la Fonte Aretusa ospita una meraviglia botanica: rigogliosi cespugli di papiro, una pianta che di rado cresce naturalmente in Europa. Questa presenza inusuale ha radici nell'occupazione araba della Sicilia tra il IX e l'XI secolo d.C. Gli arabi, che conoscevano il papiro dall'Egitto, lo introdussero probabilmente nell'isola, dove trovò un habitat ideale nell'ecosistema unico della fonte.

La Fonte Aretusa, intrisa di mitologia greca come il punto di riemersione della ninfa Aretusa, offre un ambiente perfetto per il papiro. Le sue acque salmastre, una miscela di fresca acqua di sorgente e spruzzi di mare, imitano le condizioni del Delta del Nilo, il naturale habitat della pianta. Questo ambiente ecologico ha permesso al papiro di sopravvivere qui per secoli, creando un legame vivente con le antiche connessioni mediterranee di Siracusa.

Oggi, il papiro della Fonte Aretusa è considerato un tesoro naturale e storico protetto. Esso rappresenta un tangibile promemoria del ricco passato di Siracusa, collegando le epoche dalle leggende greche antiche, alle influenze arabe e agli sforzi di conservazione moderni. Questa rara caratteristica botanica aggiunge un ulteriore strato al significato della fonte, accrescendo il suo prestigio come simbolo di Siracusa insieme a Santa Lucia nel motto della città: "Città dell'Acqua e della Luce."

#4. Tempio di Apollo

A soli 5 minuti a piedi dal lungomare, raggiungeremo il Tempio di Apollo, uno dei templi dorici più antichi della Sicilia. Il tempio fa parte dei monumenti greci più importanti della Magna Grecia nella zona e si trova di fronte a Piazza Pancali.

Il Tempio di Apollo a Siracusa è una straordinaria rovina antica risalente al VI secolo a.C., rendendolo uno dei templi dorici più antichi d'Italia. Nel corso della sua lunga storia, questa struttura ha subito numerose trasformazioni, riflettendo i cambiamenti culturali e politici della Sicilia. Durante il tardo romano impero, il tempio fu chiuso nell'ambito della persecuzione contro i pagani.

Successivamente, fu convertito in una chiesa bizantina, sebbene di questo periodo restino solo delle tracce della porta centrale e dei gradini frontali. La versatilità dell'edificio continuò durante l'Emirato di Sicilia, quando fu riadattato come moschea, servendo la tradizione islamica. Dopo la conquista normanna, la struttura venne nuovamente trasformata, questa volta riconsacrata come Chiesa del Salvatore. Il suo ultimo grande cambiamento avvenne nel XVI secolo, quando gli spagnoli lo incorporarono nelle loro caserme militari. Questa ricca trama di adattamenti architettonici rende il Tempio di Apollo una testimonianza affascinante della storia diversificata di Siracusa.

#5. Mercato Giornaliero in Piazza Pancali

Il mercato giornaliero in Piazza Pancali è una parte vivace ed essenziale della vita a Siracusa, in Sicilia. Questo mercato frenetico è una festa per i sensi, offrendo una vasta gamma di prodotti che soddisfano tanto i locali quanto i turisti. Sebbene il cibo sia il punto focale, le offerte del mercato vanno ben oltre le delizie culinarie.

Il Mercato

Nel cuore del mercato, i visitatori troveranno una scelta impressionante di prodotti freschi e locali. Frutta e verdura di stagione, molte delle quali provengono da fattorie locali, mostrano l'abbondanza agricola della Sicilia. Il mercato è anche rinomato per le bancarelle di pesce, dove il pescato del giorno viene esposto su letti di ghiaccio, rispecchiando la posizione costiera di Siracusa e la sua ricca tradizione marittima.

Gli appassionati di cibo apprezzeranno la varietà di specialità locali disponibili. I venditori offrono una selezione di formaggi siciliani, salumi, olive e pomodori essiccati al sole. L'aroma del pane appena sfornato e dei pasticcini riempie l'aria, tentando i passanti con dolci tradizionali siciliani come i cannoli e la cassata.

Oltre ai prodotti alimentari, il mercato è uno scrigno di artigianato e prodotti locali. Le bancarelle di abbigliamento espongono un insieme di moda trendy e abbigliamento tradizionale siciliano. Gli artigiani del cuoio mostrano il loro lavoro sotto forma di borse, cinture e scarpe, molte delle quali realizzate a mano usando tecniche tradizionali.

Il mercato è anche un punto di riferimento per le ceramiche siciliane, con piatti, vasi e oggetti decorativi colorati e ornati da motivi e disegni elaborati tipici della regione. Le bancarelle di gioielli scintillano con design contemporanei e pezzi ispirati alla ricca storia della Sicilia, spesso raffiguranti motivi come la Trinacria, il simbolo della Sicilia.

Il mercato di solito si svolge nelle ore del mattino, con i venditori che allestiscono le loro bancarelle all'alba e la maggior parte delle attività che si concludono nel primo pomeriggio. L'atmosfera vivace, con il coro delle voci dei venditori ed il mormorio delle contrattazioni, rende l'esperienza coinvolgente ed indimenticabile. Si consiglia ai visitatori di portare contante, poiché non tutti i venditori potrebbero accettare carte di credito. La contrattazione, sebbene non sia così comune come in altri mercati mediterranei, non è infrequente, soprattutto per gli articoli non alimentari. Per coloro che desiderano assaporare i prodotti freschi del mercato, molti bar e ristoranti nelle vicinanze utilizzano questi ingredienti nei loro piatti del giorno, offrendo un altro modo per vivere i sapori del mercato.

Caravaggio in Sicilia

Michelangelo Merisi da Caravaggio, uno dei pittori più rinomati del Barocco, fuggì a Siracusa nel 1608 dopo essere evaso da una prigione a Malta, dove era stato detenuto a seguito di una violenta rissa. A Siracusa, trovò rifugio sotto la protezione della nobiltà locale, che riconobbe il suo straordinario talento nonostante il suo passato turbolento.

Durante il suo soggiorno, Caravaggio dipinse diverse opere notevoli, tra cui il "Seppellimento di Santa Lucia" per la Basilica di Santa Lucia. Questo capolavoro, caratterizzato dal suo distintivo utilizzo sensazionale della luce e delle ombre (chiaroscuro), cattura il martirio di Santa Lucia con un realismo struggente ed un'intensità emotiva.

Originariamente ospitato nella basilica, il dipinto fu successivamente trasferito nella Chiesa di Santa Lucia al Sepolcro, dove si trova ancora oggi (incluso nel giro del Giorno 2).

Il periodo di Caravaggio a Siracusa rappresentò un momento cruciale della sua vita e carriera. Fu parte della sua più ampia fuga attraverso la Sicilia, mentre cercava rifugio dai suoi problemi legali, che erano aumentati dopo la sua condanna per omicidio a Roma. Questo periodo turbolento vide la creazione di alcune delle sue opere più profondamente spirituali e cariche di emozione, riflettendo sia la sua genialità artistica che la disperazione di un uomo in fuga. Il suo soggiorno a Siracusa esemplifica come le sue difficoltà personali influenzarono profondamente la sua arte, infondendola con una potenza cruda che continua a catturare il pubblico secoli dopo.

#6. Passeggiata al tramonto sul Lungomare

Il Lungomare di Ortigia, il nucleo storico dell'isola di Siracusa, è una passeggiata fronte mare incantevole che offre il meglio del fascino costiero della Sicilia. Questa panoramica passeggiata si snoda lungo i bordi orientale e meridionale dell'isola, offrendo vedute mozzafiato del Mare Ionio. Iniziando nei pressi della mitologica Fonte Aretusa, il percorso ben curato è perfetto per passeggiate tranquille, jogging o ciclismo. Mentre percorri il Lungomare, ti imbatterai in un'unione armoniosa di bellezze naturali e ricca storia. Antiche strutture difensive, ora riutilizzate come punti panoramici, punteggiano il tragitto, offrendo angoli ideali per fotografie e per contemplare il mare.

La passeggiata svela piccole spiagge e scogli dove potersi fermare per una nuotata o per prendere il sole. Verso la punta meridionale, l'imponente Castello Maniace del XIII secolo appare all'orizzonte, con la sua sagoma che si staglia contro lo sfondo azzurro. Il Lungomare è particolarmente magico durante l'alba ed il tramonto, quando la luce che cambia dipinge il cielo ed il mare di tonalità spettacolari. Lungo il percorso, troverai bar e gelaterie per una pausa rinfrescante, oltre a panchine dove sedersi ed assaporare l'atmosfera mediterranea. Che tu stia cercando una passeggiata tranquilla, una serata romantica o un luogo per connetterti con la bellezza senza tempo del Mediterraneo, il Lungomare di Ortigia offre un'esperienza indimenticabile. È un luogo dove storia, natura e ritmo della vita isolana si incontrano, creando ricordi duraturi della tua visita a Siracusa.

Giro a Piedi Giorno 2: la Siracusa Storica ed Archeologica

#1. Chiesa di Santa Maria al Sepolcro

Situata in Via Luigi Bignami a Siracusa, la Chiesa di Santa Maria al Sepolcro è una gemma nascosta dell'architettura bizantina. Questa piccola chiesa, che risale all'VIII secolo, è una delle più antiche di Siracusa e presenta una particolare pianta circolare sormontata da una cupola. Il design della struttura richiama i primi martyria cristiani, che venivano costruiti per commemorare santi o importanti eventi religiosi .

Una volta entrati, sarete colpiti dall'atmosfera tranquilla e dal gioco di luce che filtra attraverso le piccole finestre. Le pareti della chiesa conservano ancora tracce di affreschi del XII secolo, offrendo uno scorcio sulle tradizioni artistiche della Sicilia medievale. Sebbene gran parte della decorazione originale sia andata perduta nel tempo, i frammenti rimanenti offrono uno spunto affascinante sulla gloria passata della chiesa. La semplicità del suo stato attuale aumenta la sua bellezza austera ed il suo significato storico.

#2. Santa Maria delle Lacrime. (Santuario della Madonna delle Lacrime)

In netto contrasto con l'antica Santa Maria al Sepolcro, il Santuario della Madonna delle Lacrime è una chiesa moderna monumentale che domina il profilo di Siracusa. Situata in Via del Santuario, questa imponente struttura è stata completata nel 1994, dopo decenni di costruzione. La chiesa fu edificata per commemorare un evento miracoloso che ebbe luogo nel 1953, quando un'immagine in gesso della Vergine Maria, in una modesta casa siciliana, si diceva avesse pianto lacrime umane per quattro giorni. Questo evento, indagato scientificamente e accettato dalla Chiesa Cattolica, attirò l'attenzione mondiale e portò alla costruzione di questo santuario.

L'architettura della chiesa è impressionante e controversa. Il suo design moderno presenta una massiccia struttura conica che si eleva fino ad una altezza di 102 metri (334 piedi), pensata per evocare la forma di una goccia di lacrima. L'interno è altrettanto sorprendente, con un vasto spazio centrale che può ospitare fino a 11.000 fedeli. La luce naturale inonda la chiesa attraverso aperture sapientemente progettate, creando un gioco di luci ed ombre che cambia continuamente durante la giornata.

Al centro del santuario, troverai l'effigie originale della Madonna che piangeva, ora conservata sopra l'altare principale. La chiesa ospita anche un museo che documenta il miracolo del 1953 e la successiva costruzione del santuario. Indipendentemente dalle convinzioni religiose, il Santuario della Madonna delle Lacrime è una meraviglia architettonica e un potente testamento alla fede e devozione moderne.

Pomeriggio: Siti Archeologici

#3. Parco Archeologico della Neapolis

Da Santa Maria delle Lacrime, ci vogliono circa 30 minuti a piedi per arrivare al Parco Archeologico della Neapolis (o 5 minuti in taxi). Questo vasto parco archeologico è una testimonianza della ricca storia di Siracusa, che abbraccia i periodi greco e romano.

Il Teatro Greco, uno dei più grandi del suo genere, fu originariamente costruito nel V secolo a.C. e successivamente ricostruito nel III secolo a.C. Scavato nella collina, un tempo poteva ospitare fino a 16.000 spettatori. L'eccellente acustica del teatro ed il suo scenario pittoresco hanno garantito il suo continuo utilizzo per gli spettacoli, in particolare durante il festival annuale del teatro greco che si tiene a maggio e giugno.

L'Anfiteatro Romano, risalente al III secolo d.C., offre uno spunto sulle mutevoli preferenze di intrattenimento sotto il dominio romano. Sebbene più piccolo del Teatro Greco, era progettato per i combattimenti tra gladiatori e per le cacce ad animali selvatici, riflettendo i gusti dell'epoca.

Forse la caratteristica più affascinante del parco è l'Orecchio di Dionisio, una caverna di calcare chiamata così dal pittore Caravaggio nel 1608 per la sua somiglianza con un orecchio umano. La leggenda suggerisce che fosse usata dal tiranno Dionisio per spiare i prigionieri, anche se è più probabile che fosse una cisterna per lo stoccaggio dell'acqua. L'acustica eccezionale della caverna amplifica anche il più lieve sussurro, creando un'esperienza ultraterrena per i visitatori.

Dopo aver esplorato il parco, goditi un pranzo leggero in un bar vicino, assaporando le specialità locali siciliane come gli arancini o la pasta alla Norma.

#4. Museo Archeologico Regionale Paolo Orsi

Il Museo Archeologico Regionale Paolo Orsi di Siracusa, in Sicilia, è uno dei musei archeologici più importanti d'Europa. Prende il nome da Paolo Orsi, un rinomato archeologo italiano che ha dato contributi significativi allo studio della preistoria siciliana e del periodo coloniale greco. Il museo è ospitato in un edificio moderno, inaugurato nel 1988, all'interno del parco di Villa Landolina.

La collezione del museo è vasta e variegata, spaziando dalla preistoria attraverso i periodi greco e romano, fino all'epoca cristiana. I visitatori possono esplorare una straordinaria gamma di reperti, tra cui la famosa statua della "Venere Landolina", vasi e ceramiche greche, monete antiche, figurine di terracotta, sculture in pietra e bronzo. Questi oggetti offrono una panoramica completa del ricco patrimonio culturale della regione. Organizzato cronologicamente e geograficamente, il museo aiuta i visitatori a comprendere il contesto storico di ogni reperto. Questo allestimento aumenta il valore educativo dell'esposizione, fornendo approfondimenti sulla vita quotidiana, l'arte, la religione e la tecnologia delle antiche civiltà che un tempo prosperavano in Sicilia.

#5. Catacombe di San Giovanni

Concludi la tua giornata alle Catacombe di San Giovanni, una vasta necropoli sotterranea che risale al IV secolo d.C. Tra le più grandi dopo quelle di Roma, queste catacombe offrono uno spunto suggestivo sulle prime pratiche funerarie cristiane. Nelle vicinanze, puoi anche visitare la Cripta di San Marciano, dove secondo la tradizione fu martirizzato il primo vescovo di Siracusa.

Questo giro copre circa 5 km (3,1 miglia) a piedi. Sebbene sia gestibile per la maggior parte dei visitatori, i taxi sono facilmente disponibili se preferisci. Considera l'acquisto di un biglietto combinato per il Parco Archeologico e il Museo Paolo Orsi per un'esperienza più conveniente.

Giro a Piedi Giorno 3: Arte, Cultura e Relax

#1. Castello Maniace

All'estremità dell'isola di Ortigia si trova il Castello Maniace. È uno degli edifici più significativi associati a Federico II in Sicilia.

Castello Maniace

Il nome "Castello Maniace" deriva da Giorgio Maniace, un comandante bizantino che lì probabilmente costruì una prima struttura militare nell'XI secolo, anche se oggi non ne restano tracce. L'attuale castello, perlopiù costruito tra il 1232 e il 1240 sotto Federico II, ha un'anima sveva. Nei secoli successivi sono stati aggiunti altri elementi. Nel 1500 furono introdotte batterie di cannoni ed il castello fu integrato nelle difese di Carlo V. Nel XVII secolo fu aggiunto il Forte della Vignazza, a forma di diamante, da Carlos de Grunembergh. Nel 1704 un fulmine distrusse una torre utilizzata come deposito di polvere da sparo, distruggendo il lato nord-orientale del castello.

#2. Galleria Regionale di Palazzo Bellomo

Questo museo è ospitato in un magnifico palazzo del XIII secolo e vanta una vasta collezione di arte siciliana medievale e rinascimentale.

Esplorando la galleria, vedrai opere significative di Antonello da Messina, tra cui la sua famosa "Annunciazione". Il museo espone anche una varietà di icone bizantine e sculture gotiche. Dai un'occhiata alle mostre temporanee che presentano artisti siciliani contemporanei, offrendo un contrasto affascinante con le opere storiche. Per arricchire la tua visita, considera di noleggiare un'guida audio, disponibile in più lingue, che può fornirti approfondimenti sulle opere e sul loro contesto storico.

#3. Piazza Archimede

A soli cinque minuti a piedi da Palazzo Bellomo, raggiungerai Piazza Archimede, la piazza centrale dedicata al cittadino più famoso di Siracusa, il matematico Archimede. Il punto nevralgico di questa affascinante piazza è la Fontana di Diana, realizzata nel 1906 dallo scultore Giulio Moschetti. Questa imponente fontana rappresenta il mito della trasformazione della ninfa Arethusa in una fonte, circondata da sculture elaborate di mostri marini, ninfe e tritoni.

Mentre ammiri la fontana, osserva l'architettura variegata che circonda la piazza. Vedrai un affascinante insieme di edifici in stile barocco e liberty, tra cui il noto Palazzo Gargallo e l'elegante edificio delle Poste. La piazza è fiancheggiata da numerosi bar e gelaterie accoglienti, che la rendono il posto perfetto per una pausa a metà mattina. Goditi un caffè o un gelato mentre osservi le persone e ti immergi nell'atmosfera vivace di questa storica piazza.

#4. Bagno Ebraico (Mikveh)

Nel pomeriggio, dirigiti verso il Bagno Ebraico, o Mikveh, situato in Via Alagona, 52. Nota che è richiesta una prenotazione per visitare questo straordinario sito. Il Mikveh di Siracusa è uno dei bagni rituali più antichi e ben conservati d'Europa, risalente al VI secolo d.C. Questo antico bagno è veramente una meraviglia architettonica, scavato direttamente nella roccia calcarea e situato a 18 metri sotto terra. È alimentato da una sorgente naturale, che era fondamentale per le sue funzioni di purificazione rituale. Scendendo verso il bagno, farai un salto indietro nel tempo, in un'epoca in cui Siracusa aveva una fiorente comunità ebraica.

L'esistenza di questo Mikveh è una testimonianza della presenza ebraica in Sicilia fin dai tempi romani, sebbene purtroppo la comunità fu espulsa nel 1492 durante l'Inquisizione spagnola. Le visite guidate, disponibili in più lingue, durano solitamente 30-45 minuti e offrono approfondimenti affascinanti sui rituali di purificazione ebraici e sulla storia locale della comunità ebraica di Siracusa.

Feste e Sagre a Siracusa durante l'anno

Festa di San Sebastiano

20 gennaio

San Sebastiano è un importante santo patrono di Siracusa. Questa festa viene celebrata da secoli, con origini che risalgono ai primi tempi del cristianesimo. Gli eventi principali includono: processioni religiose per le strade, messe presso la Chiesa di San Sebastiano, musica ed inni tradizionali, bancarelle di cibo e mercati.

Festa di San Corrado

19 febbraio

San Corrado Confalonieri è il santo patrono di Noto, una città vicina a Siracusa. Sebbene le celebrazioni principali si svolgano a Noto, anche Siracusa onora questo santo. La festa risale al XIV secolo, quando San Corrado viveva come eremita vicino a Siracusa. Gli eventi comprendono processioni religiose, messe e piccole celebrazioni locali.

Festa di Santa Lucia delle Quaglie

Prima domenica di maggio

Questa festa onora Santa Lucia, la santa patrona di Siracusa, ed è legata ad un miracolo a lei attribuito nel 1646. Durante una grave carestia, una nave carica di quaglie arrivò inaspettatamente al porto, fornendo cibo alla popolazione affamata. La festa include una processione con la statua d'argento di Santa Lucia, la liberazione delle quaglie (ora simbolica e che non coinvolge più uccelli vivi), messe, cerimonie religiose, musica e spettacoli di danza.

Sagra del Pesce

Da maggio a luglio

Questa festa moderna celebra la ricca tradizione della pesca di Siracusa e la sua cucina a base di pesce. Sebbene non sia antica come le feste religiose, è diventata una parte importante del calendario culturale della città. Gli eventi includono normalmente: dimostrazioni culinarie da parte di chef locali, musica ed intrattenimento, e gite in barca nel porto.

Ortigia Sound System Festival

Luglio

Un'aggiunta relativamente recente al calendario delle feste di Siracusa, questo festival di musica elettronica si svolge dal 2014. Ha luogo sull'isola di Ortigia e presenta performance di artisti internazionali e locali di musica elettronica, DJ set in diversi punti dell'isola, installazioni artistiche e progetti multimediali, feste in spiaggia durante il giorno e concerti notturni.

Ortigia Film Festival

Luglio

Questo festival annuale del cinema indipendente, fondato nel 2009, si tiene nel centro storico di Ortigia. Presenta film indipendenti italiani ed internazionali, concorsi di cortometraggi e proiezioni all'aperto in luoghi pittoreschi.

Festa della Madonna delle Lacrime

Dal 29 agosto al 1 settembre

La Festa della Madonna delle Lacrime si tiene ogni anno a Siracusa dal 29 agosto al 1 settembre, commemorando un evento miracoloso del 1953 quando un'immagine in gesso della Vergine Maria si dice che abbia pianto lacrime. Questo evento toccò profondamente i fedeli e portò alla costruzione del Santuario della Madonna delle Lacrime, una grande basilica che ora ospita la statua. La celebrazione include messe, una processione con candele per le strade e fuochi d'artificio, attirando pellegrini e visitatori da tutta la Sicilia e oltre. Questa festività è una riflessione commovente della devozione della comunità locale alla Vergine Maria e dell'impatto duraturo di questo evento miracoloso.

Opzioni per Gite di un Giorno: una Gita in Barca e poi Siti, Città e Paesi Vicini

Navigando nel Tempo – Una Gita in Barca Intorno ad Ortigia

Una gita in barca intorno ad Ortigia offre un insieme unico di romanticismo e storia, regalando una prospettiva impareggiabile sul passato stratificato di Siracusa. Mentre navighi lungo la costa, il profondo blu del Mediterraneo contrasta con le antiche mura di pietra, creando un viaggio visivo attraverso il tempo.

Partendo dal porto, incontrerai per primo l'imponente Castello Maniace, una fortezza del XIII secolo costruita dall'imperatore Federico II. La sua solida architettura, che si erge come sentinella all'estremità dell'isola, appare particolarmente scenografica dall'acqua. Continuando, si svelano antiche mura di difesa, alcune in rovina, altre intatte, tutte a suggerire le difese un tempo impenetrabili di Ortigia.

La leggendaria Fonte Aretusa, una sorgente d'acqua dolce intrisa di mitologia greca, appare come un'oasi serena lungo la riva. Le sue lussureggianti piante di papiro offrono un momento di tranquillità durante l'emozione della gita. Le grotte marine nascoste, un tempo rifugio per gli antichi marinai, offrono un'avventura esaltante. Quando la tua barca entra in queste grotte naturali, la luce eterea e le onde che echeggiano creano un'atmosfera mistica.

Tornando indietro, passerai sotto il Ponte Umbertino, che si inarca elegantemente sopra il mare, collegando Ortigia alla terraferma. Questo panorama fonde magnificamente il vecchio con il nuovo, simboleggiando la connessione di Siracusa con il suo passato ed il suo presente. Per un'esperienza ancora più incantevole, considera una gita al tramonto, quando la luce dorata avvolge la città ed una fresca brezza marina offre sollievo dal caldo siciliano.

Sebbene noi abbiamo prenotato con Ortigia Boat Tour in anticipo, molte compagnie offrono gite, ciascuna con una prospettiva unica. Puoi trovare facilmente personale amichevole che propone escursioni mentre fai una passeggiata lungo la marina vicino ai ponti

Avola. Lontana 30 chilometri (19 miglia). Avola è una pittoresca cittadina nota per la produzione del famoso vino Nero d'Avola e per le sue bellissime spiagge. Ricostruita dopo il terremoto del 1693, la città presenta una disposizione unica ad esagono. I visitatori dovrebbero esplorare la Tonnara di Avola, un ex impianto di lavorazione del tonno che offre uno spunto interessante sulla storia della pesca della zona. La costa della città vanta acque cristalline, ideali per nuotare e rilassarsi. Gli appassionati di architettura apprezzeranno la Chiesa Madre e l'elegante Palazzo Modica. Avola offre una combinazione di interesse storico, bellezza naturale e prelibatezze culinarie.

Pantalica. 45 chilometri (28 miglia) da Siracusa. Pantalica è un sito archeologico straordinario e patrimonio dell'umanità dell'UNESCO, caratterizzato da oltre 5.000 tombe scavate nella roccia che si possono datare dal XIII al VII secolo a.C. Questa necropoli è immersa in un paesaggio naturale mozzafiato, rendendola una destinazione ideale sia per gli appassionati di storia che per gli amanti della natura.

I visitatori possono fare escursioni attraverso il terreno accidentato, esplorando le antiche tombe scavate nelle scogliere di calcare. Un punto saliente del sito è l'Anaktoron (Palazzo del Principe), che si crede siano i resti della residenza di un capo preistorico. Il sito offre viste panoramiche spettacolari sulla valle dell'Anapo, unendo l'interesse archeologico con la bellezza naturale. Pantalica offre uno scorcio unico sul passato preistorico della Sicilia e regala ottime opportunità per fare escursioni e fotografie.

Logistica

Treno: Siracusa è servita da una stazione ferroviaria con collegamenti verso le principali città come Catania, Palermo e Messina. Tuttavia, molte piccole città potrebbero non avere accesso diretto alla ferrovia. Verifica gli orari per percorsi specifici.

Autobus: Gli autobus interurbani collegano Siracusa con città come Noto, Ragusa e Modica. Compagnie come AST e Interbus offrono servizi regolari.

Auto: Noleggiare un'auto è l'opzione più flessibile, soprattutto per esplorare le aree rurali e le riserve naturali.

Parcheggio: Siracusa ha parcheggi a pagamento vicino al centro storico e parcheggi gratuiti nella periferia. Nelle piccole città, il parcheggio su strada è comune, ma assicurati di verificare le normative locali.

Consigli per Mangiare

Spizzica Al Vecchio Lavatoio. Indirizzo: Via Maniace, 8

La nostra raccomandazione, sebbene caotico il cibo era eccellente. Questo ristorante fronte mare offre deliziosi piatti di pesce e pizze.

Ristorante Regina Lucia. Indirizzo: Piazza Duomo, 6

Situato alla fine della piazza, questo elegante ristorante offre cucina siciliana di alta classe, con un'attenzione sul pesce. Perfetto per un'esperienza gastronomica raffinata ad Ortigia.

A Putia. Indirizzo: Via Roma, 8

Un ristorante piccolo e accogliente che offre pasta siciliana deliziosa e piatti alla griglia. È molto apprezzato sia per l'atmosfera informale che per la cucina locale saporita.

Ristorante Don Camillo. Indirizzo: Via Maestranza, 96

Questo ristorante premiato con una stella Michelin offre un menù raffinato che fonde i sapori tradizionali e moderni della Sicilia, rendendolo il posto ideale per un pasto speciale.

Pizzeria Schiticchio. Indirizzo: Via della Maestranza, 40

Conosciuta per le sue pizze in stile napoletano, questa pizzeria informale offre un ottimo rapporto qualità-prezzo e piatti gustosi, con posti a sedere all'aperto su una strada vivace.

Dove Dormire

*Algilà Ortigia Charme Hotel. Indirizzo: Via Vittorio Veneto, 93

Questo hotel a 4 stelle è situato in un edificio barocco restaurato nel cuore di Ortigia, offrendo sistemazioni eleganti. Con opzioni per la ristorazione, Wi-Fi gratuito ed aria condizionata, è una scelta eccellente per esplorare i monumenti storici nelle vicinanze.

*Grand Hotel Ortigia. Indirizzo: Viale Giuseppe Mazzini, 12

Un hotel a 5 stelle che unisce il fascino storico con i comfort moderni. Offre un'esperienza di ristorazione sul tetto ed è situato a pochi passi dalla Cattedrale. È molto apprezzato per l'accesso alla spiaggia e per le splendide viste sul mare.

*Antico Hotel Roma 1880. Indirizzo: Via Roma, 66

Questo hotel a 4 stelle si trova a pochi passi dalla Cattedrale di Siracusa, in Via Roma, proprio su Ortigia. L'hotel è la scelta ideale se desideri soggiornare lungo il percorso della processione di Santa Lucia. È noto per l'atmosfera storica affascinante e per il ristorante che offre prelibatezze locali.

Ortea Palace Hotel, Sicily, Autograph Collection. Indirizzo: Via Riva Nazario Sauro, 1

Un hotel di lusso a 5 stelle situato in un edificio storico dell'ex ufficio postale, che offre servizi di alto livello come spa, piscina e splendide viste sul porto. È vicino alla Cattedrale, ma anche posizionato sulla riva del mare.

Re Dionisio Boutique Hotel. Indirizzo: Via Eolo

Questo hotel a 3 stelle offre comfort moderni come una spa e l'accesso alla spiaggia, pur mantenendo la vicinanza ad Ortigia. Il suo design elegante e boutique lo rende popolare per i visitatori che cercano un'atmosfera contemporanea.

*Questi hotel si trovano direttamente lungo o molto vicino al percorso della processione per la Festa di Santa Lucia.

CAPITOLO VENTICINQUE

Catania: Fiamme, Fede e Festività.

C atania: Fiamme, Fede e Festività. La Tradizione della Festa di Sant'Agata

La Festa di Sant'Agata

Dove: Catania

Quando: dal 3 al 5 febbraio

Sito Web dell'Evento:

Temperature Medie durante la Festa: Massima: 16-17 °C (61-63°F). Minima: 8-9 °C (46-48°F).

Scoprire la Catania Resiliente: Una città all'ombra dell'Etna

Sorgendo dalle ceneri di devastanti terremoti ed eruzioni vulcaniche, Catania si erge come una testimonianza della resilienza e della creatività umane. La seconda città più grande della Sicilia, con la sua suggestiva architettura barocca scolpita nella pietra lavica scura, crea un contrasto scenografico con lo sfondo del Monte Etna, il vulcano più attivo d'Europa. Questa vivace metropoli, dove antiche rovine coesistono con mercati animati ed industrie innovative, offre ai visitatori una combinazione dinamica di grandezza storica, prelibatezze culinarie e potenza grezza della natura.

La storia di Catania è fatta di distruzione e rinascita continue. Fondata dai coloni greci nell'VIII secolo a.C., la città è stata plasmata da successive civiltà - greca, romana, bizantina, araba, normanna e spagnola - ognuna lasciando il proprio segno sul tessuto urbano. Tuttavia, fu il devastante terremoto del 1693 a trasformare più profondamente Catania. Di seguito la città fu ricostruita in stile barocco, utilizzando l'abbondante pietra nera lavica locale, dando vita al carattere architettonico unico che definisce Catania oggi. Questa rinascita le valse il soprannome di "la città nera" per i suoi particolari edifici in pietra lavica, e rappresentò lo spirito resiliente che ha caratterizzato Catania lungo la sua tumultuosa storia.

Catania occupa una posizione strategica sulla costa orientale della Sicilia, situata tra il Mar Ionio e l'imponente massa del Monte Etna. Questa posizione è stata sia una benedizione che una maledizione: il fertile terreno vulcanico ha favorito una ricca agricoltura, mentre le eruzioni periodiche e i terremoti hanno rappresentato minacce costanti.

La città di Catania ha una popolazione di circa 300.000 abitanti, con oltre 750.000 nella sua area metropolitana, rendendola il centro di conurbazione più popoloso della Sicilia. L'economia di Catania è diversificata e dinamica, combinando industrie tradizionali con settori ad alta tecnologia. La città si è guadagnata il soprannome di "Silicon Valley Europea" per la sua industria tecnologica e IT in crescita, ospitata nel parco tecnologico della Valle dell'Etna.I settori tradizionali come l'agricoltura, la pesca e la lavorazione alimentare rimangono significativi, mentre il turismo, potenziato dal ricco patrimonio culturale della città e dalla vicinanza al Monte Etna, gioca un ruolo sempre più importante.

La Festa di Sant'Agata

I siciliani considerano la festa di Sant'Agata una celebrazione importante. È anche la santa patrona della Repubblica di San Marino e dell'isola di Malta. Le persone l'hanno celebrata fin dal suo martirio il 5 febbraio del 251 d.C. Secondo i media italiani, la festa di Sant'Agata è la terza più grande al mondo per affluenza. Viene celebrata da secoli.

Chi è Sant'Agata?

Sant'Agata era una martire cristiana del III secolo originaria di Catania, Sicilia. I documenti storici confermano la sua esistenza e venerazione, anche se molti dettagli della sua vita sono basati su leggende.

Secondo la tradizione, Agata era una bellissima nobildonna che si dedicò al cristianesimo. Quinziano, il console romano in Sicilia, cercò di sposarla e costringerla ad abbandonare la sua fede. Quando Agata rifiutò, Quinziano la fece imprigionare e torturare. Nonostante le gravi torture fisiche, tra cui la mutilazione dei suoi seni, Agata rimase ferma nella sua fede.

La leggenda narra che durante la sua prigionia, San Pietro apparve ad Agata in una visione, guarendo miracolosamente le sue ferite. Questo evento, pur non essendo storicamente verificato, è una parte significativa della sua agiografia. Dopo ulteriori torture, tra le quali essere fatta rotolare su carboni ardenti, Agata morì in prigione nel 251 d.C. Si dice che la sua morte fosse stata accompagnata da un terremoto, che alcuni interpretarono come un giudizio divino contro i suoi persecutori.

Dopo la sua morte, la tomba di Agata divenne un luogo di pellegrinaggio. Circolava una storia secondo la quale dei misteriosi giovani posero una lastra di marmo sulla sua tomba, incisa con parole che onoravano la sua fedeltà ed il suo patriottismo.

Nel corso della storia, molti miracoli sono stati attribuiti all'intercessione di Santa Agata. Rimane una figura importante nella tradizione cristiana, particolarmente venerata a Catania ed in altre parti della Sicilia.

La Festa di Sant'Agata

La festa si svolge ogni anno dal 3 al 5 febbraio e può coinvolgere fino ad un milione di persone, comprendendo residenti, devoti e turisti. Anni dopo la morte di Santa Agata, il Monte Etna minacciò Catania con una violenta eruzione. Per fermare l'avanzamento della lava, gli abitanti utilizzarono il velo bianco che era stato posto sulla tomba di Agata. Si verificò un miracolo. Il 5 febbraio, anniversario del suo martirio, il velo divenne rosso e fermò l'eruzione. Ogni anno i cittadini lo decorano con luci in commemorazione di questo evento trionfante.

3 febbraio

La celebrazione inizia con l'apertura cerimoniale della porta nella Cattedrale e la rimozione della statua e delle reliquie di Sant'Agata. L'atmosfera, mentre la santa viene preparata per le festività, è elettrica. L'amministrazione, le scuole e le attività commerciali chiudono dal 3 al 6 febbraio. Il momento culminante degli eventi annuali di Catania. La chiesa trabocca di locali che sventolano tessuti bianchi noti come "cannamuni" o "cannemi", grandi fazzoletti o pezzi di stoffa bianchi, spesso ricamati con immagini legate a Sant'Agata o motivi religiosi.

Il gesto di sventolare questi fazzoletti ha un significato simbolico. Il colore bianco simboleggia la purezza e la devozione a Sant'Agata. Si crede che sventolare questi fazzoletti invochi la protezione e la benedizione di Sant'Agata sulla città e sui suoi abitanti. Il gesto di sventolare i cannamuni è un elemento cruciale dei rituali e delle cerimonie durante la Festa di Sant'Agata, che aggiunge solennità e fervore alle celebrazioni religiose di Catania.

Una Candelore

Processione delle Candelore

Le festività iniziano il 3 febbraio con la Processione delle Candelore—undici grandi candele dorate che simboleggiano i vari mestieri di Catania. Ogni Candelora è una struttura di legno alta e splendidamente decorata, spesso adornata con fiori, nastri e luci, che può raggiungere diversi metri di altezza e pesare diverse centinaia di chilogrammi. Queste Candelore rappresentano le diverse corporazioni o mestieri della città, con ciascuna corporazione tradizionalmente associata alla propria Candelora.

La processione, accompagnata dai capi locali, dalle autorità civili e militari, nonché dalla gente del posto, si snoda per le strade fino a Piazza Duomo, dove inizia la Processione della Cera. Questa è l'offerta di candele a Sant'Agata, che parte da Piazza Stesicoro e termina alla Cattedrale di Sant'Agata. Durante la processione, uomini forti noti come "Candelori" portano le Candelore, eseguendo movimenti coordinati per manovrare queste pesanti strutture tra le strade. La musica, i cori di incitamento e le preghiere li accompagnano, aumentando l'emozione ed il fervore dell'evento. La giornata si conclude con un grande spettacolo di fuochi d'artificio in Piazza Duomo, una parte integrante e molto attesa della celebrazione.

Le Candelore in Processione

4 febbraio

Il secondo giorno della Festa di Sant'Agata inizia con la Messa dell'Aurora all'alba, celebrata nella Cattedrale di Catania. Dopo la Messa, ha luogo l'emozionante uscita della statua di Sant'Agata, un momento carico di attesa e commozione. La statua viene trasportata sul fercolo, un grande carro d'argento finemente decorato con metallo lavorato e fiori, che contiene le reliquie della santa.

La processione è guidata da centinaia di "devoti", seguaci vestiti con tuniche bianche tradizionali ('u saccu) e cappelli neri. Portare il fercolo è un compito fisicamente impegnativo a causa del suo peso e della lunga durata della marcia, che continua per le strade di Catania dalla mattina presto fino a tarda notte. I devoti e gli altri partecipanti seguono la statua con grandi candele, intonando e gridando, "Tutti devoti, tutti cittadini, lunga vita a Sant'Agata!" come segno della loro devozione.

Mentre la processione si snoda attraverso le strade barocche, passa per luoghi chiave legati alla vita di Sant'Agata, inclusi i siti connessi al suo imprigionamento, tortura e martirio finale. Questi momenti sono segnati da preghiere e benedizioni speciali, che offrono occasioni di riflessione in mezzo all'atmosfera festosa.

Momenti significativi includono una sosta a Piazza Borgo, dove uno spettacolo pirotecnico illumina il cielo, e l'esilarante cchianata de' Cappuccini in Via Sangiuliano, dove la statua viene tirata in salita in una simbolica dimostrazione di forza e devozione. Questa corsa, accompagnata dagli applausi e dallo sventolio di fazzoletti, porta a Piazza San Domenico prima che la processione continui fino a notte fonda.

L'evento si conclude a tarda notte con il ritorno del fercolo alla Cattedrale, chiudendo il secondo giorno di questa grandiosa e profondamente spirituale celebrazione.

5 e 6 febbraio

Il 5 febbraio, il terzo giorno della Festa di Sant'Agata, la grande celebrazione continua con uno degli eventi più emozionanti ed attesi della festa: la lunga processione nel cuore di Catania, che inizia di mattina. La statua di Sant'Agata, portata sul fercolo, percorre Via Etnea, passando per luoghi significativi della città, tra cui Piazza Università, Piazza Stesicoro e Villa Bellini.

Uno dei momenti più emozionanti di questa giornata è la cchianata di San Giuliano, dove i devoti tirano il pesante fercolo d'argento in salita, correndo lungo la ripida Via Sangiuliano, simboleggiando la loro intensa devozione e forza.

Migliaia di spettatori affollano le strade, applaudendo e sventolando fazzoletti a sostegno dei partecipanti. La processione continua fino a tarda notte, arrivando infine a Piazza Cavour, dove cresce la sensazione di attesa mentre la celebrazione si avvicina alle sue ultime ore.

Quando si avvicina la mattina del 6 febbraio, arriva il momento più atteso: il ritorno della statua alla Cattedrale. Questo momento non è mai pianificato con precisione, aumentando l'emozione e l'attesa impaziente mentre migliaia di fedeli aspettano il ritorno della statua.

Cibi Tipici della Festa
I Minni, le Olivette, le Crespelle e le Polpette di Cavallo

La Festa di Sant'Agata a Catania è una delle celebrazioni più antiche e profondamente radicate in Sicilia, e la sua lunga storia si riflette nell'abbondanza di cibi tradizionali legati alla festività. Nel corso dei secoli, questi piatti sono diventati un modo per onorare la santa e per mettere in mostra il ricco patrimonio culinario di Catania.

Minni di Sant'Agata

Il primo piatto tradizionale di questa festa annuale sono le Minni di Sant'Agata, che significa "i seni di Sant'Agata". Non incolpate il messaggero! Questi dolci richiamano il miracolo in cui San Pietro restituì a Sant'Agata il suo seno dopo che i suoi torturatori glielo avevano tagliato.Un dolce tradizionale ed una specialità di Catania, questa coppa di pasta frolla è ripiena di fresca ricotta dolcificata e spesso aromatizzata con scorza d'arancia o arancia candita, e ricoperta di glassa bianca. Esiste una versione rosa ripiena di crema pasticcera, sempre con una ciliegia sopra.

Olivette di Sant'Agata

Le Olivette di Sant'Agata: piccole paste di mandorle che rendono omaggio all'olivo che miracolosamente sostenne Santa Agata. I pasticceri usano principalmente la pasta di mandorle (marzapane) per preparare queste dolcezze, modellandole in piccole forme simili ad olive e poi ricoprendole con zucchero verde. Vengono spesso preparate a casa, vendute nelle panetterie e condivise con familiari e amici durante la celebrazione.

Le Crespelle

Troverete le crespelle con la ricotta, palline di pasta fritta dorata e ripiena di ricotta cremosa, presso i venditori ambulanti lungo il percorso della parata.

Polpette di Cavallo

I venditori di cibo lungo il percorso offrono le polpette di cavallo: grandi polpette che sembrano più come piccoli hamburger, fatte di carne di cavallo. Gli americani potrebbero trovare strano mangiare la carne di cavallo, ma in Italia è più comune, anche come carpaccio (cruda). No, io e mio marito non abbiamo ancora trovato il coraggio di provarle!

Durante tutta la notte, la facciata della Cattedrale di Catania è magnificamente illuminata con una straordinaria proiezione di luci, mentre i fuochi d'artificio riempiono il cielo sopra Piazza Duomo, creando uno spettacolare gran finale per il terzo giorno delle celebrazioni.

Giro a Piedi di Catania

#1. Basilica Cattedrale di Sant'Agata

La Basilica Cattedrale di Sant'Agata, dedicata all'amata santa patrona di Catania, è sia un simbolo di fede che una cronaca della storia turbolenta della città. La sua resilienza riflette lo spirito stesso di Catania, una città che è ripetutamente rinata dalle ceneri delle catastrofi. Costruita originariamente tra il 1078 e il 1093 dall'Ordine Normanno di Ruggero I, dopo la sua conquista della Sicilia, la cattedrale fu eretta sulle rovine di un antico complesso termale romano, diventando un punto focale della devozione a Sant'Agata, una martire venerata per il suo coraggio e la sua pietà.

Basilica Cattedrale di Sant'Agata

Nel corso della sua storia, la cattedrale ha affrontato numerosi disastri. Il terremoto del 1169 causò ingenti danni poco dopo la sua costruzione iniziale. Nel 1669, le colate laviche del Monte Etna raggiunsero la città, alterando il suo paesaggio e danneggiando parti della cattedrale. Il terremoto catastrofico del 1693 fu l'evento più devastante, portando ad una ricostruzione quasi totale durante il periodo barocco. Gli sforzi di ricostruzione post-1693, guidati da

Giovanni Battista Vaccarini, trasformarono la cattedrale in un capolavoro del Barocco siciliano, aggiungendo dettagli elaborati e una grandezza che si adattava al monumento più sacro della città.

La facciata della Basilica Cattedrale di Sant'Agata è una fusione meravigliosa di elementi classici e barocchi, che riflette secoli di arte e patrimonio culturale. La sua caratteristica più sorprendente è la fila di colonne in granito, recuperate dall'antico Teatro Romano di Catania, che legano la cattedrale al suo passato classico. Progettata da Vaccarini, la facciata è adornata da statue, motivi floreali e rilievi elaborati, simboli della maestria del barocco siciliano. Al centro, una nicchia ospita una statua di Sant'Agata, simbolo della sua presenza duratura nella vita della città.

L'esterno della cattedrale, costruito in pietra lavica grigia estratta dalle pendici del Monte Etna, conferisce alla struttura un aspetto scenografico e solenne. Questo materiale è una scelta sia pratica che simbolica, incarnando la resilienza della città e della sua gente. Le torri campanarie, che si innalzano sopra la facciata, aggiungono un profilo impressionante al cielo siciliano. Accanto alla cattedrale si trova la Cappella del Santissimo Sacramento, dove sono conservate e venerate le reliquie di Sant'Agata, aumentando il significato spirituale del sito.

Interno della Cattedrale

Entrando all'interno, i visitatori sono accolti da un vasto e imponente ambiente. La pianta a croce latina crea un senso di grande spiritualità con le sue tre navate e le numerose cappelle. Ogni cappella è un tesoro di arte religiosa, dedicata a vari santi e decorata con magistrali affreschi, sculture e raffinati lavori in stucco.

Il cuore della cattedrale si trova dietro un'elaborata cancellata in ferro, dove sono gelosamente conservate le reliquie di Sant'Agata. Durante la Festa annuale di Sant'Agata, queste reliquie diventano il centro di una celebrazione appassionante, attirando pellegrini da ogni angolo. Le opere d'arte che circondano questo spazio sacro raccontano vividamente la vita ed il martirio dell'amata santa, fungendo da documento storico e fonte di ispirazione spirituale.

Dalle sue maestose cupole agli altari meticolosamente lavorati, ogni angolo della Cattedrale di Sant'Agata parla dell'incredibile abilità degli artigiani che hanno contribuito alla sua creazione. Essa non è solo un luogo di culto, ma un museo vivente dell'arte, dell'architettura e della fede siciliane, invitando i visitatori a

meravigliarsi della sua bellezza e a riflettere sul suo profondo significato storico
e culturale.

#2. Chiesa della Badia di Sant'Agata

La Chiesa della Badia di Sant'Agata, una gemma architettonica situata nel cuore di
Catania, è una testimonianza del ricco patrimonio religioso ed artistico della città.
Questa magnifica chiesa abbaziale, dedicata a Sant'Agata, si trova sul lato nord
della cattedrale, accanto ad un tranquillo parco, creando un insieme armonioso
di architettura sacra.

Costruita tra il 1735 e il 1767, durante il periodo di massimo splendore del
Barocco siciliano, la chiesa serviva come convento benedettino per le donne. La
sua creazione faceva parte di un movimento più ampio nella Sicilia del XVIII
secolo, che vide il fiorire di istituzioni monastiche, in particolare quelle dedicate
alle esigenze spirituali delle nobildonne.

La facciata della chiesa è un capolavoro di stile barocco, caratterizzato
dall'interazione dinamica tra superfici convesse e concave, decorazioni elaborate
e proporzioni eleganti. Questa facciata funge da affascinante preludio alla grande
struttura che si cela dietro, suggerendo la magnificenza degli interni.

Tuttavia, la vera meraviglia della Chiesa della Badia di Sant'Agata è la sua
straordinaria cupola. Questa colossale cupola ottagonale non solo domina la
chiesa, ma anche il profilo di Catania. La sua particolare forma concava è
una caratteristica architettonica rara, che mostra lo spirito innovativo dei suoi
progettisti e la maestria degli artigiani locali. La forma peculiare della cupola crea
affascinanti giochi di luci ed ombre sia all'interno che all'esterno della chiesa, che
cambiano con il movimento del sole durante il giorno.Una delle caratteristiche
più straordinarie della chiesa è il suo tetto accessibile. I visitatori che salgono su
questo punto panoramico sono ricompensati con panorami mozzafiato. Da qui,
si possono ammirare i dettagli elaborati della vicina Cattedrale, osservare il vasto
paesaggio urbano di Catania, contemplare la magnifica cupola della chiesa da
una prospettiva unica e godere della vista imponente del Monte Etna che svetta
in lontananza. Nei giorni di cielo limpido, le acque scintillanti del Mar Ionio
completano questo spettacolare panorama.

Importante sottolineare che la chiesa è stata progettata con attenzione
all'accessibilità. Per coloro che non possono salire le scale, è disponibile un

ascensore, garantendo che tutti i visitatori possano vivere la magnificenza della vista dal tetto. Questo pensiero sottolinea l'impegno della chiesa nell'essere inclusiva ed il suo ruolo di bene culturale condiviso.

L'interno della chiesa, pur essendo meno frequentemente menzionato rispetto alla sua facciata, è altrettanto impressionante. Presenta affreschi elaborati, lavori in stucco complessi ed opere d'arte di valore, che riflettono le sensibilità spirituali ed artistiche della Sicilia del XVIII secolo. Il design e le decorazioni della chiesa erano destinati non solo ad ispirare la devozione religiosa, ma anche a mostrare la ricchezza ed il prestigio dell'ordine benedettino e dei suoi nobili mecenati.

#3. L'Università di Catania

L'Università di Catania è la tipica università italiana. Invece di un campus, tipico della maggior parte delle città negli Stati Uniti, l'Università di Catania ha edifici e spazi sparsi per tutta la città, ognuno contrassegnato da insegne dell'università, tra i quali quello in Piazza Duomo.

#4. Via Etnea

Se stai cercando la strada più "Instagrammabile" di Catania, non cercare oltre Via Etnea, con i suoi vivaci ombrelli, un'installazione artistica. Questa celebre strada è una delle principali arterie della città, che collega Piazza Duomo, vicino alla Cattedrale di Sant'Agata, fino alla base del Monte Etna.

#5. Teatro Massimo Bellini

Il Teatro Massimo Bellini, inaugurato nel 1890, è un gioiello prestigioso del panorama culturale di Catania. Intitolato all'amato compositore catanese Vincenzo Bellini, questo magnifico teatro dell'opera è una testimonianza del ricco patrimonio musicale e dell'abilità architettonica della Sicilia. Progettato da Carlo Sada in stile Barocco siciliano, il teatro vanta un imponente auditorium a forma di ferro di cavallo con quattro livelli di palchi, famoso per la sua acustica eccezionale. I suoi interni sontuosi, adornati con affreschi elaborati e decorazioni lussuose, trasportano i visitatori nell'età d'oro dell'opera italiana.

Dal momento della sua inaugurazione, che ha giustamente visto la messa in scena del capolavoro "Norma" di Bellini, il teatro ha ospitato spettacoli di livello mondiale. Oggi continua ad essere un centro vivace per l'opera, i concerti ed il balletto, attirando appassionati di musica da tutto il mondo. I visitatori possono esplorare questa meraviglia architettonica grazie a visite guidate, disponibili dal martedì al sabato mattina, che offrono uno sguardo unico sulla storia del teatro, le aree dietro le quinte e la vita del compositore che gli ha dato il nome.

Che si tratti di ammirare il grande atrio, salire la maestosa scalinata o meravigliarsi di fronte all'affresco del soffitto di Ernesto Bellandi, una visita al Teatro Massimo Bellini è un'esperienza indimenticabile nel cuore dell'anima artistica di Catania. Si può visitare solamente con visite guidate. Per saperne di più visita il sito teatromassimobellini.it.

#6. Teatro Romano di Catania

Il Teatro Romano di Catania, situato nel cuore della città, è un'incredibile testimonianza della presenza romana in Sicilia. Questo tesoro archeologico, che fa parte del Parco Archeologico Greco-Romano, offre ai visitatori un affascinante sguardo sull'intrattenimento e sulla vita culturale della Catania romana. Il sito è composto da due strutture distinte: un teatro grande e ben conservato, ed uno spazio semicircolare più piccolo e privato noto come Odeon. Entrambe le strutture risalgono al II secolo d.C., testimoniando l'abilità architettonica e l'urbanistica dell'Impero Romano nel suo periodo di massimo splendore.

Per secoli, queste magnifiche strutture rimasero nascoste sotto strati di sviluppo urbano, la loro esistenza era nota, ma la loro vera estensione era un mistero. Solo nel XIX secolo scavi approfonditi iniziarono a rivelare la vera grandiosità del sito. Il meticoloso lavoro degli archeologi ha riportato gradualmente alla luce le imponenti gradinate, il palcoscenico e gli elaborati dettagli architettonici del teatro. Oggi, i visitatori possono camminare lungo gli stessi corridoi e sedersi sugli stessi gradini di pietra che una volta ospitavano migliaia di cittadini romani, connettendosi direttamente alla vita quotidiana dell'antica Catania.

#7. Castello Ursino

A sei minuti a piedi verso il mare, si trova il Castello Ursino. L'imperatore Federico II, Re di Sicilia, costruì il Castello Ursino tra il 1239 e il 1250, utilizzando la pietra lavica, come una delle sue residenze reali. I signori locali avevano cercato di affermare l'indipendenza, e nel 1220, Federico II ordinò la distruzione di tutti i castelli non reali in Sicilia. I costruttori realizzarono il Castello Ursino per enfatizzare il potere reale e per difendere la capitale, credendo che fosse una fortezza impenetrabile. Oggi, è aperto al pubblico e ospita il Museo Civico di Catania.

#8. Palazzo Biscari

Questo monumentale palazzo privato è una testimonianza della resilienza e della rinascita artistica di Catania in seguito al devastante terremoto del 1693. Costruito dalla nobile famiglia dei Paternò Castello, il palazzo crebbe in magnificenza col passare degli anni, diventando uno degli esempi più impressionanti di architettura barocca siciliana. La facciata esterna, decorata con elaborate lavorazioni in pietra e vivaci cherubini, anticipa l'opulenza degli interni.

Una volta dentro, si viene colpiti dagli interni rococò, dove ogni superficie sembra prendere vita con decorazioni elaborate. I soffitti affrescati raccontano storie di mitologia e di storia locale, mentre gli arredi perfettamente conservati vi riportano alla vita lussuosa dell'aristocrazia siciliana del XVIII secolo. Di particolare rilevanza è la grande sala da ballo, un capolavoro di design con le sue pareti specchiate e le sue splendide viste sulla città. Tradizionalmente accessibile solo a gruppi, ora anche i visitatori individuali possono esplorare la grandiosità del palazzo attraverso visite guidate organizzate. Mentre si passeggia per le sue stanze, immaginate le grandi feste e gli intrighi politici che una volta animavano queste sale, e che diedero forma alla storia di Catania.

#9. Monastero dei Benedettini di San Nicolò l'Arena

La nostra prossima fermata ci porta ad una delle più grandi abbazie d'Europa, il Monastero dei Benedettini di San Nicolò l'Arena. Questo vasto complesso, una città all'interno di una città, offre un affascinante viaggio attraverso i secoli della storia e della cultura di Catania. Fondato nel XVI secolo e ampiamente ricostruito dopo il terremoto del 1693, il monastero mostra una fusione di stili architettonici che spaziano dal gotico al barocco. Entrando si rimane colpiti dalle enormi dimensioni del complesso, che comprende due magnifici chiostri, ognuno dei quali racconta la propria storia della vita monastica.

La biblioteca del monastero, con oltre 160.000 volumi, attrae studiosi e appassionati di libri. Il nostro tour esplora la chiesa ed il monastero, mettendo in luce il connubio tra vita spirituale ed intellettuale nella tradizione benedettina. Le visite guidate sono disponibili ogni ora e offrono approfondimenti sulla storia, l'architettura e la cultura del monastero. Anche al di fuori degli orari di visita, alcune aree rimangono aperte, permettendo ai visitatori di godere della tranquillità e dell'architettura. Mentre passeggiate, riflettete sul viaggio di questo luogo, che da centro religioso è diventato parte dell'Università di Catania, mantenendo viva la sua tradizione di apprendimento e contemplazione.

#10. Chiesa di San Placido

La nostra ultima fermata ci porta alla Chiesa di San Placido, una gemma nascosta nel ricco tessuto dell'architettura religiosa di Catania. La chiesa, aperta 24 ore al giorno, offre un'opportunità unica di riflessione spirituale o di apprezzamento architettonico in qualsiasi momento. Costruita nel XVIII secolo, la facciata della chiesa è un bell'esempio di Barocco siciliano, con le sue linee curve e le decorazioni elaborate tipiche di questo stile. Appena varchiamo la soglia, prendiamoci un momento per ammirare l'interno armonioso, dove la luce si riflette sulle decorazioni in marmo policromo e illumina le opere d'arte che adornano le pareti e gli altari. Ma la chiesa è solo l'inizio della nostra esplorazione.

Dietro di essa si trova un vasto complesso conventuale, una testimonianza della comunità monastica che un tempo risiedeva in questo luogo. Di particolare interesse all'interno del convento è il laboratorio medievale di candele, che offre un raro spunto sulle abilità pratiche ed i settori che sostenevano la vita monastica. Questo laboratorio, ancora conservato con gli strumenti e l'allestimento originali, crea un collegamento tangibile con la vita quotidiana dei monaci che un tempo camminavano in queste stanze. Durante l'esplorazione di questo luogo sacro, riflettiamo sulla continuità della tradizione che rappresenta, dai rituali senza tempo del culto alla vecchia arte della fabbricazione di candele, che continuano a vivere nel cuore della moderna Catania.

Feste e Sagre a Catania Durante l'Anno

One Day Music Festival

1 maggio

Il One Day Music Festival è uno degli eventi musicali più amati della Sicilia, che si svolge ogni anno su La Playa Beach a Catania. Conosciuto per la sua combinazione di musica elettronica, rap ed alternativa, il festival attira sia artisti locali che internazionali. L'evento dura dalla mattina fino alla sera, offrendo ai partecipanti una giornata intera di musica e divertimento in spiaggia. Dalla sua fondazione nel 2009, il festival è cresciuto rapidamente, attirando più di 20.000 partecipanti negli ultimi anni.

Beer Catania Spring

Fine maggio

Il Beer Catania Spring festival è una celebrazione della birra artigianale, che si svolge ogni anno alla fine di maggio. Unisce gli amanti della birra e presenta circa 20 produttori di birra artigianale siciliani ed italiani. Il festival si tiene nei suggestivi chiostri dell'Istituto Ardizzone Gioeni, vicino alla sommità di Via Etnea. L'evento include anche stand gastronomici, concerti dal vivo e laboratori, rendendolo un vivace incontro culturale. E' un'opportunità per assaggiare le birre prodotte localmente mentre si gode dell'atmosfera dinamica di Catania.

Etna Comics

6-9 giugno 2024

Etna Comics è il più grande festival di fumetti e cultura pop del sud Italia, che attira decine di migliaia di appassionati ogni anno. Questo entusiasmante evento si svolge al Centro Fieristico Le Ciminiere ed offre di tutto per gli appassionati di fumetti, giochi, serie TV, cinema, musica e molto altro. È un'esperienza immersiva con ospiti speciali, laboratori, concerti ed esposizioni, rendendolo un evento imperdibile per gli appassionati di cultura pop. Il festival è cresciuto esponenzialmente dalla sua fondazione nel 2009, ed ora è un evento culturale di rilievo in Sicilia. Il programma di solito dura dalla mattina fino a tarda sera, con un'atmosfera frenetica in tutti e quattro i giorni.

Catania Summer Festival

Giugno - Settembre

Il Catania Summer Festival è una serie di eventi culturali che si svolgono durante tutta l'estate in vari luoghi storici della città. Da giugno a settembre, si possono vivere concerti, spettacoli teatrali e danze ambientati sullo sfondo di celebri monumenti di Catania, come Villa Bellini e Castello Ursino. Il festival mette in luce sia talenti locali che internazionali, trasformando la città in un centro di attività artistica ed offrendo qualcosa per ogni gusto culturale.

Marranzano World Fest (Festival di Musica Popolare)

Giugno

Il Marranzano World Fest di Catania è una celebrazione unica dell'arpa, conosciuta localmente come marranzano. Questo festival annuale, solitamente organizzato a settembre, riunisce musicisti, artigiani e appassionati provenienti da tutto il mondo per onorare questo piccolo ma versatile strumento. Il marranzano, profondamente radicato nella tradizione popolare siciliana, è il protagonista di una serie di concerti, laboratori ed esposizioni. I visitatori possono assistere a spettacoli che vanno dalla musica popolare siciliana tradizionale a suoni sperimentali contemporanei, tutti caratterizzati dal tipico suono dell'arpa ebraica.

Opzioni per Gite di un Giorno: Siti, Città e Paesi Vicini

Acireale. Circa 18 chilometri o 11 miglia a nord. Acireale è una deliziosa cittadina siciliana famosa per la sua straordinaria architettura barocca e le sue bellissime chiese. Il centro storico della città è un tesoro di meraviglie architettoniche, con Piazza del Duomo al centro. Qui, i visitatori possono ammirare la magnifica Cattedrale di Acireale, dedicata a Maria Santissima Annunziata, con la sua imponente facciata e l'interno riccamente decorato. Una delle principali attrazioni di Acireale è il suo famoso carnevale, uno dei più amati in Sicilia. Il carnevale di Acireale solitamente si svolge a febbraio, prima della Quaresima. E' noto per i suoi elaborati carri, decorati con fiori e figure allegoriche, così come per le sue maschere satiriche in cartapesta. Il carnevale offre sfilate, musica, balli e varie competizioni, attirando visitatori da tutta Italia ed oltre.

Aci Trezza e Aci Castello. Circa 10-15 chilometri o 9 miglia a nord. Aci Trezza e Aci Castello sono due pittoreschi paesi costieri che offrono una perfetta combinazione di bellezza naturale e significato storico. Aci Trezza è famosa per le sue imponenti formazioni rocciose laviche, conosciute come le Isole dei Ciclopi. Questi isolotti di basalto che emergono dal mare sono legati alla leggenda di Ulisse e del Ciclope Polifemo nell'Odissea di Omero. Il lungomare del paese è costeggiato da colorate barche da pesca, ed i visitatori possono gustare pesce fresco nei ristoranti locali mentre si godono la vista sulle isole. Aci Castello, a breve distanza da Aci Trezza, è dominata dal suo imponente Castello Normanno. Costruito nel 1076 su una roccia lavica che si affaccia sul mare, il castello ospita oggi un museo civico che espone reperti archeologici locali ed offre approfondimenti sulla storia vulcanica della zona. Salire in cima al castello offre una vista panoramica mozzafiato sulla costa e sul Mar Ionio.

Logistica

Treno: La stazione ferroviaria principale è Catania Centrale.

Autobus: AMTS (Azienda Metropolitana Trasporti e Sosta Catania) Il servizio pubblico di autobus della città opera molte tratte che coprono Catania e i suoi sobborghi.

Autobus Regionali: Esistono anche autobus interurbani, gestiti da AST, che collegano Catania ad altre città e paesi della Sicilia.

Metropolitana di Catania: Il sistema metropolitano di Catania è relativamente piccolo, ma efficiente. Ha una sola linea operativa che va dal sobborgo occidentale di Nesima fino all'area portuale, coprendo fermate importanti come la stazione ferroviaria centrale (Stazione Centrale) ed il centro città.

Auto: Grazie alle opzioni di trasporto pubblico di Catania, è consigliabile parcheggiare fuori dalla città e non cercare di spostarsi all'interno con un'auto.

Parcheggio: Ecco alcune opzioni di parcheggio per evitare la ZTL (zona a traffico limitato solo per residenti e taxi):

- Parcheggio Europa: Questo grande parcheggio sotterraneo si trova vicino alla centrale Via Etnea. Da qui, puoi proseguire a piedi o prendere i mezzi pubblici per raggiungere i principali siti.

- Parcheggio Borsellino: Situato vicino al Porto di Catania, questo parcheggio offre un buon accesso al centro storico con una breve passeggiata.

- Parcheggio Sosta Catania Centro: Posizionato fuori dalla zona limitata ma vicino alle aree centrali, è una scelta comoda per i visitatori che desiderano una buona vicinanza alle principali attrazioni senza preoccuparsi di entrare nel centro.

Consigli per Mangiare

Canusciuti Sicilian Café per Dolci e Arancini. Indirizzo: Via Santa Maria della Lettera, 13

Se cerchi un minni di Sant'Agata, anche fuori dalla settimana della festa, il Canusciuti Sicilian Café è il posto perfetto. Si trova a quattro minuti a piedi dalla Cattedrale ed offre ottimo caffè, dolci siciliani ed una deliziosa versione locale di arancini con mozzarella al centro e ragù di carne. Questa prelibatezza è assolutamente da provare per chiunque lo visita.

Etnea Roof Bar & Restaurant. Indirizzo: Via Etnea

Per pranzo o cena con vista, prenota all'Etnea Roof Bar & Restaurant con "UNA cucina." Questo ristorante sul tetto è situato a soli quindici minuti a piedi dalla Cattedrale ed offre panorami mozzafiato e cucina tradizionale siciliana. Il personale cordiale e l'atmosfera fantastica lo rendono una scelta eccellente per sfuggire dalle strade affollate di Catania.

Munnu Arancinu. Indirizzo: Via Giuseppe Garibaldi, 22

Un angolo accogliente specializzato in arancini (palline di riso), il Munnu Arancinu offre una varietà di gusti, dal classico ragù a varianti creative. È un modo economico e delizioso per provare uno dei più famosi cibi di strada siciliani.

Dove Dormire

Hotel Centrale Europa. Indirizzo: Via Vittorio Emanuele II 167

Situato direttamente su Piazza Duomo, questo hotel offre splendide viste sulla Fontana dell'Elefante e sulla Cattedrale. La sua posizione centrale garantisce un facile accesso alle principali attrazioni di Catania, mentre l'atmosfera accogliente assicura un soggiorno confortevole.

Palazzo Marletta Luxury House Hotel. Indirizzo: Via Erasmo Merletta 7

Ospitato in un edificio del XVIII secolo, questo hotel di lusso unisce il fascino storico a servizi moderni. Situato a pochi passi dalla Cattedrale, offre camere elegantemente arredate e servizi personalizzati, rendendolo ideale per i viaggiatori in cerca di un'esperienza raffinata.

Hotel Biscari. Indirizzo: Via Anzalone 7 (Via Vittorio Emanuele)

Situato in un edificio storico, l'Hotel Biscari si trova a soli 200 metri dalla Cattedrale e vicino al Teatro dell'Opera Bellini. Gli ospiti apprezzano le camere spaziose, il Wi-Fi gratuito e la deliziosa colazione servita sulla terrazza con vista panoramica sulla città.

Palazzo Marletta. Indirizzo: Via Erasmo Merletta, 7

Questo elegante hotel a 3 stelle si trova in un palazzo storico ed offre sistemazioni raffinate con bellissime viste. È situato vicino a Piazza Duomo, rendendolo un luogo ideale per osservare la processione di Sant'Agata mentre passa nel cuore di Catania.

Duomo Suites & SPA. Indirizzo: Via Garibaldi, 23

Questo hotel a 4 stelle offre camere eleganti e servizi moderni, come una terrazza panoramica ed una spa. Si trova in una posizione ideale vicino a Piazza Duomo, offrendo un ottimo accesso per assistere alla processione.

Palace Catania | UNA Esperienze. Indirizzo: Via Etnea, 218

Un lussuoso hotel a 4 stelle con un bar sul tetto che offre viste mozzafiato sul Monte Etna e sulla città. Situato lungo Via Etnea, una delle principali vie della processione di Sant'Agata, questo hotel è perfettamente posizionato per vivere appieno i festeggiamenti.

Le Suites del Duomo Luxury. Indirizzo: Piazza Duomo, 32

Un elegante bed and breakfast situato proprio in Piazza Duomo, che offre camere moderne con viste eccezionali sulla Cattedrale e sulla processione che passa direttamente di fronte.

Tutti questi hotel si trovano lungo il percorso della processione di Sant'Agata durante la festa.

Da Marzo ad Aprile

Celebrazioni Primaverili

Carnevale di Acireale: Lo Spettacolo della Sicilia

Carnevale di Acireale

Dove: Acireale

Quando: Febbraio / Marzo (la data varia ogni anno, circa 40 giorni prima di Pasqua).

Sito dell'evento: https://www.carnevaleacireale.eu/it

Temperature medie durante la festa: Massima: 14°C (57°F). Minima: 7°C (44°F).

Scoprire Acireale: Gioiello Barocco della Costa Ionica

Adagiata su una serie di terrazze laviche che si affacciano sul Mar Ionio, Acireale rappresenta un simbolo della resilienza siciliana e della sua splendida arte. Questa elegante cittadina, famosa per la sua architettura barocca ornamentale e le vivaci celebrazioni del carnevale, offre ai visitatori un insieme affascinante di bellezze naturali, ricchezza storica ed un'animata cultura siciliana. Situata tra le acque azzurre del Mediterraneo e la maestosa presenza del Monte Etna, Acireale invita ad esplorare le sue chiese sontuose, le piazze animate e le leggende affascinanti che hanno forgiato la sua identità.

La storia di Acireale è intrisa di miti e segnata da calamità naturali che hanno ripetutamente ridisegnato la città. Secondo la leggenda, l'area fu inizialmente abitata da Xiphonia, una ninfa che fuggiva dal ciclope Polifemo. Il nome della città deriva da Aci, un mitico pastore trasformato in dio-fiume, le cui storie sono intrecciate con il paesaggio locale.

La città moderna, tuttavia, cominciò a prendere forma nel XIV secolo, sviluppandosi attorno alla Basilica dei Santi Pietro e Paolo. Il momento decisivo per Acireale arrivò dopo il devastante terremoto del 1693, che distrusse gran parte della Sicilia orientale. Nella ricostruzione che seguì, la città emerse come esempio di architettura barocca siciliana, con grandiose chiese e palazzi che sorsero dalle rovine, realizzati con la pietra lavica scura che conferisce ad Acireale il suo aspetto distintivo.

Acireale occupa una posizione spettacolare sulla costa orientale della Sicilia, a circa 16 chilometri a nord di Catania. La città è costruita su un altopiano di roccia lavica, formato da antiche colate provenienti dal Monte Etna, che si erge maestosamente ad ovest. Questa altitudine, che si trova a circa 161 metri sopra il livello del mare, offre ad Acireale viste mozzafiato sul Mar Ionio e sulla costa frastagliata conosciuta come la Riviera dei Ciclopi.

Il territorio circostante è caratterizzato da coltivazioni di agrumi, che traggono beneficio dal fertile suolo vulcanico, e da spettacolari formazioni geologiche come la Timpa, una ripida scogliera vulcanica che separa la città dal mare.

Acireale ha una popolazione di circa 50.000 abitanti, rendendola una delle città più grandi della provincia di Catania.

Carnevale di Acireale

Il carnevale di Acireale è una delle celebrazioni pre-pasquali più famose d'Italia, che trasforma la città barocca in uno spettacolo vivace di arte, cultura e festività.

Situato vicino a Catania, sulla costa orientale della Sicilia, il carnevale di Acireale risale al XVI secolo. Iniziò come una semplice festività caratterizzata dal lancio scherzoso di agrumi e uova, ma nel tempo si è evoluto in uno degli eventi culturali più importanti dell'isola. L'introduzione della Cassariata—le sfilate di carri trainati da cavalli adornati nel XIX secolo—segnò un momento cruciale nella sua storia, gettando le basi per i carri allegorici elaborati che vediamo oggi.

Il Significato Cattolico del Carnevale

Il nome stesso "carnevale" rivela la sua profonda connessione con la fede cattolica. La parola deriva dal latino "carne" (carne) e "vale" (addio), che significa letteralmente "addio alla carne". Il carnevale segna gli ultimi giorni di indulgenza prima della Quaresima, il periodo di 40 giorni di digiuno e penitenza che precede la Pasqua. Durante la Quaresima, i cattolici tradizionalmente si astengono dal mangiare carne, rispecchiando un periodo di preparazione spirituale, pentimento e semplicità. Il carnevale, quindi, rappresenta un'ultima occasione di celebrazione e abbuffata prima che inizi questo periodo solenne.

La tempistica del carnevale è strettamente legata alla data di Pasqua, con i festeggiamenti che culminano il Martedì Grasso, il giorno prima del Mercoledì delle Ceneri, che segna l'inizio della Quaresima. Questo periodo di celebrazione spesso inizia anche un mese prima, accrescendo l'emozione e culminando nelle parate e negli eventi vivaci che precedono il Martedì Grasso.

Il carnevale di Acireale abbraccia questa tradizione gioiosa con le sue spettacolari sfilate di carri allegorici e fioriti, ognuno dei quali è un riflesso dell'arte e della satira locale. Il carnevale non è solo divertimento—simboleggia la dualità dei piaceri della vita e la riflessione che segue durante la Quaresima. Unisce il significato religioso storico con la creatività moderna, mantenendo il suo ruolo di evento sia culturale che spirituale in Sicilia.

I Momenti Salienti della Festa

La festa dura diverse settimane, culminando nei giorni precedenti al Martedì Grasso. Ogni giorno del carnevale offre uno spettacolo diverso, combinando espressione artistica, cultura locale e partecipazione della comunità. Ecco una panoramica di ciò che i visitatori possono aspettarsi durante la festa:

Weekend di Apertura

Le festività iniziano con una grande parata di apertura, che introduce la prima parte di Carri Allegorici Grotteschi. Queste monumentali creazioni, realizzate da artigiani locali in cartapesta, mostrano raffigurazioni satiriche di figure politiche e culturali. Man mano che la parata inizia, le strade si riempiono di spettatori entusiasti, ansiosi di vedere le creazioni di quest'anno.

I carri, alcuni dei quali raggiungono l'altezza di diversi piani, si fanno strada lentamente per la città. Ognuno presenta una caricatura unica, esagerando le caratteristiche e le azioni di personalità molto conosciute. I politici potrebbero essere visti in pose comiche; le loro politiche vengono derise attraverso astute metafore visive. Le icone culturali e le celebrità sono trasformate in figure giganti, con le loro personalità pubbliche giocosamente distorte.

Molti carri incorporano semplici automi, che aggiungono un elemento di movimento alle sculture. Le teste possono girare, le braccia agitarsi, o le bocche aprirsi e chiudersi in sincronia con discorsi registrati od effetti sonori. Questi elementi meccanici contribuiscono allo spettacolo complessivo, suscitando risate ed applausi dal pubblico.

L'arte è evidente nella pittura dettagliata e nella lavorazione sapiente della cartapesta. I colori vivaci ed i disegni elaborati catturano l'attenzione, mentre la grandezza dei carri impressiona gli spettatori. Ogni nuova creazione che passa provoca discussioni, divertimento e, a volte, dibattiti accesi tra il pubblico.

Questa parata imposta il tono per il carnevale, mostrando la creatività, l'umorismo e l'abilità artistica della comunità locale. È una celebrazione della satira e della maestria artigianale che unisce la città in uno spirito di festa ed espressione culturale.

Artisti di strada, tra cui giocolieri, acrobati e musicisti, invadono le strade per intrattenere la folla, mentre le bancarelle offrono cibi deliziosi, come sempre!

Eventi durante la Settimana

Durante i giorni feriali continuano le parate più piccole e laboratori per la realizzazione di maschere e la costruzione di carri sono disponibili per i visitatori che desiderano immergersi nel processo artistico. Sono anche comuni musicisti di strada e spettacoli teatrali, che creano un'atmosfera energetica e colorata.

Quando cala la sera, l'atmosfera del carnevale si trasforma con la Sfilata dei Carri Infiorati—le parate di carri ricoperti di fiori. Queste delicate opere floreali aggiungono una caratteristica romantica ed eterea ai festeggiamenti che si snodano attraverso le strade illuminate di Acireale.

Ogni carro è una straordinaria esposizione di bellezza naturale, interamente ricoperta da un vivace mosaico di fiori. Artigiani locali e fioristi lavorano instancabilmente per creare disegni elaborati utilizzando una varietà di fiori, dalle rose profumate e i garofani alle delicate margherite e le orchidee. I carri raffigurano varie scene e temi, spesso ispirandosi al folklore siciliano, alla natura o all'arte classica.

Quando la parata inizia, il dolce profumo di migliaia di fiori riempie l'aria, mescolandosi con la freschezza della brezza serale. La luce soffusa dei lampioni stradali illumina i carri, creando un'atmosfera magica che cattura gli spettatori. I petali sembrano scintillare e danzare nella luce delicata, dando vita alle sculture floreali.

La musica accompagna il corteo, con melodie tradizionali siciliane che fluttuano attraverso le strade. Il lento movimento dei carri consente agli spettatori di apprezzare i dettagli elaborati di ogni creazione, dalle gradazioni di colore accuratamente disposte alle figure tridimensionali formate interamente da fiori.

Gli spettatori si affollano lungo il percorso, i loro volti illuminati dallo stupore mentre assistono a questa fusione unica di natura ed arte. I bambini indicano con entusiasmo i loro disegni preferiti, mentre gli adulti si meravigliano dell'abilità e della pazienza necessarie per creare una bellezza così effimera.

La Sfilata dei Carri Infiorati offre un contrasto sereno e poetico rispetto alle precedenti parate satiriche, mostrando un diverso aspetto del patrimonio artistico di Acireale. È una celebrazione della bellezza della natura e della creatività umana, lasciando un'impressione duratura su tutti coloro che la osservano e aggiungendo un tocco di eleganza floreale al vivace mosaico delle festività del carnevale.

Ultimo Weekend (dal Sabato al Martedì Grasso)

La festa raggiunge il suo apice durante l'ultimo weekend, da sabato a Martedì Grasso. Questo periodo mette in mostra i Carri Allegorici più impressionanti—giganteschi carri che raggiungono i 12 metri di altezza, rappresentando il culmine dell'espressione artistica del carnevale. A differenza dei carri precedenti, questi colossi sono dotati di parti meccaniche elaborate che danno vita ai personaggi satirici, facendoli muovere e gesticolare per la gioia degli spettatori. Queste opere d'arte sono il risultato di mesi di lavoro meticoloso da parte degli artigiani locali, che combinano le tecniche tradizionali della cartapesta con la moderna ingegneria per creare spettacoli veramente impressionanti.

I Carri Allegorici sono le stelle di una gara molto attesa, giudicata su criteri come il merito artistico, la complessità tecnica e l'efficacia della satira. Questa competizione è una fonte di grande orgoglio ed accesa rivalità tra i diversi quartieri della città, ognuno in lotta per il prestigioso titolo di miglior carro. Accanto a queste grandiose esibizioni, le strade si animano con balli in maschera e concorsi di costumi per bambini ed adulti. I festaioli indossano abiti elaborati che vanno dai personaggi tradizionali siciliani a figure della cultura pop contemporanea, aggiungendo al carnevale una vivace trama di colore e creatività.

Martedì Grasso segna il gran finale del carnevale. La giornata è piena di un vortice di attività, tra cui le ultime parate dei carri in competizione e l'attesissima proclamazione dei vincitori del concorso. Con il calar della notte, tutti gli occhi si rivolgono al Mar Ionio, dove uno splendido spettacolo di fuochi d'artificio illumina il cielo. Questo straordinario spettacolo simboleggia sia la gioiosa conclusione del carnevale che l'inizio solenne della Quaresima, colmando il divario tra celebrazione e riflessione.

Durante tutte le festività, il carnevale di Acireale funge da potente piattaforma per l'espressione artistica e la cronaca sociale. Molti dei carri e delle performance offrono letture umoristiche e satiriche sugli eventi attuali, affrontando astutamente questioni politiche o tendenze culturali. Questa tradizione di satira permette alla comunità di interagire con e criticare le norme sociali in modo festoso ed accessibile. Inoltre, il carnevale svolge un ruolo fondamentale nella preservazione dei mestieri tradizionali. L'arte elaborata della costruzione dei carri in cartapesta viene tramandata di generazione in generazione, garantendo che questa forma unica di espressione artistica continui a prosperare nell'era moderna.

Perché Acireale?

Il carnevale di Acireale non è solo una celebrazione locale; è un punto di riferimento culturale che attira oltre 100.000 visitatori ogni anno, facendo lievitare la popolazione della città ben oltre i suoi soliti 50.000 abitanti. L'impatto economico è notevole, generando milioni di euro grazie al turismo, alle spese locali e alle vendite artigianali. Questa festa mantiene vive le tradizioni storiche di Acireale, offrendo al contempo una nuova e creativa interpretazione dell'identità culturale dinamica della Sicilia.

Che tu lo visiti per le parate colorate, i carri artistici, o semplicemente per immergerti nella cultura locale, il carnevale di Acireale offre un'esperienza indimenticabile, un'esibizione straordinaria dell'arte siciliana e dello spirito festivo.

Consigli Culinari Durante il Carnevale

Mentre ti godi il carnevale, non perdere i cibi tradizionali di strada come la pasta alla norma (un classico piatto di pasta con melanzane fritte, salsa di pomodoro, ricotta salata e basilico), le panelle (frittelle sottili e croccanti di farina di ceci, di solito servite in un panino con una spruzzata di limone), lo sfincione (una pizza spessa e soffice, condita con salsa di pomodoro, cipolle, acciughe e pangrattato, simile più alla focaccia che alla pizza tradizionale) e, naturalmente, i dolci tipici dell'isola come la cassata e la granita.

Giro a Piedi di Acireale

#1. Piazza del Duomo

Nel cuore di Acireale si trova la maestosa Piazza del Duomo, la piazza principale della città ed il punto di partenza ideale per il nostro giro. Questa grande piazza barocca è circondata da alcuni degli edifici più importanti di Acireale. Ammira la grandiosità dello spazio, osservando la pavimentazione elaborata in pietra lavica e la fontana centrale. Questa piazza è stata il centro della vita civica e religiosa di Acireale per secoli, ospitando di tutto, dai mercati quotidiani alle celebrazioni festive.

#2. Basilica Cattedrale di Santa Maria Annunziata

Il lato orientale di Piazza del Duomo è dominato dalla Cattedrale di Santa Maria Annunziata. Questa imponente struttura barocca, ricostruita dopo il terremoto del 1693, presenta una magnifica facciata adornata da colonne e statue. Entra per ammirare le volte affrescate, gli altari in marmo e la cappella dedicata a Santa

Venera, la santa patrona di Acireale. La cattedrale non è solo un centro religioso, ma una testimonianza della resilienza della città e dei suoi risultati artistici di fronte ai disastri naturali.

#3. Basilica di San Pietro e Paolo

Una breve camminata dalla cattedrale vi porta alla Basilica dei Santi Pietro e Paolo, una delle chiese più antiche di Acireale. Le sue origini risalgono al XVI secolo, anche se è stata significativamente ricostruita dopo il terremoto del 1693. La facciata barocca della chiesa è un capolavoro dell'artigianato locale, caratterizzata da elaborate lavorazioni in pietra e sculture. All'interno, ammirate gli affreschi e le cappelle decorate. Questa basilica è un esempio perfetto dell'architettura e dell'arte barocca siciliana.

#4. Palazzo Modò

Prosegui la passeggiata fino a Palazzo Modò, un magnifico esempio di architettura civile barocca. Questa residenza nobiliare, costruita nel XVIII secolo, è famosa per i suoi balconi elaborati, sorretti da figure grottesche – una caratteristica distintiva dell'interpretazione unica dello stile barocco di Acireale. Sebbene l'interno non sia generalmente aperto al pubblico, solo l'esterno vale la pena di essere ammirato per la sua raffinata maestria artigianale e per l'idea che offre sulla vita dell'aristocrazia di Acireale durante il periodo barocco.

#5. Chiesa di San Sebastiano

Di seguito, visita la Chiesa di San Sebastiano, un altro gioiello del patrimonio barocco di Acireale. Questa chiesa, dedicata a San Sebastiano, vanta una particolare facciata convessa che la distingue dagli altri edifici religiosi della città. L'interno è altrettanto impressionante, con elaborati stucchi e pregevoli dipinti. Presta particolare attenzione agli affreschi sul soffitto ed agli altari in marmo. L'architettura unica della chiesa e le ricche decorazioni la rendono una tappa imprescindibile per gli appassionati di arte e storia.

#6. Biblioteca Zelantea

A breve distanza si trova la Biblioteca Zelantea, una delle biblioteche pubbliche più antiche della Sicilia. Fondata nel XVIII secolo, ospita una vasta collezione di libri, manoscritti e documenti storici. Sebbene la funzione principale della biblioteca sia la ricerca, i visitatori possono ammirare la bellissima sala di lettura e, se fortunati, vedere alcuni dei volumi rari esposti. Questo sito offre uno spunto sulla storia intellettuale di Acireale e sul suo impegno nel preservare la conoscenza.

#7. Villa Belvedere

Continuando la camminata, arriverete a Villa Belvedere, un giardino pubblico che offre viste mozzafiato del Mar Ionio e della costa. Questo parco del XIX secolo è un luogo perfetto per riposarsi e godere della natura. La villa ospita diverse specie di piante, sentieri incantevoli e numerosi punti di osservazione. È particolarmente famosa per la sua terrazza panoramica, che regala vedute spettacolari del Monte Etna e della Riviera dei Ciclopi. Questa oasi verde nel cuore di Acireale è amata tanto dai residenti quanto dai visitatori per la sua bellezza e tranquillità.

#8. Piazza Lionardo Vigo

Proseguite verso Piazza Lionardo Vigo, dedicata ad un famoso poeta e studioso locale. Questa piazza è conosciuta per la sua bellissima Fontana delle Naiadi, realizzata all'inizio del XX secolo. La fontana rappresenta delle ninfe acquatiche mitologiche ed è un punto di ritrovo popolare tra i locali. La piazza offre un'atmosfera più rilassata rispetto alla grandiosa Piazza del Duomo ed è un ottimo posto per osservare la vita quotidiana di Acireale.

#9. Riserva Naturale della Timpa

Concludi il tuo giro con una visita alla Riserva Naturale della Timpa, raggiungibile tramite un sentiero panoramico dal centro della città. Quest'area protetta offre uno spettacolo straordinario del paesaggio vulcanico che caratterizza questa parte della Sicilia. La riserva presenta una serie di terrazze laviche che scendono ripidamente verso il mare, coperte da una lussureggiante vegetazione mediterranea. I sentieri escursionistici offrono viste spettacolari sulla costa e sul Monte Etna. La Timpa non è solo una meraviglia naturale, ma anche un sito archeologico importante, con resti di antichi insediamenti visibili lungo i percorsi.

Questo giro a piedi di 4-5 ore copre le principali attrazioni storiche, architettoniche e naturali di Acireale, offrendo un'esperienza completa della magnificenza barocca della città e della bellezza costiera. Ogni sito fornisce una visione unica del ricco patrimonio culturale di Acireale e della sua armoniosa fusione tra arte umana e meraviglie naturali.

Feste e Sagre ad Acireale Durante l'Anno

Festa dell'Epifania6 gennaioQuesta incantevole festa segna la conclusione cerimoniale della stagione natalizia ad Acireale, fondendo devozione religiosa con tradizioni folkloristiche. Il centro storico della città si trasforma in un quadro vivente, con un elaborato presepe vivente nel quale i residenti locali indossano costumi d'epoca per ricreare scene bibliche. Il momento culminante della celebrazione è l'attesissimo arrivo della Befana, una figura amata del folklore italiano, rappresentata come una strega gentile che porta regali ai bambini.

Festa di San Sebastiano

20 gennaio

Una delle celebrazioni religiose più significative della città, la Festa di San Sebastiano ha un'importanza particolare nel calendario spirituale di Acireale. La festa onora San Sebastiano, il martire cristiano del III secolo noto come protettore contro la peste e le malattie. La celebrazione inizia con una messa solenne presso la Chiesa di San Sebastiano, seguita da una sfarzosa processione per le strade barocche della città.

La processione è accompagnata dalla statua d'argento decorata del santo, portata sulle spalle dei fedeli (chiamati portatori), che considerano questo compito un grande onore tramandato di generazione in generazione. Il viaggio della statua è accompagnato dalla storica banda musicale della città, che suona marce tradizionali ed inni religiosi. Le confraternite locali, vestite con i loro abiti cerimoniali, partecipano alla processione portando antichi stendardi e simboli religiosi.

Durante la festa, le strade sono fiancheggiate da bancarelle che vendono prelibatezze locali come pasta alla Norma, arancini e tradizionali dolci di mandorla. La serata culmina in uno splendido spettacolo di fuochi d'artificio sopra il paesaggio urbano barocco, con i migliori punti panoramici lungo Via Galatea.

Settimana Santa

La settimana che precede la Domenica di Pasqua (le date variano ogni anno)

Le celebrazioni della Settimana Santa ad Acireale rappresentano alcune delle tradizioni religiose più suggestive della Sicilia. La settimana inizia con la Domenica delle Palme, quando i rami di ulivo (usati tradizionalmente al posto delle palme in Sicilia) vengono benedetti e distribuiti ai fedeli. Ogni giorno presenta cerimonie e processioni distinte, con gli eventi più significativi che si svolgono durante il Triduo (dal Giovedì Santo alla Domenica di Pasqua).

Durante il Giovedì Santo, le chiese di Acireale preparano i loro "Sepolcri" – elaborati altari decorati con germogli di grano cresciuti al buio (simbolo della morte e risurrezione di Cristo), circondati da fiori e candele. Le famiglie locali tradizionalmente visitano sette chiese quella sera, una pratica conosciuta come "La Visita dei Sepolcri."

Il Venerdì Santo segna la processione più solenne, la "Processione dei Misteri," che presenta gruppi scultorei a grandezza naturale raffiguranti scene della passione di Cristo. Questi gruppi processionali, alcuni risalenti al XVIII secolo, vengono portati attraverso le strade illuminate dalle torce, mentre le "Lamentazioni" (canti funebri tradizionali) vengono intonati dai cori locali.

La Domenica di Pasqua trasforma l'atmosfera della città con celebrazioni gioiose, tra cui la cerimonia della "Madonna che Scappa" in Piazza Duomo, dove una statua della Vergine Maria viene portata di corsa ad incontrare il Cristo risorto, un momento celebrato con il rilascio di colombe nel cielo e le campane delle chiese che suonano in tutta la città.

Festa del Limone

Normalmente si svolge a giugno

Celebrando l'illustre patrimonio agrumicolo di Acireale, la Festa del Limone mette in mostra i pregiati limoni locali, in particolare la varietà Femminello IGP, conosciuta per il suo intenso profumo ed il contenuto di olio essenziale. La festa trasforma le principali vie della città in una mostra a tema agrumicolo, con esposizioni elaborate caratterizzate da migliaia di limoni disposti in forme artistiche.

I produttori locali presentano una varietà di prodotti a base di limone, dai tradizionali limoncello e marmellate alle innovazioni moderne in cosmetici e prodotti per la casa. Le attrazioni culinarie comprendono dimostrazioni da parte degli chef di piatti siciliani classici a base di limone, come la pasta al limone, la granita al limone e la famosa insalata di limone con cipolle rosse.

Festa di Santa Venera

26 luglio

La Festa di Santa Venera è la celebrazione religiosa e culturale di punta di Acireale, che onora la santa patrona della città con una magnificenza che attira visitatori da tutta la Sicilia. Santa Venera, una martire del II secolo, è profondamente venerata ad Acireale, con celebrazioni che si estendono per diversi giorni attorno alla sua festa.

La festa inizia con l'apertura dell'urna d'argento che contiene le reliquie della santa, custodita nella Cattedrale. La processione principale è caratterizzata dalla grande vara (carro cerimoniale) d'argento della santa, portata da oltre cento fedeli portatori, seguita da confraternite religiose, bande musicali e migliaia di devoti con candele tradizionali chiamate "torce."

Il percorso della processione attraversa strade decorate con cura, con gli edifici barocchi illuminati da artistiche installazioni di luci conosciute come luminarie. I cibi di strada tradizionali, come le scacciate (focacce ripiene) e gli iris (dolci fritti), vengono venduti da bancarelle sparse nel centro storico.

La celebrazione culmina con un famoso spettacolo di fuochi d'artificio sulla costa della Timpa, considerato uno dei migliori spettacoli pirotecnici della Sicilia, con effetti unici che si riflettono sul Mar Ionio. Gli artisti pirotecnici locali competono per creare il più spettacolare dei fuochi d'artificio, una tradizione che risale a secoli fa.

Festa dei Sapori e dei Saperi

Generalmente si svolge ad ottobre

Questa festa autunnale celebra il ricco patrimonio gastronomico e culturale di Acireale e dei suoi dintorni. Sullo sfondo della stagione del raccolto, la festa trasforma il centro storico della città in un museo all'aperto delle tradizioni culinarie siciliane.

I produttori locali allestiscono aree tematiche dedicate ai vari aspetti della cucina regionale: dagli specialisti del cibo di strada che preparano arancini e scacciate ai pasticceri che mostrano prelibatezze tradizionali come la pasta di mandorle (pasticcini alle mandorle) e la granita con brioche. Chef esperti conducono laboratori su ricette tradizionali, con un'attenzione particolare sui piatti che rappresentano la posizione unica di Acireale tra il Monte Etna ed il Mar Ionio.

La componente dei "saperi" include dimostrazioni di arti tradizionali come la creazione di pupi, la pittura su ceramica e la lavorazione del merletto. Gli eventi culturali comprendono spettacoli di musica e danza tradizionali, sessioni di racconti sulle leggende locali e conferenze sulla storia culinaria della zona.

Opzioni per Gite di un Giorno: Siti, Città e Paesi Vicini

Aci Castello. 13 chilometri (8 miglia). Aci Castello è un pittoresco paese costiero noto per il suo castello normanno, situato su una scogliera rocciosa che si affaccia sul mare. I visitatori possono esplorare il castello, che ospita un piccolo museo con reperti locali. Il paese offre anche splendide viste sulle Isole Ciclopi e dispone di numerosi ristoranti di pesce incantevoli. È un'ottima destinazione per una giornata di relax al mare e per immergersi nella storia locale.

Riserva Naturale Cavagrande del Cassibile. 115 chilometri (71 miglia). Questa riserva naturale vanta uno spettacolare canyon scavato dal fiume Cassibile. Il punto forte è una serie di piccoli laghi conosciuti come "laghetti", dove i visitatori possono nuotare in acque cristalline. I sentieri per escursioni offrono panorami mozzafiato sul canyon e sul paesaggio circostante. È un posto ideale per gli appassionati della natura, gli escursionisti e chi cerca di scappare dalla calura estiva.

Logistica

Treno: Acireale dispone di una stazione ferroviaria (Stazione di Acireale) situata a circa 2 km dal centro città. È sulla linea Messina-Catania, con collegamenti regolari verso le principali città come Catania (20-30 minuti) e Taormina (40-50 minuti). Dalla stazione, è possibile prendere un autobus locale o un taxi per raggiungere il centro storico.

Autobus: AST (Azienda Siciliana Trasporti) gestisce i servizi di autobus locali all'interno di Acireale e verso i paesi vicini.

Autobus Regionali: SAIS Trasporti e Interbus collegano Acireale con altre città siciliane. La principale stazione degli autobus si trova vicino a Piazza Duomo, nel centro città.

Auto: Raggiungere Acireale in auto è comodo tramite l'autostrada A18 (Messina-Catania).

Parcheggio: Sono disponibili diverse opzioni di parcheggio:

- Parcheggio Capomulini: Una grande area di sosta situata vicino alla costa.

- Parcheggio nel centro storico: Fate attenzione che alcune zone del centro storico hanno zone a traffico limitato (ZTL).

Consigli per Mangiare

Ristorante Pizzeria La Vela. Indirizzo: Strada Provinciale 2, 55

Situato lungo la pittoresca costa, il Ristorante Pizzeria La Vela offre un'esperienza gastronomica rilassante con spettacolari viste sul mare. Il ristorante è noto per la sua cucina italiana autentica e per una vasta varietà di pizze preparate con ingredienti freschi e locali. Popolare sia tra i residenti che i visitatori, è il luogo ideale per gustare piatti tradizionali, mentre si ammira la bellezza del Mediterraneo. L'atmosfera calda ed informale ed il servizio amichevole lo rendono perfetto per famiglie e gruppi.

Trattoria Lo Scalo. Indirizzo: Viale Jonio, 25

Un gioiello per gli amanti del pesce, la Trattoria Lo Scalo è specializzata in piatti tradizionali siciliani a base di pesce. Con un'attenzione particolare alla freschezza, il ristorante serve una varietà di pesci e frutti di mare pescati localmente, preparati con ricette tramandate nel tempo che celebrano l'eredità culinaria dell'isola. Situata vicino al mare, la trattoria offre un'atmosfera tranquilla e rilassata dove gli ospiti possono gustare i ricchi sapori siciliani. I piatti tipici includono pesce alla griglia, pasta con frutti di mare e antipasti sostanziosi, tutti serviti con la calda ospitalità siciliana.

Dove Dormire

*Grand Hotel Maugeri. Indirizzo: Piazza Garibaldi, 27

Un hotel a 4 stelle situato nel centro storico di Acireale, a soli 5 minuti a piedi dalla cattedrale. Questo hotel offre comfort moderni, tra cui camere spaziose, parcheggio gratuito ed un ristorante che serve cucina siciliana.

*Best Western Hotel Santa Caterina. Indirizzo: Via Santa Caterina, 42/b

Questo hotel molto apprezzato offre splendide viste sul mare ed è a pochi passi dal percorso del carnevale. Con camere confortevoli, una terrazza panoramica ed un ristorante che serve cucina siciliana locale, è un posto perfetto per godere dell'atmosfera vivace del carnevale, pur rilassandosi in un ambiente sereno.

*Ibis Styles Catania Acireale. Indirizzo: Via Madonna delle Grazie, 98/A/B

Questo hotel eco-friendly si trova a breve distanza dal percorso delle parate ed offre camere moderne e spaziose, Wi-Fi gratuito e parcheggio. È un'ottima opzione per chi desidera un facile accesso sia alle festività del carnevale che alle attrazioni vicine, come la costa di Catania.

*Questi hotel sono situati vicino al percorso delle parate del Carnevale.

Capitolo Ventisette
Settimana Santa e Pasqua a Caltanissetta

La Settimana Santa e La Pasqua

Dove: Caltanissetta

Quando: La settimana che precede la Pasqua; le date variano ogni anno, ma solitamente a marzo o aprile.

Temperature medie della festa: Massima: 19°C (66°F). Minima: 9°C (48°F).

Scoprire Caltanissetta: Il Cuore dell'Entroterra Siciliano

Immersa tra le colline ondulate della Sicilia centrale, Caltanissetta è una testimonianza della storia diversificata dell'isola e della resilienza delle sue comunità interne. Spesso trascurata dai turisti diretti verso la costa, questo capoluogo di provincia offre un vero assaggio della vita siciliana, lontano dalle zone affollate. Con la sua storia mineraria, i suoi edifici barocchi e la sua posizione ad un antico incrocio commerciale, invita i visitatori a scoprire un lato meno conosciuto della Sicilia.

La storia di Caltanissetta risale ai tempi antichi, con prove di insediamenti risalenti ai Sicani e Siceli, i primi abitanti dell'isola. Il nome della città si ritiene derivi dall'arabo "Qal'at an-Nisa", che significa "Castello delle Donne", alludendo alla sua importanza durante la dominazione araba della Sicilia.

Tuttavia, fu durante la conquista normanna nell'XI secolo che Caltanissetta acquisì importanza. La città prosperò sotto i successivi regnanti, tra cui la famiglia Chiaramonte nel XIV secolo, che lasciò il suo segno nel tessuto urbano. La scoperta di depositi di zolfo nel XIX secolo trasformò Caltanissetta in un centro chiave dell'industria mineraria siciliana, portando sia prosperità che sconvolgimenti sociali che avrebbero plasmato la sua identità moderna.

Caltanissetta si trova nel cuore della Sicilia, a circa 95 chilometri a sud-est di Palermo e a 140 chilometri a nord-ovest di Siracusa. La città è costruita su una serie di colline ad un'altitudine di circa 600 metri sul livello del mare, offrendo viste panoramiche sulla campagna circostante. Questa posizione interna, lontana dalle zone costiere che dominano il turismo siciliano, ha contribuito a preservare il carattere autentico di Caltanissetta. Il paesaggio attorno alla città è caratterizzato da colline dolcemente ondulate, campi di grano e resti delle un tempo fiorenti miniere di zolfo, creando una combinazione unica di patrimonio naturale e industriale.

Caltanissetta ha una popolazione di circa 60.000 abitanti, rendendola una città di dimensioni medie per gli standard siciliani. Un tempo fortemente dipendente dall'industria mineraria dello zolfo, l'economia si è diversificata negli ultimi decenni. L'agricoltura rimane un settore importante, con la produzione di grano, mandorle ed olive che rappresentano risorse significative.

Settimana Santa e Pasqua

La Settimana Santa e la Pasqua in Sicilia sono momenti di profondo significato culturale e spirituale, offrendo un'esperienza unica ai visitatori di tutte le provenienze. Pur essendo profondamente radicate nelle tradizioni cattoliche, queste celebrazioni mettono anche in risalto la ricca storia, l'arte e lo spirito di comunità della Sicilia. Che tu sia un devoto cattolico, un seguace di un'altra fede o semplicemente un viaggiatore curioso, lo spettacolo e l'emozione di questi eventi possono essere profondamente commoventi e illuminanti.

La settimana di Pasqua in Sicilia è un periodo splendido, con il sole primaverile che riscalda le giornate e la natura che prende vita. Sebbene Caltanissetta sia il nostro punto di riferimento per esplorare le tradizioni pasquali, l'isola offre una ricchezza di esperienze in varie città. Con un'auto, è facile accedere a numerosi eventi della Settimana Santa, ciascuno con il proprio sapore locale e le proprie usanze. Tuttavia, è importante notare che le sistemazioni possono essere limitate durante questo periodo popolare, quindi la pianificazione è essenziale.

La Resurrezione di Cristo è al cuore delle celebrazioni pasquali, segnando il culmine della Sua missione redentrice. La data della Domenica di Pasqua varia ogni anno, cadendo la prima domenica dopo la prima luna piena di primavera, tra il 22 marzo e il 25 aprile. Questa festa mobile influenza la tempistica di altre osservanze religiose, come l'Ascensione e la Pentecoste. Anche il Lunedì dell'Angelo è riconosciuto come festa nazionale in tutta Italia ed in gran parte d'Europa, prolungando il periodo festivo.

Per i cattolici, la Pasqua è preceduta dalla Quaresima, un periodo di digiuno e riflessione. Sebbene molti siciliani osservino queste tradizioni in modo privato, i visitatori possono assistere agli aspetti pubblici delle celebrazioni. La mattina di Pasqua inizia solitamente con la Messa, seguita da raduni festosi. Per coloro che sono interessati a sperimentare le usanze locali, alcuni agriturismi e ristoranti a conduzione familiare offrono piatti tradizionali pasquali, come l'agnello arrosto ed i carciofi. Sebbene molti negozi chiudano per le festività, i servizi essenziali ed i trasporti pubblici generalmente rimangono operativi, sebbene con orari ridotti.

La Settimana Santa trasforma la Sicilia in un vivace mosaico di processioni religiose, antichi rituali ed eventi comunitari. Queste cerimonie attirano pellegrini e turisti da tutto il mondo, creando un'atmosfera unica che mescola devozione, tradizione e spettacolo. Anche per i visitatori non religiosi, il significato storico e culturale di questi eventi offre uno spunto affascinante sul patrimonio della Sicilia e sulla potenza duratura delle tradizioni della comunità.

Processione della Domenica delle Palme

Le celebrazioni della Domenica delle Palme a Caltanissetta segnano l'inizio della Settimana Santa con una fusione di rituale solenne e spirito di comunità. La giornata inizia con una Messa speciale presso la Cattedrale di Caltanissetta, dove il sacerdote benedice i rami di palma e le fronde d'ulivo. Questi rami benedetti, che simboleggiano le folle che accolsero Gesù a Gerusalemme, rivestono un ruolo cruciale nelle cerimonie di questa giornata e hanno un profondo significato per i fedeli.

La Processione

Dopo la Messa, una grande processione si snoda per le strade di Caltanissetta, partendo dalla Cattedrale. Questa processione è una vivace espressione di fede e tradizione, che unisce diverse parti della comunità. I membri delle confraternite locali, il clero ed i parrocchiani formano il nucleo del corteo, molti dei quali portano i loro rami di palma appena benedetti. L'inclusione di bambini e famiglie nella processione sottolinea l'importanza dell'evento come forza unificante all'interno della comunità, creando un ponte tra le generazioni in una comune espressione di devozione.

Lo spettacolo visivo della processione è arricchito dai costumi tradizionali indossati da molti partecipanti, in particolare da quelli appartenenti alle confraternite religiose. Le loro vesti tradizionali aggiungono uno strato di ricchezza storica e culturale all'evento, collegando gli osservatori contemporanei a secoli di tradizioni siciliane. Mentre la processione si snoda per la città, è accompagnata dal suono di musica tradizionale e canti, creando un'atmosfera che è sia spirituale che emotivamente coinvolgente.

Lungo il percorso della processione, ci sono delle fermate designate per preghiere e riflessioni. Queste pause servono come momenti di meditazione collettiva, permettendo ai partecipanti di contemplare i significati più profondi della Domenica delle Palme e della settimana che sta per iniziare. Questi brevi intervalli di riflessione silenziosa, in mezzo alla solennità della processione, offrono un'esperienza equilibrata di celebrazione comunitaria e viaggio spirituale personale.

Le celebrazioni della Domenica delle Palme a Caltanissetta, dunque, rappresentano un potente preludio alla Settimana Santa, dando tonalità alle osservanze solenni e gioiose che seguiranno. Esse esemplificano come la tradizione religiosa, la partecipazione della comunità ed il patrimonio culturale si intreccino nelle celebrazioni pasquali siciliane, creando un'esperienza che ha risonanza sia tra i locali che tra i visitatori.

Martedì Santo: Continuazione delle Attività Devozionali

Anche se non ci sono grandi processioni il Martedì Santo, le chiese locali celebrano spesso messe speciali e continuano i preparativi per gli eventi più avanti durante la settimana. È una buona giornata per esplorare i luoghi religiosi della città ed osservare le comunità mentre si preparano per le prossime processioni.

Mercoledì Santo: Processione della Real Maestranza

La Real Maestranza di Caltanissetta è una delle tradizioni più antiche e prestigiose della Sicilia, profondamente radicata nelle celebrazioni della Settimana Santa della città. Risalente al XVI secolo, la corporazione fu originariamente formata da vari artigiani che ebbero un ruolo importante sia nella vita religiosa che in quella sociale della città. Durante la dominazione spagnola in Sicilia, queste corporazioni erano una parte essenziale della società urbana, non solo rappresentando i diversi mestieri, ma anche svolgendo funzioni civili e religiose, come l'assistenza nelle opere pubbliche e la partecipazione agli eventi religiosi maggiori. Il nome della corporazione, "Real", fu probabilmente conferito da un monarca spagnolo, a riconoscimento della loro fedeltà e servizio alla città.

Nel cuore della processione del Giovedì Santo, la Real Maestranza occupa una posizione centrale durante la Settimana Santa di Caltanissetta, un momento culminante del calendario religioso della città. I membri indossano abiti tradizionali neri, completi di mantello, guanti e cilindro, che riflettono il tono solenne dell'occasione religiosa. Portano anche gli stemmi dei loro rispettivi mestieri, che possono rappresentare professioni come fabbri, falegnami, panettieri od orafi. Oltre agli abiti neri, i membri portano spade cerimoniali, che simboleggiano il loro ruolo storico come protettori della città e della Chiesa, incarnando la loro lealtà sia verso il loro mestiere che verso la fede.

Ogni anno, un capitano viene eletto tra i membri della corporazione, incaricato di guidare la processione e di portare la spada cerimoniale. Il Capitano rappresenta la corporazione in tutte le questioni ufficiali e gioca un ruolo centrale nei rituali religiosi della Settimana Santa. Uno dei momenti più simbolici della processione si verifica quando il Capitano, in un atto di umiltà, posa la spada ai piedi del Vescovo di Caltanissetta. Questo gesto rappresenta la sottomissione della corporazione alla Chiesa e la sua dedizione radicata alla fede e alla tradizione.

La processione del Giovedì Santo, guidata dalla Real Maestranza, è conosciuta come la Processione della Real Maestranza. Questa grande processione ha inizio dalla Cattedrale di Santa Maria la Nova e si snoda attraverso le strade di Caltanissetta, coinvolgendo l'intera comunità. La processione, accompagnata da altri gruppi religiosi e confraternite, ritorna alla cattedrale per una solenne cerimonia religiosa, segnando uno degli eventi più toccanti della Settimana Santa.

Giovedì Santo: Processione delle Statue Vare

Il Giovedì Santo a Caltanissetta, i visitatori possono assistere ad uno degli eventi più profondi e visivamente affascinanti della Settimana Santa: la Processione delle Vare. Questa processione, che fa parte della tradizione della città sin dal 1700, presenta 16 gruppi di statue a grandezza naturale che rappresentano diverse scene dalla Passione di Cristo. Queste statue vengono portate attraverso le storiche strade di Caltanissetta, accompagnate da emozionanti marce funebri eseguite da bande locali e regionali.

Cosa Vedere e Sperimentare

Le Statue Vare: Le statue, realizzate in legno, terracotta e cartapesta, furono create dalla rinomata famiglia Biangardi, scultori napoletani. Ognuna rappresenta un momento unico della Passione di Cristo, come l'Ultima Cena, la Crocifissione e la Pietà, dando vita a queste scene sacre con dettagli vividi. Le statue sono magnificamente adornate con fiori e candele, e la loro maestria elaborata offre uno spunto sul patrimonio artistico della Sicilia.

Il Percorso della Processione

La processione inizia al tramonto e si snoda per le strette e storiche strade di Caltanissetta, creando una potente esperienza visiva sullo sfondo dell'antica architettura della città. Migliaia di spettatori si allineano lungo le strade, molti con candele in mano e osservando in silenzio mentre le statue passano. La processione è intenzionalmente lenta, enfatizzando la riflessione e la devozione.

Musica e Atmosfera

Il suono delle marce funebri, eseguite dalle bande siciliane, contribuisce ad amplificare l'atmosfera profondamente solenne ed emotiva. La musica accresce l'intensità spirituale dell'evento e risuona in tutta la città, rafforzando la natura riflessiva della processione.

La Spartenza (Separazione)

Con l'avanzare della notte, la processione arriva in Piazza Garibaldi, dove avviene l'atto finale conosciuto come la Spartenza. Qui, le statue vengono separate e riportate alle loro rispettive chiese o abitazioni, simboleggiando la fine del viaggio comunitario attraverso la Passione di Cristo. Questo momento è altamente simbolico, segnando la conclusione dei rituali del Giovedì Santo.

La Processione del Giovedì Santo è una parte fondamentale della Settimana Santa di Caltanissetta ed offre un'opportunità unica per vivere le ricche tradizioni, la spiritualità profonda ed il patrimonio artistica della città. Che tu sia religioso o meno, l'atmosfera, il folklore e la storia rendono questo evento indimenticabile.

Venerdì Santo: Processione del Cristo Nero

Il Venerdì Santo a Caltanissetta, l'evento più importante è la Processione del Cristo Nero, un'occasione profondamente commovente e solenne. La giornata è caratterizzata dal silenzio, dal lutto e dalla riflessione mentre la comunità si raccoglie per ricordare la crocifissione di Gesù.

La figura centrale della processione è il Cristo Nero, un venerato crocifisso in legno risalente al XV secolo. Si dice che questo crocifisso sia stato scoperto in una grotta da due raccoglitori di erbe locali, o fogliamari, e da allora è diventato uno dei simboli religiosi più venerati della città. Durante la processione, i fogliamari, vestiti con tuniche viola e a piedi nudi come segno di penitenza, portano il crocifisso attraverso le strade sulle loro spalle. Accompagnata da musica malinconica e lamenti in dialetto siciliano, la processione si snoda nel quartiere di San Francesco ed attraversa la città.

I partecipanti non includono solo i fogliamari, ma anche gli artigiani locali che rappresentano la Real Maestranza, insieme a clero, suore, monaci e pubblico. Molti dei fedeli camminano a piedi nudi come espressione di devozione, adempiendo voti o chiedendo la grazia divina. La processione è seguita da enormi folle, e la sua solennità riflette la profonda connessione spirituale che il popolo di Caltanissetta ha con questa tradizione secolare.

Questo evento è una parte emotivamente intensa ed altamente simbolica della Settimana Santa della città, offrendo ai visitatori l'opportunità di assistere ad una delle espressioni di fede più potenti della Sicilia.

Sabato Santo

Il Sabato Santo a Caltanissetta, l'atmosfera rimane di riflessione ed attesa mentre la città aspetta la celebrazione della Resurrezione. La giornata è principalmente caratterizzata da un'atmosfera solenne e contemplativa, poiché non ci sono processioni o eventi pubblici significativi durante il giorno. Il Sabato Santo è tradizionalmente un giorno di silenzio, preghiera e preparazione nel calendario cristiano, in cui i fedeli meditano sulla morte e sulla sepoltura di Cristo.

Durante la sera, l'attenzione si sposta verso la Veglia Pasquale, che si celebra nella Cattedrale di Santa Maria la Nova. Questa funzione è una delle più significative dell'anno liturgico cattolico. La veglia inizia con la benedizione del nuovo fuoco e l'accensione della candela pasquale, simbolo della luce di Cristo che ritorna nel mondo. La funzione è accompagnata da letture, preghiere ed inni che celebrano la vittoria di Cristo sulla morte. Questo evento gioioso culmina con l'annuncio della Resurrezione, segnando il passaggio dal lutto alla celebrazione.

Veglia Pasquale (Messa fino a mezzanotte la notte precedente la Pasqua)

Sebbene il Sabato Santo stesso sia più tranquillo rispetto alle processioni dei giorni precedenti, la Veglia Pasquale è un importante evento spirituale che prepara la città per le gioiose celebrazioni della Domenica di Pasqua. Se i visitatori si trovano a Caltanissetta in questo periodo, possono partecipare alla veglia e vivere i potenti riti liturgici che sono tradizioni venerate da secoli.

Domenica di Pasqua

La Domenica di Pasqua a Caltanissetta, l'atmosfera si trasforma passando dalla solennità della Settimana Santa alla gioia e alla celebrazione, mentre la città si prepara alla Resurrezione di Cristo. La giornata inizia con una Messa solenne nella Cattedrale di Santa Maria la Nova, dove i fedeli si riuniscono per celebrare il culmine della stagione pasquale.

Dopo la Messa, il momento culminante della giornata è la Processione della Resurrezione, guidata dalla Real Maestranza. In contrasto con i cupi abiti neri indossati all'inizio della settimana, i membri della Maestranza ora indossano guanti, cravatte e calze bianche, simboleggiando la gioia e la rinascita della Pasqua. Accompagnati da una vivace banda musicale, attraversano le strade verso la residenza del vescovo. La processione si conclude in Piazza Garibaldi, dove il vescovo benedice la folla e vengono liberate delle colombe in cielo, simboleggiando la pace e la Resurrezione.

Il Capitano della Real Maestranza, che gioca un ruolo importante durante tutta la Settimana Santa, restituisce formalmente le chiavi della città al Sindaco, simboleggiando la fine dei doveri cerimoniali della Maestranza per la settimana. Questo evento segna la conclusione della Settimana Santa di Caltanissetta, portando un senso di rinnovamento e trionfo spirituale.

Il Lunedì Santo (Lunedì dell'Angelo, noto anche come La Pasquetta). Il Lunedì Santo fa parte dell'Ottava di Pasqua, che estende l'osservanza della Resurrezione per otto giorni. La gioia e la vittoria di Cristo sulla morte continuano ad essere al centro dell'attenzione. È una festa nazionale in Italia, un giorno durante il quale gli italiani escono e fanno un picnic o festeggiano all'aperto con la famiglia e gli amici.

A Caltanissetta per la Settimana Santa?

Considerate di visitare gli eventi della Settimana Santa nelle vicinanze per un'esperienza più profonda delle ricche tradizioni della regione.

Queste città sono nelle vicinanze ed offrono esperienze ed eventi unici durante questa settimana. Potete visitare quattro città, visitare alcuni siti e godere delle loro celebrazioni.

Enna. Situata a 34 chilometri (21 miglia) da Caltanissetta, Enna è famosa per la sua suggestiva Processione del Cristo Morto il Venerdì Santo, che vede migliaia di membri incappucciati delle confraternite religiose. La sua posizione elevata offre vedute spettacolari ed un suggestivo scenario per la solenne processione illuminata dalle torce.

Gela. A 60 chilometri (37 miglia) da Caltanissetta, Gela celebra la Settimana Santa con processioni tradizionali, come la Processione del Venerdì Santo. Questa cittadina costiera offre una prospettiva unica sulle tradizioni pasquali siciliane.

Caltagirone. Lontana 62 chilometri (39 miglia), Caltagirone è celebre per il suo patrimonio artistico e culturale che si intreccia con le tradizioni della Settimana Santa. La Processione del Cristo Morto: Caltagirone è conosciuta per la sua architettura barocca, che serve da scenario straordinario per la solenne processione del Venerdì Santo. Durante questo evento, una statua di Cristo a grandezza naturale, posta in una bara di vetro, viene portata per le strade, accompagnata da confraternite religiose e cittadini vestiti con abiti tradizionali. L'atmosfera è di profonda reverenza e riflessione, arricchita dalle strade illuminate dalle candele e dalla musica triste suonata dalle bande locali. Questa processione unica incarna secoli di tradizione ed offre un'esperienza potente per i visitatori.

I Dolci Pasquali

Le persone in tutta Italia celebrano la Pasqua con una varietà di tradizioni culinarie che variano da regione a regione, ma ci sono diversi piatti che sono comunemente apprezzati. Ecco alcuni dei cibi pasquali più popolari in Sicilia.

Colomba di Pasqua: La Colomba di Pasqua è una torta tradizionale italiana a forma di colomba, simbolo di pace e rinascita. È preparata con un impasto ricco e morbido, aromatizzato con frutta candita e ricoperta da una croccante glassa di mandorle, rendendola un dolce popolare durante le celebrazioni pasquali in tutta Italia.

Capretto al Forno: Per preparare un piatto tradizionale di Pasqua chiamato capretto al forno, le persone usano erbe, aglio e a volte limone, e lo fanno arrostire fino a quando diventa tenero e saporito.

Pizza Rustica: Anche conosciuta come "Torta Pasqualina", è una torta salata ripiena di un misto di ricotta, spinaci o altre verdure e talvolta uova. Ha una crosta ricca e burrosa e le persone spesso la consumano come antipasto o contorno.

Frittata di Agnello: Questo piatto presenta l'agnello, cucinato generalmente con cipolle, erbe e uova, per creare una frittata saporita.

Crespelle: Frittelle sottili ripiene di vari ingredienti come ricotta, spinaci o prosciutto, e poi cotte al forno con salsa di pomodoro.

Pupi cu l'Ogghiu (Marionette con l'Olio): I Pupi cu l'Ogghiu sono biscotti tradizionali siciliani preparati con un impasto semplice a base di farina, zucchero ed olio d'oliva, solitamente modellati in forme di animali o burattini. Questi biscotti sono popolari durante i periodi festivi, in particolare durante la Pasqua, e vengono spesso decorati con colori vivaci o uova sode.

Piatti di Agnello: Numerose ricette a base di agnello, preparate con erbe e spezie locali, sono comuni durante la Pasqua in Sicilia, inclusi stufati, agnello alla griglia ed agnello brasato.

Uova di Pasqua: Oggigiorno, le uova di cioccolato sono una tradizione diffusa in tutta Italia durante la Pasqua. Tuttavia, le uova in Italia sono diverse da quelle che ci immaginiamo in America. Puoi trovare uova di cioccolato che sono grandi quanto la tua borsa o anche la tua valigia. Sono vuote, ma all'interno ci sono giocattoli, peluche e quasi un cestino pasquale dentro un uovo. Possono costare 60, 100 o anche 500 euro. Si tratta di una tradizione unica.

Giro a Piedi di Caltanissetta

#1. Piazza Garibaldi

La piazza centrale di Caltanissetta, un punto di riferimento per la vita locale, è un ottimo luogo per iniziare la vostra esplorazione. La statua di Giuseppe Garibaldi, l'eroe rivoluzionario italiano, si erge in bella vista nel centro della piazza.

#2. Duomo di Caltanissetta

La Cattedrale di Caltanissetta, dedicata sia all'Immacolata Concezione che a San Michele Arcangelo, è un esempio straordinario di architettura barocca e neoclassica. Situata in Piazza Garibaldi, la cattedrale fu completata nel 1622 e presenta un magnifico interno decorato con affreschi del pittore fiammingo Guglielmo Borremans. Realizzati tra il 1720 e il 1721, gli affreschi raffigurano scene della vita della Vergine Maria, come l'Immacolata Concezione, l'Incoronazione della Vergine, ed il trionfo di San Michele.

La struttura della cattedrale segue la pianta a croce latina, con tre navate e 14 archi che donano al luogo un senso di grandiosità e luminosità. Degne di nota all'interno della cattedrale sono la statua dell'Immacolata Concezione (1760), realizzata meravigliosamente con drappeggi d'argento, e la maestosa statua lignea di San Michele del XVII secolo, che simboleggia il ruolo del santo come protettore della città.

#3. Chiesa di San Francesco d'Assisi

La Chiesa di San Francesco d'Assisi a Caltanissetta è un notevole esempio di architettura barocca siciliana. Costruita nel XVII secolo, la chiesa presenta una facciata elaborata ed un interno riccamente decorato. All'interno la caratteristica più straordinaria della chiesa è il soffitto in legno lavorato, adornato con intagli dorati ed opere d'arte elaborate. Un altro pezzo forte è l'altare maggiore, un'opera marmorea raffinata con decorazioni barocche, che valorizza l'atmosfera serena e grandiosa della chiesa. I visitatori sono affascinati da questa chiesa non solo per il suo significato religioso ma anche per la sua bellezza artistica ed architettonica, che offre un luogo pacifico per la riflessione.

#4. Via Vittorio Emanuele

Scoprite le pittoresche strade come Via Vittorio Emanuele e Via Roma, dove troverete negozi, bar e vita locale.

#5. Palazzo Moncada

Palazzo Moncada è una delle residenze nobiliari più significative dal punto di vista architettonico e storico di Caltanissetta. Costruito nel XVII secolo, questo maestoso palazzo apparteneva un tempo alla potente famiglia Moncada, che erano figure di grande influenza nell'aristocrazia siciliana. L'edificio riflette lo stile barocco, caratterizzato da eleganti balconi, elaborate sculture in pietra ed una facciata imponente. L'architettura ornamentale del palazzo presenta dettagli elaborati, tra cui bellissime balaustre e maschere decorative scolpite nella pietra.

Sebbene oggi gran parte degli interni non sia pienamente accessibile, il palazzo è utilizzato per eventi culturali e mostre, offrendo ai visitatori uno sguardo sull'opulento stile di vita delle famiglie nobili siciliane durante il periodo barocco. La posizione centrale del palazzo lo rende anche un importante punto di riferimento nel paesaggio urbano della città, offrendo un collegamento con il passato aristocratico di Caltanissetta ed il suo patrimonio architettonico.

#6. Giardini Pubblici

I Giardini Pubblici, vicini al centro storico di Caltanissetta, offrono un tranquillo rifugio in mezzo al trambusto della città. Realizzato all'inizio del XX secolo, il giardino è un luogo popolare tra i residenti ed i visitatori per rilassarsi e godere del paesaggio naturale circostante. Il parco è splendidamente curato, con lussureggianti aree verdi, fontane ed aiuole fiorite che lo rendono un luogo ideale per una passeggiata tranquilla od una riflessione silenziosa. Le vedute panoramiche sulle colline circostanti e sulla campagna offrono uno scenario pittoresco, inoltre ci sono anche numerose zone ombreggiate e panchine dove i visitatori possono riposare e godere dell'atmosfera serena. I Giardini Pubblici non sono solo un luogo di svago, ma anche una sede per festival locali ed eventi all'aperto, rendendolo un luogo chiave della vita sociale della comunità.

Feste e Sagre a Caltanissetta Durante l'Anno

Festa di San Michele

29 Settembre

La Festa di San Michele è una delle celebrazioni religiose più importanti di Caltanissetta, dedicata a San Michele Arcangelo, il santo patrono della città. La tradizione risale al XVII secolo, quando si crede che San Michele abbia miracolosamente salvato Caltanissetta da un'epidemia di peste. Durante la festa, una statua di San Michele, realizzata da Stefano Li Volsi, viene portata in processione per le strade. La statua, vestita con un'armatura, rappresenta San Michele che sconfigge il diavolo, simboleggiando la vittoria del bene sul male. Aspettatevi musica, bancarelle lungo le strade, fuochi d'artificio e festeggiamenti vivaci, soprattutto in Piazza Garibaldi, dove la processione inizia e termina. Sia i residenti che i visitatori si radunano per godere di cibo, musica ed intrattenimento che riempiono le strade della città.

Sagra del Pomodoro

Settembre

La Sagra del Pomodoro è una vivace festa gastronomica dedicata alla celebrazione delle varietà locali di pomodoro, un elemento fondamentale della cucina siciliana. Questa festa mette in evidenza il patrimonio agricolo di Caltanissetta, in particolare la produzione di pomodori utilizzati in piatti locali come salse ed insalate.

Durante l'evento, i visitatori possono aspettarsi degustazioni di cibo, dimostrazioni culinarie da parte di chef locali ed opportunità di acquistare pomodori freschi e prodotti correlati. I venditori locali offrono anche una varietà di prodotti a base di pomodoro, tra cui salse, marmellate e prodotti artigianali. È un'occasione ideale per vivere la cultura gastronomica locale mentre si esplora lo spirito comunitario della città.

Processione dei Tre Santi

28 Dicembre

La Processione dei Tre Santi si tiene ogni anno per commemorare il devastante terremoto di Messina del 1908, che ha colpito duramente la Sicilia orientale e la Calabria meridionale, ma ha miracolosamente risparmiato Caltanissetta. I tre santi onorati durante questa processione sono San Michele, San Giuseppe e Sant'Antonio, ciascuno ritenuto di aver protetto la città dal disastro.

La processione parte dalla Chiesa di San Michele e si snoda per le strade, con le statue dei santi portate da gruppi religiosi locali. L'evento è solenne ma carico di speranza, segnando una giornata di ricordo e gratitudine per la salvezza di Caltanissetta.

Opzioni per Gite di un Giorno: Siti, Città e Paesi Vicini

Riesi. A 30 chilometri (19 miglia) a sud-est di Caltanissetta. Riesi è una piccola ed autentica cittadina siciliana conosciuta per il suo patrimonio agricolo e lo spirito comunitario. Fondata nel XVII secolo, ha mantenuto gran parte del suo fascino tradizionale ed offre ai visitatori un assaggio della vita siciliana quotidiana lontano dai luoghi turistici più affollati.

Luoghi da visitare:

- Chiesa Madre: La chiesa principale dedicata a Santa Maria Assunta

- Palazzo Comunale: Il municipio, un interessante esempio di architettura locale

- Mercati locali: Vivi l'atmosfera vivace ed i prodotti freschi

- Miniere di zolfo nelle vicinanze: Rifletti sul patrimonio industriale della zona

Gela. A 50 chilometri (31 miglia) a sud di Caltanissetta. Gela è una città costiera con una ricca storia che risale ai tempi dell'antica Grecia. Fondata nel 689 a.C. da coloni provenienti da Rodi e Creta, fu una delle città greche più importanti in Sicilia. Gela è conosciuta per avere il maggior numero di giorni di sole annuali in Italia, rendendola una destinazione piacevole tutto l'anno.

Luoghi da visitare:

- Parco Archeologico di Gela: Con fortificazioni e templi greci

- Museo Archeologico Regionale: Che ospita importanti reperti provenienti dalla regione

- Castello di Terranova: Una fortezza del XIII secolo che domina il mare

- Le spiagge di Gela: Godetevi la costa mediterranea

Per quanto riguarda l'importanza durante la Seconda Guerra Mondiale, Gela fu uno dei principali punti di sbarco durante l'Operazione Husky, l'invasione degli alleati in Sicilia nel luglio del 1943. La città vide intensi combattimenti tra le forze alleate ed i difensori dell'Asse, giocando un ruolo cruciale nell'offensiva siciliana che alla fine portò alla vittoria degli alleati nel teatro del Mediterraneo.

Logistica

Treni: La stazione ferroviaria di Caltanissetta (Caltanissetta Centrale) fa parte della rete Trenitalia, che collega Caltanissetta alle principali città siciliane come Palermo, Catania e Siracusa.

Autobus: Gli autobus, gestiti da AST (Azienda Siciliana Trasporti), collegano diverse parti della città e le aree circostanti.

Autobus Regionali: AST gestisce anche servizi di autobus regionali che collegano Caltanissetta con altri paesi e città siciliani, tra cui Palermo, Catania ed Agrigento.

Auto: Da Catania: Prendete l'autostrada A19 in direzione di Palermo ed uscite a Caltanissetta, circa 110 km (68 miglia) e 1 ora e 20 minuti di viaggio.

Parcheggio: Parcheggio Ex Stadio Palmintelli: Situato appena fuori dalla ZTL, vicino al centro, questo parcheggio è gratuito o ha tariffe basse. È una delle opzioni più ampie e convenienti. Parcheggio Via Cavour: Un'altra opzione situata appena fuori dalla ZTL, che offre un facile accesso al centro della città a piedi. Parcheggio pubblico su strada: Ci sono varie zone di parcheggio su strada a strisce blu (parcheggio a pagamento) fuori dalla ZTL. Assicurati di pagare presso i parcometri nelle vicinanze e di esporre il biglietto sul cruscotto.

Consigli per Mangiare

Piacere & Gusto. Indirizzo: Via Chiarandà 46

Questo ristorante accogliente è noto per le sue pizze cotte nel forno a legna e per la vasta selezione di vini italiani. Oltre alle pizze, il menù offre una varietà di piatti tradizionali siciliani con un tocco moderno. Con il suo servizio amichevole e l'ambiente invitante, è il luogo perfetto per un pasto rilassato con la famiglia o gli amici.

Sale & Pepe. Indirizzo: Corso Umberto I, 146

Il Sale & Pepe è famoso per il suo menù ispirato alla cucina mediterranea, con piatti creativi preparati con ingredienti freschi e locali. Da deliziosi risotti a reinterpretazioni originali dei classici siciliani, il ristorante offre qualcosa per tutti i gusti. L'atmosfera elegante ma rilassata lo rende ideale sia per pasti informali che per occasioni speciali.

Ristorante Centro Storico. Indirizzo: Via Benintendi 133

Questo ristorante accogliente nel cuore di Caltanissetta è perfetto per gustare i sapori autentici siciliani. Conosciuto per i suoi piatti a base di pesce fresco e pasta fatta a mano, è un punto di riferimento per chi cerca una cucina locale tradizionale. L'atmosfera calda ed il servizio attento lo rendono un'esperienza culinaria piacevole.

Dove Dormire

Antichi Ricordi. Indirizzo: Via Villaglori, 45

Antichi Ricordi è un hotel a 4 stelle nel cuore del centro storico di Caltanissetta. Offre camere e suite elegantemente arredate, che combinano i comfort moderni con il fascino tradizionale siciliano. Gli ospiti apprezzano la sua vicinanza alle principali attrazioni ed il servizio personalizzato fornito dallo staff.

Hotel San Michele. Indirizzo: Via Fasci Siciliani, 6

Questo hotel a 4 stelle è noto per le sue camere spaziose e l'atmosfera tranquilla. Situato a breve distanza dal centro città, l'Hotel San Michele offre un'oasi tranquilla con servizi come un ristorante interno che serve cucina locale ed un'area giardino ben curata.

Hotel Plaza. Indirizzo: Via Berengario Gaetani, 5

L'Hotel Plaza è una struttura a 3 stelle che offre camere confortevoli dotate di comfort moderni . La sua posizione centrale lo rende una base ideale per esplorare la città. Gli ospiti apprezzano il personale amichevole e la vicinanza dell'hotel a negozi e ristoranti.

Calendario delle Feste e Sagre

G ennaio

6 Gennaio: Epifania e la Befana a Cefalù e in tutta Italia

20 Gennaio: Festa di San Sebastiano a Siracusa e Acireale

Febbraio

3-5 Febbraio: Festa di Sant'Agata a Catania e Palermo

19 Febbraio: Festa di San Corrado a Siracusa e Noto

Metà febbraio: Festa del Fiore di Mandorlo a Taormina

Febbraio: Carnevale in tutta Italia ma incluso a Cefalù

Marzo

19 Marzo, Sabato più vicino al 19 marzo: Cavalcata di San Giuseppe a Scicli

Fine marzo: Sagra della Ricotta a Piana degli Albanesi

Aprile

23 Aprile: Festa di San Giorgio Megalomartire a Piana degli Albanesi

Settimana Santa/ Venerdì Santo: Festa della Madonna Addolorata a Naro

Venerdì Santo: Processione dei Misteri a Trapani

Settimana Santa: Acireale ed Erice

Pasqua: La Gioia della Pasqua a Scicli

Maggio

1 Maggio: One Day Music Festival a Catania

1 Maggio: Sagra del Pomodoro e dell'Uva a Scicli

1-3 Maggio: Festa del Santissimo Crocifisso a Monreale

Weekend da Maggio a Luglio: Sagra del Pesce a Siracusa

Venerdì di Maggio: Festival del Carretto Siciliano a Taormina

Prima domenica di Maggio: Festa di Santa Lucia delle Quaglie a SiracusaSecondo weekend di Maggio: Sagra del Cannolo a Piana degli Albanesi

Terzo weekend di Maggio: Infiorata di Noto

Terzo weekend di Maggio: Trapani Comix and Games Festival a Trapani

Ultimo sabato di Maggio: Festa della Madonna a Scicli

Ultima domenica di Maggio: Festa di San Giorgio a Ragusa

Fine Maggio e inizio Giugno: Festival degli Aquiloni a San Vito Lo Capo

Fine Maggio: Beer Catania Spring

Giugno

Da Giugno a Settembre: Catania Summer Fest a Catania'

Da Giugno a Settembre: Marranzano World Fest (Musica Folk) a Catania

3 Giugno: Festa di Santa Maria della Lettera a Messina

6-9 Giugno: Etna Comics a Catania

Da Giugno ad Agosto: Taormina Art Festival a Taormina9 Giugno: Festa di San Pancrazio a Taormina

13 Giugno: Festa di Sant'Antonio a Messina

15-17 Giugno: Festa di San Vito a San Vito Lo Capo

15-25 Giugno: Festa di San Calogero a Naro

18 Giugno: Festa di San Calogero ad Agrigento

18-19 Giugno: Festa di San Calogero a Cesaro

24 Giugno: Festa di San Giovanni Battista a Ragusa e Naro

29 Giugno: Festa dei Santi Pietro e Paolo a Castelbuono

Giugno con Date Variabili

Giugno: Sagra del Cappero a Lipari

Giugno: Sagra del Limone ad Acireale

Giugno: Fiera della Pentecoste a Noto (50 giorni dopo Pasqua)

Giugno, domenica del Corpus Domini (prima domenica dopo Pentecoste): Infiorata a Cefalù e Piazza Armerina

Fine Giugno: Sagra delle Fragole a Maletto

Fine Giugno per due settimane: Sicilia Jazz Festival a Palermo

Fine Giugno: Palermo Pride a Palermo

Luglio

10-15 Luglio: Festa di Santa Rosalia a Palermo

16 Luglio: Festa della Madonna del Carmelo a Noto

25-27 Luglio: Festa di Sant'Anna a Castelbuono

26 Luglio: Festa di Santa Venera ad Acireale

Luglio e Agosto: Festival Estivo di Monreale a Monreale

Luglio e Agosto: Festival Estivo di Maletto a Maletto

Luglio e Agosto: Festival dell'Opera a TrapaniUltimo weekend di Luglio: Stragusto Street Food Festival a Trapani

Luglio con Date Variabili

Ortygia Film Festival a Siracusa

Welcome Back Tony Scott Festival a Salemi

Festa del Mare a Messina

Agosto

Agosto: Festival delle Tegole di Luce per tutto agosto a Scicli

2-6 Agosto: Festa della Madonna del Pianto a Cefalù

Primo sabato di Agosto: Sagra dei Maccheroni a Librizzi

7 Agosto: Festa di Sant'Alberto a Trapani

8-11 Agosto: Festivalle (Festival Jazz) ad Agrigento

10 Agosto: Festa di San Lorenzo a Piazza Armerina

10-14 Agosto: Sfilata dei Giganti a Messina

Seconda domenica: Festa di Maria che Indica la Via a Bronte

12-14 Agosto: Palio dei Normanni a Piazza Armerina

15 Agosto: Ferragosto, Festa dell'Assunzione di Maria in tutta Italia e specificamente a Messina

15 Agosto: Festa della Madonna delle Vittorie a Piazza Armerina

15 Agosto: Festa della Madonna della Catena a Librizzi

16 Agosto: Festa di Santa Maria a Trapani

24 Agosto: Festa di San Bartolomeo a Lipari

29 Agosto - 1 Settembre: Festa della Madonna delle Lacrime a Siracusa

Ultima settimana: Festa della Madonna di Custonaci a Erice

Agosto con Date Variabili

Taranta Jazz Festival a Scicli

Festival Jazz a Taormina

Festival dell'Opera a Trapani

Sagra delle Melanzane a Messina

Festa del Pane e del Vino a Lipari

Ypsigrock Festival (Festival Musicale) a Castelbuono

Settembre

2 Settembre: Festa di Santa Maria Odigitria a Piana degli Albanesi

2 Settembre: Festa di San Giuliano a Erice

8 Settembre: Festa della Madonna della Salute a San Vito Lo Capo

29 Settembre: Festa di San Michele Arcangelo a Maletto, Caltanissetta e Librizzi

Per tutto Settembre: Festival del Carretto Siciliano a Taormina

Settembre con Date Variabili

Castelbuono Jazz Festival a Castelbuono

Sagra del Mosto d'Uva a LibrizziSagra della Vendemmia a Bronte

Sagra del Pomodoro a Caltanissetta

Festa della Madonna della Luce a Cefalù

Festival dell'Organo di Monreale a Monreale

Ottobre

Prime due settimane: Sagra del Ficodindia e della Mostarda a Militello in Val di Catania

26 Ottobre: Festa di San Demetrio a Piana degli Albanesi

Ottobre con Date Variabili

Sagra del Cinghiale a RagusaIbla Buskers Festival a Ragusa

Scale del Gusto Festival Gastronomico a Ragusa

Taormina Gourmet a Taormina

Sagra delle Castagne a Maletto

Sagra dei Funghi a Castelbuono

Festival della Conoscenza ad Acireale

Sagra della Scaccia Ragusana a Ragusa

Novembre con Date Variabili

Festival delle Marionette Morgana a Palermo

Festival Medievale a Trapani

Dicembre

6 Dicembre: Festa di San Nicola a Messina e Bronte

8 Dicembre: Festa dell'Immacolata Concezione a Noto

28 Dicembre: Processione dei Tre Santi a Caltanissetta

Per tutto Dicembre: Presepi di Palermo

Per tutto Dicembre: Mercatino di Natale di Monreale

Alphabetical Index of Locations

l'Indice Alfabetico delle Località

Acireale, Carnival, March	Militello in Val di Catania, Festa della Madonna della Stella, September
Aeolian Islands. Immersion Experience.	Mondello Beach. Immersion Experience.
Agrigento, Festa di San Gerlando, February	Monreale, Festa di San Castrense, February
Agrigento, Almond Blossom Festival, February	Mount Etna, 4x4 Tour. Immersion Experience
Bronte, Pistachio Festival, September	Naro, Festa di San Calogero, June
Caltagirone, Festa di Maria Santissima, August	Noto, Infiorata, May
Caltanissetta, Holy Week and Easter, March	Palermo, Palermo Jazz Festival, June
Castelbuono, Festa di San Martino, November	Palermo, Festa di Santa Rosalia, July
Catania, Festa di Sant'Agata, February	Piana degli Albanesi, Festival of the Cannolo, May
Cefalu, Epiphany and La Befana, January	Piazza Armerina, Palio Dei Normanni, August,
Cesaro, Black Pig and Porcini Festival, October	Ragusa, Festa di San Giorgio, May
Egadi Islands. Immersion Experience	Salemi, Festa di San Giuseppe, March
Erice, Summer Festival, July to August	San Vito Lo Capo, Cous Cous Festival, September
Erice, Festa di Madonna Santissima di Custonaci, August	Scala dei Turchi. Immersion Experience.
Lakes of Avola. Immersion Experience.	Scicli, Festa della Madonna delle Milizie, May
Librizzi, Macaroni Festival, August	Syracusa (Syracuse), Festa di Santa Lucia, December
Lipari, Festa di San Bartolomeo, August	Taormina, Festa di San Pancrazio, July
Magna Via Francigena. Immersion Experience.	Taormina, Taormina Art Festival, June
Maletto, Strawberry Festival, June	Trapani, Stragusto Street Food Festival, July
Messina, Parade of Giants, Ferragosto, August	Taormina, Taormina Art Festival, June
Militello in Val di Catania, Festa di Santissimo Salvatore, August	Trapani, Stragusto Street Food Festival, July

BIBLIOGRAFIA SELEZIONATA

Ackerman, James. The Architecture of Michelangelo. Chicago: University of Chicago Press, 1961 (Pelican 1971).

Benjamin, Sandra. Sicily. Three Thousand Years of Human History. Steerforth Press. Hanover, New Hampshire. 2006.

Borsi, Franco. Bernini Architetto. Milan: Electa, 1980.

Burke, Peter. The Italian Renaissance: Culture and Society in Italy. Princeton: Princeton University Press, 1986.

Burckhardt, Jacob. The Civilization of the Renaissance in Italy. Barnes and Noble Books, 1999.

Giorgi, Rosa. Saints. A Year in Faith and Art. Abrams New York. 2005.

Lanciani, Rodolfo. Golden Days of the Renaissance. Boston: Houghton Mifflin, 1906.

Murray, Peter. The Architecture of the Italian Renaissance. New York: Schocken Books, 1920, 1986.

Nicholson, Peter. Encyclopedia of Architecture. New York: Franklin Watts, 1988.

CREDITI FOTOGRAFICI

FestaFusion Taormina. **Taormina Teatro Greco:** y Radek Kucharski from Warsaw, Poland - Sunset at Greek theater of Taormina, CC BY 2.0, https://commons.wikimedia.org/w/index.php?curid=114368404

Immersion Experience-Wild Swimming and Tranquil Escapes in the Laghetti d'Avola: By Simona Di Salvo - Fonte, CC BY-SA 2.0, https://commons.wikimedia.org/w/index.php?curid=77536737

Scicli Chiesa di San Bartolomeo. perhapstoopink from Berlin, Germany, CC BY 2.0 <https://creativecommons.org/licenses/by/2.0>, via Wikimedia Commons

Naro's San Calogero. By Riccardo Spoto at Italian Wikipedia, CC BY-SA 3.0, https://commons.wikimedia.org/w/index.php?curid=28430395

FestaFusion Piazza Armerina. Villa Romana Mosiac Bikini Girls:by Kenton Greening - Own work, Public Domain, https://commons.wikimedia.org/w/index.php?curid=27300169

FestaFusion Erice, Chiesa madre. Bjs, CC0, via Wikimedia Commons.

FestaFusion Erice, Torri. Andrea Schaffer from Sydney, Australia, CC BY 2.0 <https://creativecommons.org/licenses/by/2.0>, via Wikimedia Commons.

Caltagirone Ceramics. Effems, CC0, via Wikimedia Commons.

Messina Cattedrale. Pinodario, Public domain, via Wikimedia Commons.

GRAZIE!

Ti prego di lasciare una recensione...

Grazie per aver letto la Guida Definitiva ai Festival e ai Viaggi in Sicilia. È il primo libro della Serie Travel Italy.

Se la guida ha reso più piacevole la pianificazione del tuo viaggio, ti sarei davvero grata se potessi lasciare una recensione su Amazon. Il tuo feedback non solo aiuta altri viaggiatori, ma supporta anche il successo di questo libro.

Ti prego di lasciare una recensione qui: https://amzn.eu/d/13Nwcl7

Spero sinceramente che tu abbia goduto di questo tour attraverso la Sicilia attraverso i suoi festival. Mi piacerebbe tanto sentire le tue avventure festivaliere! Seguimi su Instagram, dove condivido centinaia di video dai festival della Sicilia e dell'Italia @katerinaferraraauthor

Per ancora più ispirazione di viaggio, visita il mio blog per approfondimenti sulle splendide spiagge della Sicilia e sulle gemme nascoste fuori dai sentieri battuti, che non sono coperte estensivamente in questa guida. https://katerinaferrara.com/blog/

Grazie per essere parte di questo viaggio, e non vedo l'ora di sentire il tuo!

Ti auguro viaggi sicurissimi e felicissimi! Katerina Ferrara

L'AUTRICE

K aterina Ferrara è un'autrice pubblicata e fondatrice di Immersion Travel Italy, un'azienda dedicata a creare esperienze di viaggio indimenticabili in Italia. Con oltre 25 anni di esplorazioni in Europa, Katerina ha sviluppato un profondo amore per l'immersione nelle diverse culture, tradizioni e delizie culinarie dei luoghi che visita. Parlando fluentemente l'italiano, si connette senza sforzo sia con i locali che con i viaggiatori, portando una prospettiva da insider nei suoi scritti di viaggio.

Katerina scherza dicendo che vive la sua vita in perpetua dieta—non per vanità, ma per prepararsi al prossimo irresistibile festival in Italia! Il suo sogno più grande è quello di ispirare i **Festival Followers**—viaggiatori che mettono al primo posto l'esperienza di festival incredibili e poi esplorano i luoghi circostanti immergendosi nelle tradizioni locali. È convinta che i festival offrano una lente unica sul cuore e la cultura di una regione, rendendoli il punto di partenza perfetto per qualsiasi avventura.

Appassionata di escursionismo e fitness enthusiast, Katerina incorpora la sua passione per lo stare in movimento nei suoi viaggi, sempre alla ricerca di sentieri panoramici, tour a piedi e avventure all'aria aperta che la connettono con la bellezza naturale di una destinazione (lasciando sempre un po' di spazio per un gelato in più!).

Quando non è in giro a esplorare nuove destinazioni o a scrivere, Katerina adora condividere i suoi consigli e le sue scoperte di viaggio con altri avventurieri, ispirandoli a immergersi più profondamente nella ricchezza culturale dei luoghi che visitano—e magari a scoprire anche il loro festival preferito!

Il Sito Web: https://katerinaferrara.com/

www.ingramcontent.com/pod-product-compliance
Lightning Source LLC
Chambersburg PA
CBHW051606120626

46551CB00014B/1692

* 9 7 9 8 9 9 1 5 8 7 1 9 8 *